致力于平等的博物馆：
多元和包容

——广西博物馆协会第七届学术研讨会
暨广西壮族自治区博物馆第十三届学术研讨会论文集

广西博物馆协会
广西壮族自治区博物馆　编

广西科学技术出版社
·南宁·

图书在版编目（CIP）数据

致力于平等的博物馆：多元和包容：广西博物馆协会第七届
学术研讨会暨广西壮族自治区博物馆第十三届学术研讨会论文
集 / 广西博物馆协会，广西壮族自治区博物馆编.—南宁：广西
科学技术出版社，2024.5

ISBN 978-7-5551-2189-3

Ⅰ.①致… Ⅱ.①广… ②广… Ⅲ.①博物馆—工作—
中国—文集 Ⅳ.①G269.2-53

中国国家版本馆CIP数据核字（2024）第094393号

致力于平等的博物馆：多元和包容

——广西博物馆协会第七届学术研讨会暨广西壮族自治区博物馆第十三届学术研讨会论文集

广 西 博 物 馆 协 会
广西壮族自治区博物馆 编

责任编辑：陈剑平　　　　　　　　　　助理编辑：黄玉洁
责任校对：冯　靖　　　　　　　　　　责任印制：陆　弟
装帧设计：韦娇林

出 版 人：梁　志
出版发行：广西科学技术出版社
社　　址：广西南宁市东葛路66号　　　邮政编码：530023
网　　址：http://www.gxkjs.com

印　　刷：广西雅图盛印务有限公司

开　　本：787 mm×1092 mm　　1/16
字　　数：300千字　　　　　　　　　　印　　张：16.75　　　插页：4
版　　次：2024年5月第1版　　　　　　印　　次：2024年5月第1次印刷
书　　号：ISBN 978-7-5551-2189-3
定　　价：68.00元

编委会

广西博物馆协会第七届学术研讨会
暨广西壮族自治区博物馆第十三届学术研讨会合影

广西博物馆协会第七届学术研讨会合影

广西博物馆协会 2020 年理事会年会合影

广西博物馆协会第七届学术研讨会
暨广西壮族自治区博物馆第十三届学术研讨会会场剪影

黄启善主持学术研讨会

唐春松主持学术研讨会

蓝韶昱作学术报告

李义凡作学术报告

李光亮作学术报告

沈婧作学术报告

黄丹丹作学术报告

蔡靖雯作学术报告

杨晶晶作学术报告

梁炜作学术报告

谭小荣作学术报告

蒋晓飞作学术报告

黄晓文作学术报告

周文婷作学术报告

徐梓桑作学术报告

陈睿作学术报告

广西博物馆协会第七届学术研讨会
暨广西壮族自治区博物馆第十三届学术研讨会
会议纪要

黄启善　　宋晓杰

2020 年 12 月 3 日，广西博物馆协会第七届学术研讨会暨广西壮族自治区博物馆第十三届学术研讨会在梧州召开，全区各理事单位代表、会员单位代表及论文作者约 200 人参加会议。广西壮族自治区文化和旅游厅博物馆与文物安全处一级调研员蒋东彪出席并在会上致辞。广西博物馆协会理事长吴伟峰、广西博物馆协会副理事长唐春松、广西博物馆协会副秘书长黄启善、弘博网总编辑康文伟等出席会议。学术研讨会分成两场活动，唐春松、黄启善分别主持相应场次活动，共有 19 人在大会上作学术报告。参会人员紧紧围绕 2020 年"国际博物馆日"主题——"致力于平等的博物馆：多元和包容"，在博物馆文物研究、博物馆发展、博物馆与社会关系、智慧博物馆、博物馆与文创产品等方面开展学术探讨。

大家一致认为，博物馆是以文育人、以文化人、以文培元的知识宝库、灵感源泉和精神支撑，在着力构建均等化、广覆盖的公共文化服务体系的同时，应探索满足人民日益增长的多元精神文化需求的新途径和新方法。会议结束时，黄启善作大会总结。

这次学术活动后，陆续收到学术论文 41 篇，经有关专家审核，选取其中 24 篇收入本论文集，其中"致力于平等的博物馆：多元和包容"研究文章有 4 篇，博物馆陈列展览与数字化建设研究文章有 4 篇，博物馆社会宣传教育工作研究文章有 4 篇，考古与文物研究文章有 6 篇，摩崖石刻与碑刻研究文章有 3 篇，其他研究文章有 3 篇。

一、"致力于平等的博物馆：多元和包容"研究文章

燕妮在《浅析当前我国博物馆"云服务"》一文中认为，博物馆在新冠疫情常态化的背景下，应努力为公众提供各式各样的线上服务。如何通过云展览、云直播、线上课堂等方式，让公众足不出户就可以参与各种博物馆线上活动，是值得探讨的话题。文章从数字博物馆的概念、博物馆数字化背景下"云服务"的发展历程、如何丰富博物馆"云服务"和"云服务"面临的问题等四个方面展开讨论，从而分析如何进一步提高博物馆的公共服务能力，为推动博物馆的可持续发展提供参考。

谭小荣、黄石莲在《健康中国视角下博物馆心理疗愈价值凸显》一文中认为，新冠疫情之后，在健康中国视角下博物馆发挥的心理疗愈价值越来越凸显。文章从三个方面进行探讨：一是博物馆心理疗愈价值由来已久，灾难后更为凸显；二是博物馆在发挥心理疗愈价值方面做的有益尝试和探索；三是后疫情时代，中国博物馆应通过建成环境的干预，发挥博物馆心理疗愈的时代价值。通过以上探讨，文章认为博物馆逐渐成为学习中心、社区活动中心，甚至是治疗和思考的场所，应发挥博物馆在提高公众生活质量、促进公众身心健康和社会可持续发展方面的作用，彰显博物馆心理疗愈的时代价值、社会责任与使命担当。

宾兴扬、张菡夏在《文化授权视角下博物馆IP保护研究——以广西壮族自治区博物馆为例》一文中认为，博物馆的观众不再满足于单纯地观赏、了解博物馆中的文物，更希望能够购买承载文物内在价值的衍生品，以获得持续的精神愉悦。文章对广西壮族自治区博物馆构建文化IP的现状及突出问题进行分析，并在分析优秀知识产权保护体系博物馆案例的基础上，提出规避博物馆知识产权保护风险的可行性建议，认为博物馆建立新型的知识产权保护机构，构建确权与授权相结合的事先保护模式，全方位地为文化IP打造知识产权保护网，这样才能创造性地发挥典藏新价值，激发与历史底蕴文化相匹配的全新活力。

胡丁婷在《广西山歌民族文化产业发展新路径探索》一文中认为，广西山歌是具有鲜明民族特色和地方特色的文化，其产业化的发展是大势所趋。文化产业化可促进民族文化的保护和传承，能够增强广西人民的文化自信心和民族自豪感。为此文章从

四个方面进行论述：一是文化产业是经济增长的重要动力；二是广西文化产业的现状与思考；三是山歌是最具广西民族文化特色的名片；四是新媒体时代山歌文化产业传承发展的路径探索。文章认为，通过线上线下等多种形式，可使动听的广西山歌形成强大的传播主旋律和生产力。

二、博物馆陈列展览与数字化建设研究文章

韦玲在《"广西古代文明陈列"策划与实施流程解析》一文中介绍了广西壮族自治区博物馆编写"广西古代文明陈列"提纲的过程，探讨了该展览从策划到布展诸多方面的工作，提出了大型基本陈列项目是一个涉及多部门、多人员、多领域、多专业、多层次、多广度的系统工程，只有全力以赴、通力合作才能顺利完成。

韦妮在《革命历史类博物馆展陈的共性与个性研究》一文中认为，革命历史类博物馆展陈由于同质化的问题难免给人"千馆一面"的感觉。在设计展陈时既要遵循共性原则和规律，又要体现每个展陈的特色和亮点，是博物馆策展人需要思考和探索的重要课题。文章首先对博物馆展陈研究进行综述；其次分别从探索遵循"形而上"的共性、开拓运用"形而下"的个性、共性与个性的关系和转化路径三个方面展开论述；最后提出将革命历史类博物馆展陈共性和个性有机结合，能提高展览的品质，实现展览的最终目的和意义。

张磊在《加强藏品数字化信息管理和利用的思考——以广西壮族自治区博物馆为例》一文中认为，藏品数字化信息资源的整合与信息管理机制的完善是提高博物馆藏品数字化信息调用效率的重要基础。文章以广西壮族自治区博物馆为例，从三个方面进行探讨：一是藏品数字化信息资源基本情况；二是藏品数字化信息管理和利用存在的问题；三是关于加强藏品数字化信息管理和利用的建议。最后提出让文物活起来，让藏品数字化信息管理工作为建设智慧博物馆夯实基础，从而为推动藏品文物信息活化利用和构建完善的公共文化服务体系助力。

韦江胜在《信息时代背景下博物馆文物保护措施研究》一文中认为，博物馆作为文化遗产保护和传承发展的主体，应当树立起文物保护意识，注重文物的保存和延续。只有全面认识文物，才能根据文物不同的特点采取不同的保护手段。为此文章提

出要从三个方面加强文物保护：一是完善博物馆基础设施建设；二是构建文物保护专业化信息服务系统；三是加强专业人才队伍建设。

三、博物馆社会宣传教育工作研究文章

罗丽诗在《数智化发展趋势下博物馆讲解工作发展研究——以广西壮族自治区博物馆为例》一文中认为，在数智化技术飞速发展的时代，博物馆宣传教育工作要适应新时期产业变革及对人民丰富的精神文化需求进行重塑。文章从数智化时代博物馆宣教讲解发展趋势、充分挖掘资源优势优化博物馆讲解服务质量、促进讲解员差异化优势转型加强队伍的建设三个方面进行阐述。文章认为博物馆是广大群众的终身课堂，更是讲解员的终身课堂。在数智化技术发展的时代，要为文博事业及文旅的高质量融合注入强劲动力，面对要求更专业化的职业生态，讲解员要及时更新服务思维与改变工作方式，在职业生涯发展期避免陷入同质化的职业发展模式，从而使个人差异化优势转型，为社会公众提供更具有人文高度与温度的讲解服务。

颜俊军在《博物馆新媒体的现状问题与未来挑战》一文中认为，随着互联网的发展，跨平台信息的传递愈发便捷，民众获取信息的渠道愈发丰富，博物馆作为地方、民族、国家历史文化传承与人类文明发展的重要载体，应发挥新媒体的即时交互作用，构建信息共享和链式反馈的运营模式，推进博物馆新媒体的发展。文章从三个方面进行阐述：一是新媒体的特点和优势；二是博物馆新媒体平台的运营现状；三是博物馆新媒体的未来挑战。文章指出，在互联网环境下，作为宣传单位的博物馆应与新媒体的联系日益紧密，开通官方账号进驻各个社交软件平台，开发应用直播、短视频、虚拟现实等新媒体形态，选择合适的传播路径和推广模式来展现馆藏文物的文化与艺术，紧跟时代热度，挖掘内涵深度，为观众带来多元化的观览体验，促成观众与博物馆的双向互动，从而形成地域认同、文化认同乃至民族认同、国家认同。

李娅在《广西民族博物馆"红石榴民族文化进基层"活动的回顾与思考》一文中认为，"红石榴民族文化进基层"活动内容丰富、辐射范围广、自主创新、团队力量强大，是广西民族博物馆品牌活动之一。文章主要从广西民族博物馆"红石榴民族文化进基层"活动概况、"红石榴民族文化进基层"活动提升方法及"红石榴民族文化

进基层"活动意义三个方面进行阐述。文章指出，广西民族博物馆的"红石榴民族文化进基层"活动引起社会各阶层的关注，对于传播中华优秀传统民族文化、铸牢中华民族共同体意识有积极的促进作用。

李翔在《归化翻译策略在博物馆英文讲解中的应用研究》一文中认为，英文讲解是博物馆做好对外文化交流接待工作的具体实施手段，对于国家文化战略实施，向世界展示真实、立体、全面的中国形象具有重要意义。文章从讲解内容的归化、文本翻译的归化、讲解风格的归化三个方面对归化翻译理论进行阐述。文章还认为，博物馆的英文讲解工作是输出中国文化的有效手段，也是传播中国本土文化的一个快速有效的途径，英文讲解员可以通过贴切的语言向世界积极传递真实、全面、良好的中国形象，提高中国在世界上的话语权。

四、考古与文物研究文章

王然在《岭南及中南半岛地区新石器时代早中期原始农业形态初探》一文中认为，大量考古发现表明，岭南及中南半岛出土的植物组合与工具组合明显体现出本地区植物利用逐步发展的迹象。文章从三个方面进行阐述：一是岭南及中南半岛地区新石器时代早中期原始农业形态考古概述；二是岭南及中南半岛地区新石器时代早中期的植物利用情况；三是岭南及中南半岛地区新石器时代早中期的工具组合。文章认为由此可以获得更多关于岭南及中南半岛地区原始农业发展的具体证据，包括植物的驯化程度、种类的多样性、农业系统的发展等。这些具体证据有助于揭示该地区在稻作农业传入之前的农业活动情况，从而提升人们对于该地区史前人类与植物相互作用的认识。

谢颖在《柳州白莲洞遗址小石器浅析》一文中认为，柳州白莲洞遗址发现的砾石石器和小石片石器在岭南地区出现于更新世晚期并延续到全新世早期。这些小石器和周边地区同期的小石器具有许多共性，这是旧石器时代晚期寒冷气候的出现导致北方人群南迁的结果。文章从白莲洞遗址概况、燧石制品分析、相关问题讨论等方面进行阐述。文章指出，白莲洞小石器是白莲洞石器文化的重要组成部分，也是最具特色的文化遗存，对白莲洞小石器的深入研究，有助于全面了解广西乃至华南地区旧石器时代晚期文化的整体面貌及人地关系。

徐振雄在《广西汉代陶仓和陶屋的形制演化分析》一文中认为，广西汉代陶仓和陶屋作为一种"建筑模型"，其形制虽有一定的艺术加工，但在总体上仍能反映当时建筑的情况。因此，通过对广西汉代陶仓和陶屋的形制进行分析，可以更直观地了解当时的建筑文化，提升人们对两汉时期广西房屋建筑结构、装饰、造型、工艺等方面发展历史的认识。为此，文章从四个方面进行阐述：一是广西汉代陶仓和陶屋的类型及形制变化；二是广西汉代陶仓和陶屋的分期；三是广西汉代陶仓和陶屋的形制变化特征；四是广西汉代陶仓和陶屋变化的原因。

徐腾歌在《铜鼓上的阴阳观》一文中认为，阴阳观是一种阴和阳二元对立的观念，在古代铜鼓纹饰结构中也蕴含着一定的阴阳观。文章从三个方面进行阐述：一是阴阳观念的发展；二是铜鼓与古人的时空观念；三是铜鼓与阴阳观。文章认为，铜鼓纹饰的阴阳结构是一种艺术，也是一种文化，一种思想，更是一种客观存在的现实。

黄晓在《一件元代玉器的释读——兼谈"春水"玉》一文中认为，以"春水"玉为题材滥觞于辽代。文章以南宁市博物馆展出的元青玉仙鹤穿莲饰件展品为切入点，从四个方面进行阐述：一是"春水"记载及"春水"玉的概念；二是"春水"玉的造型特点；三是"春水"玉的用途；四是"春水"玉的发展及演变。文章指出，这件玉器从其雕琢工艺看属于元代中晚期作品，虽未见海东青形象，但仍可从鹅雁俯首曲颈的姿态中感受到"纵鹰鹘捕鹅雁"紧张的捕猎情境，为人们了解"春水"玉的演变过程提供了难得的实物资料。

于广生在《柳州出土明代青花瓷器所饰人物花纹的研究》一文中，对柳州明代墓葬出土的青花瓷器所饰的人物花纹进行综合分析研究，并从三个方面进行阐述：一是古墓发现概况；二是出土青花瓷器概述；三是出土青花瓷器研究。文章指出，柳州出土的青花瓷器具有典型的时代特征，青花花草鸟纹盖瓷罐当为万历时期、青花人物纹八方瓷瓶当为崇祯时期的瓷器；墓主可研判为明代柳州翰林王启元。但是否当此，还需要更翔实的资料作深入研究判断。

五、摩崖石刻与碑刻研究文章

黎文宗、贲小梅在《南宁市隆安中学存明清碑刻释考》一文中详细介绍南宁市隆安中学现存的 6 方明清碑刻。这些古碑多记载当时兴建或重建隆安县学、文庙、试院等教育场所之事，是明清时期隆安县教育事业兴起的重要物证。通过对这 6 方碑刻进行考释，大致可以了解隆安县儒学建立和发展的过程，对于了解明清时期隆安县的历史亦具有重要意义。文章从三个方面进行探讨：一是碑刻基本情况；二是碑刻所反映的隆安县学、隆阳试院历史；三是关于《王文成公像赞》碑的考证。

陀伟荣在《藤县〈李靖上西岳书碑〉考论》一文中认为，藤县《李靖上西岳书碑》碑文内容、正文行书和碑额篆书都蕴含着极高的历史价值和较高的书法艺术价值，因此无论是赏析其文辞、书法还是研究李靖在广西的历史，它都是一方非常重要的碑刻，对研究藤县乃至广西有着重要的历史价值、文化价值和书法价值。文章从四个方面进行阐述：一是碑刻概况；二是碑文校勘、补录；三是《李靖上西岳书碑》所反映的相关问题思考；四是价值体现。

李浚华、蔡维维在《平南县畅岩石刻的田野考察》一文中介绍了平南县畅岩 12 方石刻的田野考察。文章从四个方面进行阐述：一是畅岩石刻的基本概况；二是畅岩石刻的内容；三是对畅岩石刻的几点思考；四是畅岩石刻病害的情况。文章指出，畅岩石山二程夫子读书遗址被列入自治区级文物保护单位，应加强对石刻文物的保护。

六、其他研究文章

熊瑜在《浅谈如何利用民族文化助推乡村振兴——以柳州市博物馆为例》一文中认为，民族文化作为中华民族的文化之魂，对于国家发展和乡村振兴具有非常重要的意义。对于博物馆如何发挥自身优势实现文化的赋能，文章以柳州市博物馆为例，从四个方面进行阐述：一是依托馆藏资源，铸牢中华民族共同体意识，助推乡村振兴高质量发展；二是重视乡村人才建设，开展柳州市"火塘计划"文化特派员项目；三是立足民族文化特征，以博物馆文化促进乡村经济发展；四是开发民族元素文创产品，激发乡村振兴的内生动力。最后，文章就博物馆利用民族文化推进乡村振兴工作展开思考，认为通过创新发展来实现文化传承，为乡村振兴加持赋能，是博物馆服务乡村的新路子。

田红艳在《新时代对博物馆人才要求及建设对策——以广西壮族自治区博物馆为例》一文中认为，人才是推动博物馆高质量发展的基础和中坚力量，特别是在新时代背景下，博物馆的人才资源和质量决定着一个馆的实力、水平和发展方向。文章以广西壮族自治区博物馆为例，从三个方面进行阐述：一是新时代对博物馆人才的新要求；二是广西壮族自治区博物馆人才现状；三是新时代博物馆人才建设对策。文章认为，人才对推动博物馆事业发展至关重要，时代的变革对博物馆人才的要求及需求更高、更迫切；博物馆在人才建设过程中，不仅要发挥博物馆自身的文化优势吸引人才，而且要学会借助社会各界力量共同促进博物馆事业高质量发展。

杜宇在《古籍修复中裱补法的应用——以飞托法为例》一文中介绍飞托法在古籍修复中的运用，并从两个方面进行阐述：一是对絮化的古籍书页使用飞托法修复；二是对破损的古籍书页残片使用飞托法修复。文章认为，可运用飞托法使每一本古籍得到安全、有效、准确的修复，达到永久保藏的目的。

目 录

"致力于平等的博物馆：多元和包容"研究

博物馆陈列展览与数字化建设研究

博物馆社会宣传教育工作研究

考古与文物研究

摩崖石刻与碑刻研究

其他研究

"致力于平等的博物馆：
多元和包容"研究

浅析当前我国博物馆"云服务"

燕　妮

（广西师范大学历史文化与旅游学院硕士研究生　广西　桂林　541000）

【摘　要】随着新时代数字虚拟技术的发展，我国博物馆通过数字技术努力为公众提供各式各样的线上服务，采用云展览、云直播、线上课堂等方式让公众足不出户就可以参与各种博物馆线上活动。但线上活动的方式和内容都非常有限，博物馆应抓住机遇和挑战，吸引更多的公众参与博物馆线上和线下的活动，使博物馆更好地发挥公共服务的职能，进一步推动博物馆的可持续发展。

【关键词】博物馆　云服务　数字技术　公共服务

2020年新冠疫情席卷全球，在全世界新冠疫情常态化的背景下，面对反复的疫情，众多博物馆积极响应号召"闭馆不闭展"，努力为公众提供各式各样的线上服务。疫情时代已经过去，未来博物馆如何应对各种挑战及时调整展览模式，完善自身功能，并积极探索新的发展模式，是全球博物馆都要面临的新问题、新挑战。在此背景下，依托于博物馆数字化建设的博物馆"云服务"开始大量进入公众的视野。本文探究我国博物馆线上服务的主要类型，分析其中存在的问题，同时提出今后博物馆线上服务发展的相关建议，以推动我国博物馆线上服务的进一步创新和发展。

一、数字博物馆的概念

博物馆数字化实质上就是利用电子信息和数字技术，将实体博物馆中传统的纸质文档、图片、影像资料、珍贵文物等转化为数字档案的过程。关于数字博物馆的概念，其定义尚未完全统一，但是经过长期讨论，中国博物馆界基本达成了共识，数字博物馆即"将实体博物馆所应具有的收藏、研究、展示、教育等功能以数字化的方式进行再造和呈现，是在信息时代以数字技术对博物馆职能进行的再现、延伸和扩展"①。其主要是运用虚拟现实技术、三维图形图像技术、计算机网络技术、互动娱乐技术等高科技手段，将现实存在的实体博物馆以三维立体的方式完整地呈现在网络上。② 博物馆数字化有利于保存藏品信息，也可以提升博物馆信息传播的效率，更好地提高藏品的利用价值。

二、博物馆数字化背景下"云服务"的发展历程

进入 21 世纪，博物馆的功能一直处于变化和发展中。公众的需求变化，社会的不断演进，以及博物馆自身的不断发展，都在推动博物馆功能的延伸、扩展和不断完善。随着博物馆发展进入新时期，博物馆线上服务模式也随之走进公众的视野，为公众提供前所未有的参观体验。20 世纪 90 年代，许多国家对博物馆数字化进行了很长时间的探索。早在 1996 年，美国加州大学伯克利建筑学院和 VSMM 国际学术机构联合建立的虚拟遗产网络（Virtual Heritage Network，VHN）在文化遗产数字化领域的贡献得到联合国教科文组织的认可，因此这两个机构承担了多个数字化项目。③1998 年，北京故宫博物院提出"数字博物馆"的口号，率先开启了博物馆数字化建设。④2003 年，中国博物馆学会成立数字化专业委员会，中国博物馆界开始与世界博物馆界广泛开展关于博物馆数字化的交流。2019 年，在上海大剧院举办的"数字化时代博物馆学术研讨会暨博物馆数字技术发展"学术研讨大会，云集了 18 家文博行业科技企业，为智慧博物馆的建设和数字化的发展提供新的导向思路及全新的解决方案。⑤

2020 年初，在新冠疫情的影响下，国家文物局迅速做出反应，1 月 27 日召开研究部署文物系统疫情防控工作的专题会议，鼓励各级博物馆利用好已有的线上数字资源推出网上展览，为公众提供安全便捷的线上服务。国家文物局官方网站也创建了"抗击疫情　文博加油"专题主页，并推送全国博物馆网上展览资源。2020 年 11 月，国际博物馆协会发布的《国际博协最新报告：疫情下的全球博物馆现状》提到了博物馆数字化的活动与交流，实体博物馆被迫关闭，却带来了与公众进行线上数字化交流

① 《博物馆学概论》编写组编《博物馆学概论》，高等教育出版社，2019，第 194 页。
② 靳文珍：《数字化博物馆建设的实现途径及现实意义阐述》，《大众文艺》2017 年第 15 期。
③ 姚安：《博物馆 12 讲》，科学出版社，2023，第 228 页。
④ 梅海涛、段勇：《质与量——新冠肺炎疫情背景下博物馆"云展览"观察》，《中国博物馆》2020 年第 3 期。
⑤ 耿坤：《数字化时代的博物馆学术研讨会暨博物馆数字技术展在沪举办》，国家文物局网 2019 年 8 月 30 日，http://www.ncha.gov.cn/art/2019/8/30/art_723_156580.html。

的机遇，线上参观人数、社交媒体的访问量激增。新冠疫情的限制促使博物馆全面开启线上活动。国际博物馆协会将博物馆的线上活动分为七类，包括线上藏品、线上展览、直播、资讯、博客、小测试比赛、社交媒体等。

在此期间，我国博物馆加快对线上"云服务"的探索和发展，各级博物馆纷纷利用微博、微信公众号、抖音、哔哩哔哩、快手等网络社交媒体平台不断推出相关服务和活动，吸引公众关注、参与和体验相关线上活动。我国博物馆能在新冠疫情突发情况下迅速调整发展策略，得益于博物馆数字化的长期建设。今后博物馆更要利用好数字化资源，举办丰富多彩的线上活动，拉近博物馆与公众的距离，加强与公众的网络互动，让公众对博物馆的"云服务"产生浓厚的兴趣，使博物馆与公众的线上交流方式产生深远持久的影响，推动博物馆长期健康发展。

三、如何丰富博物馆"云服务"

（一）设置在线"云展览"

展览是博物馆的必备功能之一，也是博物馆的核心业务。博物馆陈列展览的主要目的是进行知识普及，实行教育功能，促进文化交流和传播，为社会提供相关的公众服务。我国博物馆的"云服务"模式多以线上"云展览"为主。在线专题展览作为博物馆"云服务"的重要类型，具有丰富的文物信息和专业知识，能够为公众提供更加深入和全面的文化体验。

中国国家博物馆在云展厅中一共设置了60个精品专题网页、60余个虚拟展厅、50多部展览相关的短视频，微博话题"国博邀您云看展"阅读量突破1.6亿次（图1）。在云端人们与中国国家博物馆相遇，"证古泽今——甲骨文文化展"讲述了在繁盛灿烂的商代，先民如何通过甲骨文来记录占卜的过程，让公众了解甲骨文的千年魅力。线上展厅以3D立体模式还原了线下展厅的展陈模式，在参观过程中公众可以根据喜好选择展厅，不再受限于线下展厅的固定参观路线，也可以同线下参观一样，通过扫描展板上的二维码来收听相关讲解。同时，中国国家博物馆还在各大视频网站上传了"证古泽今——甲骨文文化展"系列短视频，让公众对甲骨文有更深入的了解，使策展人员与展览之间的联系更紧密。

图1　中国国家博物馆云展览专题

打开敦煌研究院推出的"云游敦煌"微信小程序，足不出户就可以领略敦煌壁画丰富的文化内涵、独特的艺术风格和美学价值。出于对敦煌莫高窟的保护，在线下公众最多可以观看12个洞窟，且所有洞窟随机开放。而在数字展厅中，公众不但可以360度全景漫游莫高窟的所有洞窟，还可以在内容导航中看到洞窟的详细介绍，VR功能则使莫高窟的佛龛造像更加立体地呈现在公众面前。2020年2月4日推出的"点亮莫高窟"专题活动更是受到公众的欢迎。"点亮莫高窟"首页展示了莫高窟的全景并以第96窟"九层楼"为中心，其余222窟均与实体洞窟互相对应；点击屏幕下方的"九色鹿"按钮，即可"点亮莫高窟"，且可以领取福卡，每张福卡都绘有独特的图案或底纹；腾讯云区块链还为每张福卡提供了独一无二的区块链心愿代码，以实现"永久存证"（图2）。这项活动激起了公众极大的兴趣，公众参与度居高不下，同时联动莫高窟云展览，给公众带来了独特的线上参观体验。

图2　敦煌研究院微信小程序"云游敦煌"中的"点亮莫高窟"专题活动

（二）推广微广播剧

近年来，喜马拉雅 FM、蜻蜓 FM、猫儿 FM 等音频 App 推动了广播剧的发展。从广播剧的发展情况来看，抓住大 IP，以连续剧模式的呈现方式值得博物馆学习借鉴。但一般广播剧的剧集时间较长，一集 40 分钟左右，通常很难激发公众的兴趣，因此可以缩短剧集时间，以微广播剧的形式呈现，使其在博物馆"云服务"中发挥比较重要的作用。

微广播剧短而精悍，一集时长控制在 10 分钟以内，剧情紧凑连贯，容易吸引公众的注意力。博物馆可以就博物馆历史或文博热点事件创作小短剧，也可以选取某一文物背后的故事来创作小短剧。在制作微广播剧的同时，还可以配上简单的图片、动画和相应的文字以使微广播剧更加生动，从而提升公众的收听体验感。

2020 年 5 月 18 日，由三星堆博物馆公众服务部精心策划的"堆里有事"系列微广播剧正式发布，首先推出的第一季题为《三星堆发现与发掘故事》，后又陆续推出第二季《古蜀国的那些事》和第三季《古蜀遗珍之神话故事》（图 3）。通过戏剧化的演绎，讲述了三星堆发现、发掘的过程，三星堆文物及与三星堆相关的神话故事。不少听众纷纷在三星堆博物馆微信公众号相关栏目的评论区留言，表示收听微广播剧有身临其境的感觉，仿佛真的跟随考古人员回到了古老而神秘的三星堆。

为了增加与线上公众的互动性，博物馆的微广播剧可以增加公众挑战配音的环节。在收听某一微广播剧后，公众可以选取自己喜欢的片段进行配音，然后上传至博物馆微广播剧制作的相应板块，与其他博物馆微广播剧的爱好者一起互动交流。这种低成本的互动模式将博物馆知识、公众互动及娱乐活动融为一体，能够吸引更多公众参与到博物馆的相关活动中来。

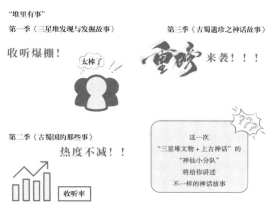

图 3　三星堆博物馆微广播剧

（三）举办线上讲堂

2007 年，国际博物馆协会首次将博物馆定义中的"教育"功能调整到博物馆功能的首位，改变了以往将"研究"功能置于首位的模式。博物馆以教育为首位的社会职能越来越强化，博物馆的组织性、社会责任和社会效益更加受到重视。[①] 新冠疫情期间博物馆的"云服务"中，线上讲堂也占据很大的比例，积极发挥着教育的作用。

中国国家博物馆、上海博物馆、苏州博物馆等大型博物馆都在哔哩哔哩开通了相关账号，并且定期上传各类讲座、课程。例如，中国国家博物馆的"馆长之选"、上海博物馆的"了不起的宝藏·探宝上博"、苏州博物馆的"苏博云课堂""苏博云书斋"等专题栏目。公众可以通过自己的喜好选择不同的博物馆专栏进行观看。同时，各博物馆也在很多直播平台开展专题讲座直播，馆长、讲解员等博物馆工作人员纷纷化身网络主播，通过视频直播软件在线上与公众进行同步交流互动，带领公众进行一段奇妙的穿越时空之旅。大英博物馆举办的线上云课堂平台——"让专家走进学校课堂"，教师可以通过博物馆在线预约选择不同的专题进行授课，师生通过视频直播软件就可以与大英博物馆的专家互动学习。

网上云课堂、云讲座打破了时间和空间的限制，使博物馆的教育跨越了实体的限制，也使博物馆教育更加大众化，让博物馆成为一个充分自由的学习平台。

（四）社交平台与互动交流

随着互联网的迅猛发展和社交媒体的普及，博物馆开始借助社交平台与公众开展互动交流，这一领域逐渐成为博物馆线上服务的重要组成部分。社交平台与互动交流可以通过以下几个方面来实现。

首先，博物馆可以利用社交平台的传播和互动特性，与公众开展直接的互动交流。例如，定期在社交媒体平台上发布博物馆最新动态、展览信息和展品解读等内容，让公众可以及时了解博物馆的最新动态和展览信息。公众可以在社交平台上留言、评论、点赞或分享博物馆的内容，与博物馆进行线上互动，与其他公众进行交流互动，从而增加参与感和互动性。

其次，博物馆可以通过社交平台组织线上活动，吸引公众参与和互动。例如，可

---

① 《博物馆学概论》编写组编《博物馆学概论》，高等教育出版社，2019，第 36 页。

以通过线上答题、互动问答、文物摄影比赛等与公众进行互动，提升公众对博物馆线上服务的关注和兴趣。这样的活动既能够提升公众的参与度，也可以提高博物馆的互联网知名度和影响力。

最后，社交平台还为博物馆和公众之间的交流提供了一个平台。公众可以通过社交平台向博物馆提出问题、反馈意见和建议，博物馆也可以通过社交平台回应公众的疑问和需求。这种双向的交流可以促进博物馆与公众之间的互动和沟通，改善博物馆线上服务内容和丰富公众体验。

四、"云服务"面临的问题

博物馆"云服务"如火如荼开展的同时，也要认识到博物馆"云服务"面临的问题和存在的不足。

（一）网络的影响力度还不够大

微博、抖音、哔哩哔哩等社交平台虽然都吸引了相关博物馆单位入驻，但是除了有较大 IP 的博物馆（如北京故宫博物院、中国国家博物馆），其他博物馆都表现一般，部分平台入驻率较低，上传的视频内容较单一，以讲座和科普小视频为主（表 1）；在微信公众号运营方面，虽然各博物馆在微信公众号上有各种特色功能，但是定期推送的文章较少且更新较慢，内容相对单一（表 2）。

因此，虽然博物馆在网络传播方面取得了一定的影响，但是与其他行业相比，这一成绩还是稍显逊色，博物馆还有很长的路要走。

表 1　部分国家一级博物馆各网络平台粉丝数量

（截至 2021 年 11 月 10 日）

单位：万人

博物馆（院）	微博	抖音	哔哩哔哩
北京故宫博物院	1020.0	50.0	51.8
中国国家博物馆	508.7	91.4	41.0
上海博物馆	78.4	—	0.3
苏州博物馆	53.8	1.3	0.9
南京博物院	—	5.8	0.1
湖南博物院	52.1	9.8	—

表 2　部分国家一级博物馆微信公众号原创文章推送数量

（截至 2021 年 11 月 10 日）

单位：篇

博物馆（院）	北京故宫博物院	中国国家博物馆	上海博物馆	苏州博物馆	南京博物院	湖南博物院
微信公众号原创文章	369	81	724	78	40	2843

（二）博物馆"云服务"内容相对单一

当下博物馆的线上服务主要集中在云展览、云直播，内容相对单一，形式僵化，在线上展览中博物馆与公众互动较少，很容易使公众失去参观的兴趣。在云展览方面，多数博物馆还未脱离实体展览的基本模式，只是对其进行简单的加工改造，线上云展览基本只是对线下展览的补充和延伸，跳出实体展览限制独立制作的云展览寥寥无几。"云服务"内容单一的问题也导致博物馆线上服务质量存在很大差异，大部分博物馆只是解决了有没有线上展览这一问题，而没有解决如何提升线上展览质量的问题。

（三）博物馆数字化建设基础薄弱

博物馆"云服务"的开展主要依靠博物馆数字化建设，尽管博物馆能够利用数字技术将具有较高分辨率的藏品在网络上展示，但是仍会出现线上指示不明或场景变化较快，使人头晕目眩，产生不适感的情况。我国在数字化建设方面还有很多不足，缺少系统的理论指导体系，且博物馆相关从业人员获得的专业培训较少，人才比较缺乏，导致博物馆"云服务"方式单一，甚至出现"千馆一面"的现象。中小型博物馆数字化建设的问题尤为突出，资金不足、技术缺乏制约着中小型博物馆数字化建设的进程。尽管有些中小型博物馆将展览搬到了云端，但点击率惨淡，甚至低于实体博物馆的参观量。

（四）对公众的需求关注度不高

运用多种方式为公众服务，满足公众需求是博物馆发展的宗旨。在博物馆实体参观中，博物馆工作人员可以通过跟踪记录观察公众的行为举止，包括公众的参观路线、停留时间等；也可以通过发放调查问卷、当面采访等形式来了解公众在参观博物馆过程中的意见和建议，以此督促博物馆做出改变，更好地为公众服务。但在线上"云服务"中，博物馆只能通过网页浏览量来确定公众参与线上服务的次数，难以确定到底有多少人在关注博物馆、关注博物馆哪些方面的内容，博物馆与公众的交流较为疏远，仅在线上发放调查问卷导致博物馆不能全面快速有效地得到公众反馈的信息，难以定位"云服务"受众，为受众提供较为精准的服务。

五、结语

博物馆要加强形式创新，推动线上线下有机结合。新时代博物馆不仅要做好线上服务，让线下参观的公众体验不同的线上"云服务"，还要让博物馆线下潜在公众在线上体验过"云服务"之后提起线下参观博物馆的兴趣，同时要加强线上和线下服务模式的有机融合，实现线上线下联动互通、共同发展，促进博物馆更好地完善自身的职能。在数字技术发展的推动下，博物馆在线上进行不同类型的"云服务"并取得了相应的成绩。各种类型的线上服务得到了广泛的应用，对于还存在的一些问题，笔者提出以下四个方面的建议。

（一）加强博物馆人才队伍建设

博物馆要进一步加强数字化人才队伍建设，多进行相关工作人员的培训。人才是博物馆第一生产力，博物馆工作人员要与时俱进，不断学习新知识新技能，增强自身的业务能力。只有加强数字化人才队伍的建设，才能更好地为"云服务"添砖加瓦，推出更多更好的线上服务。同时博物馆要建立员工培训机制，定期组织相关培训课程，提升员工的专业水平和技术能力。此外，博物馆要加强与各高校和科研机构的交流与合作，聘请专业人士和行业专家担任顾问或导师，为相关工作人员提供指导和帮助。

（二）加强与其他机构的合作

博物馆除自身努力外，还应加强与其他博物馆或文化机构的合作，共同开展线上服务项目，共享资源和交流经验。不同博物馆拥有不同的文物藏品和展览资源，通过合作可以实现资源的互补与共享。例如，博物馆可以通过合作展览将多个馆藏文物进行汇总展示，丰富线上展览的内容和形式，提升公众看展体验。同时博物馆也可以寻求与大型科技公司开展合作，推动博物馆数字化进程，建设博物馆数字文物共享系统，推动大馆带动小馆，增强博物馆数字化能力。此外，博物馆还可以寻求与各大电视台合作，以博物馆的文物故事为背景制作文物纪录片、文博互动节目等，从而进一步丰富博物馆"云服务"的呈现内容。

（三）利用社交媒体平台进行宣传

Web2.0时代的到来使社交媒体成为博物馆"云服务"的又一平台，博物馆要利用好社交媒体平台加强市场营销和宣传推广，通过文物短视频、科普小文章、微广播剧、网络直播等多种形式使文物活起来，富有生命力和感召力。在网络时代，越来越多的人通过社交媒体平台快速获取信息，博物馆应该抓住机遇，与各社交媒体平台加强合作，利用媒体的影响力扩大博物馆的声量，让越来越多的人关注博物馆，吸引更多公众参与博物馆的"云服务"，体验不同的文化魅力，也能吸引更多公众关注博物馆的线下活动，推动线上线下联动发展。

（四）加强与公众的互动性

博物馆要及时回应公众关切，向公众传达其所提出的建议已被采纳或所提问题已得到有效解决的信息。这种及时回应可以提高公众的满意度，增强公众对博物馆的信任感。此外，博物馆可以通过公开回应和整理公众关切的方式，让更多的公众了解博物馆对公众意见的重视程度和改进措施，这样才能吸引更多公众参与到博物馆的"云服务"中来，才能在更大程度上激发博物馆线上服务的活力，推动我国博物馆线上服务新成果"走出去"，发挥更大的影响力。

健康中国视角下博物馆心理疗愈价值凸显

谭小荣[1]　黄石莲[2]

（1.桂林博物馆研究馆员　广西　桂林　541003；

2.梧州学院副教授　广西　梧州　543002）

【摘　要】本文从健康中国视角，追溯博物馆心理疗愈价值的由来，分析重大公共事件发生后博物馆心理疗愈价值越发凸显的原因，探讨后疫情时代中国博物馆应对心理健康问题的新方法、新模式和新方案，发挥博物馆在促进公众身心健康、提高生活质量和促进社会可持续健康发展中的重要作用。

【关键词】后疫情时代　健康中国　博物馆　心理疗愈

2018 年发布的《中国城镇居民心理健康白皮书》显示，我国真正达到心理健康的居民仅占 10.3%，心理健康问题已成为居民生活和社会发展的重大威胁因素，它与情绪有着密切的关系。

研究表明，情绪是心理健康的重要观测指标。美国积极心理学领军人物、北卡罗来纳大学教授芭芭拉·弗雷德里克森认为，情绪有积极情绪和消极情绪两大类。积极情绪表现为喜悦、感激、希望、自豪、逗趣、激励、敬佩、喜爱等；消极情绪表现为焦虑、抑郁、恐惧、悲伤、失望、绝望、仇恨等。当积极情绪占主导地位时，人们会与周围的人相处得更和谐、更亲密；会全身心地欣赏周围的美好，降低血压，减少疼痛，远离疾病；会乐观地看待挫折和失败，对未来充满信心，变得坚韧与勇敢。当消极情绪占主导地位时，人们会自我封闭，与周围的人疏离；会对生活失去信心，变得慵懒，郁郁寡欢，从而诱发头疼、胸闷等身体疾病；其心理承受能力变得更脆弱，无法面对现实，了无生趣。20 世纪 90 年代中期，美国组织心理学家洛萨达在观察和研究 60 个商业团队后发现，当一个团队积极情绪与消极情绪的比例大于 2.9 ∶ 1 时，团队就会蓬勃发展；低于这个比例，团队的业绩就很不好。高绩效的团队凭借他们异常高的积极情绪脱颖而出，低绩效团队在遭遇极度的消极情绪后，失去了勇气、变通性和面对问题的能力。可见情绪对人们的身心健康、生活质量、工作效率、工作质量甚至社会健康发展等方面都产生很大的影响。

2020年以来的新冠疫情给全世界带来了全方位的冲击。2020年1月24日至2月10日，上海精神卫生中心调查了5万多名普通民众心理压力和情绪状况，结果显示，35%的受访者有明显的情绪应激反应，年轻人、老年人、妇女和外来务工人员等心理弱势群体尤其需要关注。中国社会科学院社会心理学研究中心的一项数据调查也显示，新冠疫情期间79.3%的民众都有较为强烈的担忧情绪体验，次之是恐惧（40.1%）、愤怒（39.6%）、悲伤〔38.6%）。有学者对某线上心理咨询服务平台2020年2月4日12时至3月2日24时的图文咨询信息进行统计，发现有效提问的692条咨询中，心理健康问题最多，其中焦虑问题占45.9%，睡眠问题占14.9%，抑郁问题占12.2%。29.2%的心理健康问题由疫情直接导致，70.8%的心理健康问题是既往存在的，但受疫情影响求助动机有所提升。可见，疫情防控期间消极情绪在人群中普遍存在。普通心理健康问题在通常情况下可持续3个月左右，需要时间、环境和心态来慢慢修复；严重的心理健康问题如果不及时疏导，有可能成为诱发精神障碍的主要原因，影响人们的身心健康和生活质量，威胁人们的生命安全甚至社会安定。

近年来，国家对国民心理健康、精神健康方面越来越重视，健康中国建设已上升为国家战略。2015年6月4日，国务院办公厅转发了国家卫生和计划生育委员会等部门下发的《全国精神卫生工作规划（2015—2020年)》（国办发〔2015〕44号）。2015年10月，党的十八届五中全会明确提出推进健康中国建设。2016年12月30日，国家卫生和计划生育委员会、中宣部等22部门联合印发《关于加强心理健康服务的指导意见》（国卫疾控发〔2016〕77号）。这一系列文件精神充分反映了心理健康服务涉及社会生活的方方面面，具有广泛的社会性和普遍性，是全社会的共同责任。新冠疫情发生后，国家卫生健康委员会于2020年1月26日及时发布了《新型冠状病毒感染的肺炎疫情紧急心理危机干预指导原则》。2020年2月初，习近平总书记在主持召开中共中央政治局常务委员会会议时强调，要加强心理干预和疏导，有针对性做好人文关怀。面对心理健康这一严峻的社会问题，博物馆作为公益性的公共文化机构，开展心理健康服务是不容推卸的社会责任。

文章尝试从健康中国视角，追溯博物馆心理疗愈价值的由来，分析重大公共事件发生后，博物馆心理疗愈价值越发凸显的原因；总结国内外博物馆探索心理疗愈方式方法的成功经验，探讨后疫情时代中国博物馆如何通过建成环境（指为包括大型城市环境在内的人类活动提供的人造环境）的干预而成为心理危机人群的疗愈场所，发挥博物馆在促进公众身心健康、提高生活质量和促进社会可持续健康发展中的重要作用。

一、博物馆心理疗愈价值由来已久，灾难后更为凸显

（一）社会责任与时代使命使博物馆具有心理疗愈价值

1793 年，博物馆宣布向所有人和所有阶层开放。博物馆的社会性得到显现。20 世纪 60 年代，心理学家莫利认为"博物馆是'奇怪'的边缘地带……可以向各类群体提供各类需求"，博物馆服务群体的广泛性和服务项目的多样性受到关注。20 世纪 70 年代以来，随着新博物馆学运动的发展，博物馆的社会性得到进一步明确。其核心从以"物"为中心向以"人"为中心转变，强调博物馆要走出收藏、研究的象牙塔，更好地与公众（包括观众与非观众）、社区、社会发生关联。伴随着博物馆服务重心的倾斜，博物馆服务区域更为宽广，服务群体更为广泛，服务项目更为丰富，服务方式更为多样，融入社会、参与社会的责任更为突出。2000 年，英国莱斯特大学博物馆学院汇集世界范围内重要博物馆学者及相关从业者，组织专题会议，从身心疗愈、残障人士、性与性别、争议历史、种族民族等各个方向，强调博物馆有能力且有义务承担社会责任、消除社会不平等。至此，"身心疗愈"引起了世界范围内重要博物馆学者及相关从业者的普遍关注，并成为博物馆"承担社会责任、消除社会不平等"义务之一被强调。

2020 年，国际博物馆日的主题为"致力于平等的博物馆：多元和包容"，国际博物馆协会将此主题阐释为："博物馆可以参与种族、性与性别、社会经济背景、受教育程度、健康状况、政治派别和宗教信仰等诸多议题的讨论，以推动社会变革。"从国际博物馆协会这一阐释来看，博物馆参与健康状况的讨论已成为一个议题被提上了国际博物馆协会的议事日程，并将引导全球博物馆直面公众身心健康问题，承担起促进公众身心健康的社会责任。2021 年国际博物馆日的主题为"博物馆的未来：恢复与重塑"，2022 年国际博物馆日的主题为"博物馆的力量"，这两个主题重在强调博物馆对社会的作用与贡献。国际博物馆协会希望全球博物馆一起行动起来，共同探讨和分享应对当前及未来社会、经济、环境、卫生、健康等方面挑战的新方法、新模式和新

方案，旨在引导全球博物馆关注当下、参与社会、构建未来，重塑新时代博物馆的价值，更好地发挥博物馆的作用。

综上所述，博物馆心理疗愈价值由来已久。探讨重大公共事件后博物馆心理疗愈的新方法、新模式和新方案，发挥后疫情时代博物馆在促进公众身心健康、提高公众生活质量和促进社会可持续健康发展中的重要作用，成为博物馆应对疫情造成的民众心理健康问题及未来社会挑战的课题之一。

（二）公众寻求心理慰藉场所使博物馆心理疗愈价值越发凸显

国外研究显示，普通人群创伤后应激障碍（PTSD）的终生患病率为 7.6%，其中女性为 10.5%，男性为 5.4%。在灾难后有 30% ～ 50% 的青少年出现明显的心理障碍、消极或伤恸反应，这会使青少年的 PTSD 症状更加严重。在新冠疫情的持续肆虐下，许多人患上了"后疫情性焦虑症"。如果这些心理危机人群的消极情绪得不到改善和控制，有可能导致认知、心理、精神、行为及躯体的失衡，成为疫情后心理问题、精神障碍、身体疾病和社会问题的重要根源。这些人群不仅包括遭受生存、患病、生命威胁的人们，还包括居家隔离的民众和奋战在抗疫一线的广大工作者。他们希望基于自身经验和文化传播媒介来寻找减轻和释放不利情绪的场所，以减少无生活来源的焦虑，消除感染病毒的恐惧，减轻失去亲人的痛苦，冲抵居家生活的单调，化解封闭环境造成的心理隔阂，舒缓工作压力带来的心理不适，改变因消极情绪产生的种种不利状态，重拾生活信心，重建适宜行为模式。而博物馆"作为一种有效的疗愈工具很有发展潜力"。有实验证明，博物馆可以降低压力激素水平等身体指标，在心理疗愈上有显著的作用，同时也影响着相关的社会现状。

博物馆有望成为新冠疫情期间和疫情后人们寻求心灵庇护和降低创伤后应激障碍的文化场所。事实上，每一次重大突发事件后，博物馆心理疗愈价值均因民众心理需求增加而得到强化。新冠疫情期间，博物馆推出了丰富多彩的线上文化服务项目和心理治疗项目，确实给足不出户的人们提供了愉悦的审美体验和别样的文化慰藉，在一定程度上舒缓了人们由于严重疫情引起的焦虑情绪，陪伴人们度过痛苦与悲伤时期，发挥了心理疗愈的作用。美国沃尔特·恩里克斯在新冠疫情期间失去了几个朋友与邻居，他很伤心，再加上隔离期带来的极度孤独感，于是他向皇后区艺术博物馆提供的艺术疗愈项目寻求帮助，以改善自己的精神健康。结果，艺术帮助他捕捉过去，重温积极的体验，从而度过那段痛苦和悲伤的时间。一直饱受神经损伤和严重创伤折磨的作家卡特琳·卡隆自从参加了蒙特利尔美术馆的艺术疗愈项目后，她说："我没那么焦虑和激动了，当我欣赏艺术家们的作品时，我知道我并不孤独。"这个疗法为她创造了一个疫情之外的空间，帮助她处理了情绪上的问题。

二、博物馆在发挥心理疗愈价值方面做的有益尝试和探索

（一）国外博物馆在促进身心健康与社会福祉方式方法上积累了丰富的经验

国外博物馆和博物馆学者及相关从业者在如何促进身心障碍人士及其家属的身心健康和社会福祉方面做了很多有益的尝试和探索。英国学者曾归纳出博物馆促进身心健康与社会福祉的几种方式：公共健康教育、精神健康服务、老年观众与"怀旧回忆"、儿童与医院学校（包括学习障碍、孤独症谱系障碍、生理健康问题等）、健康专业人员或看护人员培训以及康复治疗、遗传健康等其他相关内容。英美国家有越来越多的博物馆，通过与心理机构、医疗机构、艺术家、社会工作者等社会机构和专家学者合作，采用馆内参观导览、教育活动、馆外拓展项目与社区活动等方式，为身心障碍人士及其家属提供学习、表达、交流、分享的场所，配合康复治疗，助其更好地了解与融入社会生活。美国休斯敦约翰·P.麦格文健康与医学科技博物馆曾举办主题为"抑郁症：不仅仅是忧郁"的展览，除了解释精神疾病的各方面，还提供心理健康宣传册、当地和全国的心理健康咨询热线、社会服务机构及援助团体的电话号码。英国利物浦国家博物馆的"情感健康项目"，利用馆藏艺术品和手工艺品，帮助有潜在精神疾病风险（如嗜酒者、流浪者、家暴受害者等）和已经患有精神疾病的观众，更好地了解自己、表达情感。

新冠疫情暴发后，以心理学为基础的艺术表达治疗成为国外博物馆的新方向。艺术表达治疗是采用视觉形式取代语言沟通，让患者通过艺术创作活动与治疗师进行互动，将过去及现在的心理状况展示出来，表达出过去或当下的情绪、感受及期盼，便于治疗师了解他们内心过去和现在所存在的问题，采取针对性治疗方法，以缓解他们的心理不适，从而实现心理疗愈的一种方法。例如绘画创作、工艺品制作、陶艺制作、音乐创作、舞蹈创编等，整个治疗过程不受束缚，轻松而有趣，可以帮助患者减少焦虑、烦躁、抑郁等消极情绪，激发患者的积极情绪，使患者的精神状态向好的方面转变，促使患者心理健康成长。有科学研究表明，这种疗法能够改善心情，缓解病痛，得到了心理学家的认可。大众的心理需求促使美国各地的文化机构将艺术疗愈视

为新方向，纷纷推出具有疗愈作用的项目，将馆藏与馆内教育人员推向这场精神健康危机的前沿。正如皇后区艺术博物馆执行馆长莎莉·塔林特所言："现在，是时候将博物馆视为给人们带来关怀的地方了。"皇后区艺术博物馆每周定期提供线上艺术疗愈项目；纽约大都会艺术博物馆研究如何利用艺术史来反思共同经历的孤独与创伤；鲁宾艺术博物馆从藏品中挑选一些具有冥想性的艺术作品，计划重启他们的冥想播客，并将部分学习课程安排给受到新冠疫情影响的人们；俄亥俄州辛辛那提美术馆培训了一批志愿者，教授他们艺术疗愈的技巧。

文学表达同样成为国外博物馆应对此次精神健康危机的有效方式。英国国家司法博物馆向社会推出"束缚中的来信"活动，鼓励人们来信，反映他们在新冠疫情封锁时期的生活和感受。这一活动得到英国广大群众的强烈响应，博物馆在活动开始的24小时内就收到了超过100封的电子邮件。狄兰·托马斯中心则发起了主题为"文学与创伤"的写作活动，让人们能够用诗歌和散文讲述独属于他们的故事，为参与者的自我表达提供了安全感。平民博物馆亦推出"这个时代"项目，在社交网络上呼吁人们记录他们在新冠疫情隔离期间的经历和感受，并将其收入博物馆作为永久收藏。

沙游治疗也开始被欧美国家博物馆运用于这场精神健康危机的干预和治疗。沙游治疗，即给来访者提供盘子、沙子和各种相关物件，来访者可用盘子装或湿或干的沙子，并选用小物件来装点沙子，通过触摸和移动那些反映他们心理问题和创伤的象征物件，运用触觉、视觉、听觉和嗅觉，将近段时间内有意识和无意识的想法、感觉，通过积极的想象和创造性的象征游戏创造出一个物质场景，呈现发生在个人内在或外在世界的各种状况，如困难、痛苦、冲突等，以求得对自我的深刻理解，从而实现自身心理和行为戏剧化改变的一种充满乐趣且意义深远的心理治疗方法。该治疗方法在欧洲已被广泛运用于精神卫生机构、医院、私人诊所和学校，成为心理危机群体进行治疗、实现个人成长、增进沟通以及解决问题的一种工具。博物馆也开始与相关机构进行合作，对工作人员实施培训，聘请相关专家指导活动的开展。

（二）中国博物馆立足自身资源，结合国情，探索中国式方案

中国博物馆在借鉴国外博物馆经验的同时，立足自身资源，结合国情，探索中国式方案。近年来，国内博物馆人及博物馆学者也开始积极思考当代中国博物馆的使命宗旨与社会责任，在服务弱势群体，如老年人、妇女儿童、残障人士、心理危机人群等方面进行了有益的探索。

新冠疫情期间，中国博物馆在增进共识、凝聚人心、激励意志、培养公众积极情绪和文化抚慰方面发挥了重要作用。

立足馆藏资源，推出"云展览""微课堂""云教育"等一系列公共文化服务项目，激发人们的责任感和使命感。例如举办"弘扬优秀传统文化，培育社会主义核心价值观"等主题展览和"文物带你看中国""故宫社区""数字敦煌"等精品展，揭示藏品中蕴含的民族精神和人文光辉，激发公众的社会责任感和使命感，引导公众将个人遭际与国家命运连接起来，将已经被打乱了的、无所适从的苦恼与烦闷的人生及日常生活，转化、汇聚成有意义的集体行动，唤醒公众对社会未来充满活力的期许感、饱满的人生意义感及社会融入感、幸福感，鼓励他们以积极的心态面对现实，走出心理困境，迎接新的挑战。

聚焦疫情，帮助公众理性认识新冠疫情，消除不利情绪，培养积极情绪。例如，由中国文物交流中心、吉林省文物局主办的"启示——人类抗疫文明史"等展览，科学、准确、真实地向公众展示了人类社会在发展过程中遭遇的各种疫病的挑战，科学界对新冠病毒来源、进程和危害的研究成果，以及中国在不同阶段、不同风险等级区域采取的防控措施和取得的防控成效，帮助公众认识疫情，消除因"未知"及"不确定性"引发的焦虑，树立"新冠并不可怕，只要预防得当、控制得当，是可以战胜的"的信心，消除不必要的恐慌与焦虑，对后疫情时代人们心理的自我疗愈发挥了强有力的心理支撑作用。

以事件亲历者的心态，关注民众切身遭遇，发挥文化抚慰作用。关注民众在新冠疫情中实实在在遭遇的生活、身心、生命安全等问题，以事件亲历者的心态，推出与他们自身境遇相似的文化主题活动，在不渲染、不拔高、共患难的前提下，与他们进行情感交流。例如，上海电影博物馆以馆藏《护士日记》为素材，推出微电台，褒扬护士坚强、勇敢和不畏牺牲的精神，给奋战在疫情一线的医护人员极大的心灵慰藉；重庆三峡博物馆制作的"文物背后的故事——从精神堡垒到解放碑"微播录，采用图、文、音结合的方式，阐述文物背后的故事，鼓励听众热爱生活、树立战胜疫情的信心。这些节目一经播出就获得了听众的喜爱。

这些公共文化项目在一定程度上反映了中国博物馆对新冠疫情的重视程度和对公众心理健康的关爱程度，已然成为危机时刻个体与群体联系的纽带和支持个体渡过心理危机的媒介及情感支撑，发挥了文化抚慰的作用。可以说，中国博物馆从未像今天这样以建设性的姿态参与现代社会心理健康议题的探讨，并勇于承担社会责任，履行时代使命。

随着人们从长期的孤独与失落感中恢复过来，我们需要发展开放、包容、富有同理心的文化机构。皇后区艺术博物馆执行馆长莎莉·塔林特这样说。国内外博物馆正逐步成为饱受孤独、失落、焦虑、悲伤情绪困扰的人们抚慰心理的文化机构。

三、后疫情时代，中国博物馆应通过建成环境的干预，发挥博物馆心理疗愈的时代价值

研究表明，居民生活的建成环境对心理健康有着长期性、持续性、广泛性和潜移默化性的影响，并且具有优化和改善的可能性。宜人的建成环境也会对积极情绪产生作用。受此启发，笔者认为博物馆建成环境对观众的心理健康也有着长期性、持续性、广泛性和潜移默化性的影响，并且具有优化和改善的可能性。那么博物馆建成环境的指标包括哪些内容？笔者以"健康建筑的六大指标：空气、水、舒适、健身、人文及服务"为参照，认为博物馆建成环境指标可从环境、设施和服务三方面来设定。环境指标分为外部环境指标和内部环境指标，外部环境指标可从建筑外观、外围规划、配套设施、安全卫生、指示导引、植物绿化、交通便利等方面来设定；内部环境指标可从功能布局、空间规划、采光通风、照明设计、装饰美化、参观动线、安全卫生、空气质量等方面来设定。设施主要指服务设施，其指标可从物品存放、参观咨询、标识指引、休息茶饮、购物品读、互动体验、特殊群体休息参观如厕等设施来设定。服务指标可从服务意识、服务理念、服务态度、服务能力、服务项目和服务质量等方面来设定，服务意识、服务理念、服务态度、服务能力隐含在博物馆对外产出的服务项目之中，影响着博物馆的服务质量和社会形象。

博物馆建成环境对公众心理健康影响路径主要有两类：一是通过视觉直接影响。博物馆内外规划是否妥当、空间利用装饰是否合理、自然采光是否充足、人工照明是否科学、环境绿化是否到位等，都会直接作用于观众的视觉，左右他们的情绪和心理感受。二是通过感知间接影响。博物馆咨询导引、物品存放、休闲娱乐、阅读购物、互动体验等功能区划分合理，服务设施便捷齐全，参观线路宽敞流畅，互动体验项目迎合目标群体，服务产出项目贴近实际、贴近群众和贴近生活，均能促使观众安全感、愉悦感、舒适感和幸福感的产生，有利于观众积极情绪和健康心理的培养。例如，博物馆在观众参观线路上的开敞、半开敞和封闭的空间中，合理采用自然光，科学设计人工照明，精心摆设绿色植物，用心装点文化元素，营造一个光线良好、养目

怡情、品位上乘、美感极佳的休憩空间，便于观众进行交流互动，满足观众追求空间内的领域感和私密感的需求。这样的人文关怀能抚慰观众心灵，滋养观众性情，促进观众的身心健康。

博物馆的环境、设施和服务等直接影响着观众参观、使用、体验博物馆的视觉和感知，作用于观众的情绪，从而影响着观众的身心健康。良好的视觉和感知，常常会让观众自觉不自觉地参与到个人意义建构和自我价值探索中来，促进自我思想、工作和生活的反思，形成新的价值认同，并将积极情绪带入生活和工作之中，培养向上美德，提升主观幸福感，重塑自我人生意义，让生活和未来变得更美好。可见，博物馆宜人的建成环境能促进观众积极情绪的产生，有利于观众身心健康。

中国博物馆基于馆藏或馆际交流推出的常规性展览、精品赏析、社会教育活动、学术讲座、文化创意产品等服务项目，确实发挥了普惠性的文化抚慰作用。面对疫情防控常态化和个体化，人们对病毒的防控往往无措，更加重了焦虑情绪，心理压力日渐增大，由此带来的心理健康问题更为突出。开展心理健康服务是全社会的共同责任，博物馆作为其中的一分子，应在推出陈列展览、社会教育活动、学术讲座和文化创意产品等常规服务项目的基础上，充分利用馆藏资源，积极主动探索新的服务产出项目，拓展合作领域，广泛与心理、卫生等机构及艺术家、社会工作者等人员合作，针对公众心理健康问题推出非常规性服务项目，对公众已经存在的心理健康问题或延迟发生的各种心理疾病进行干预疏导。

如何打造疗愈环境，减少育病空间，达到防御和减轻心理疾病的目的，是规划者重要的研究任务，也是博物馆人为之努力的目标。可见，怎样建设健康的博物馆，成为今后中国博物馆人又一个重点研究的方向。建议已经运行的博物馆着手进行建成环境的完善和优化，尤其注重探索非常规性服务项目，对心理健康问题进行有效干预，以发挥自身在缓解心理危机人群的消极情绪、增加积极情绪、预防或减少心理问题等方面的积极作用。正在筹建和计划筹建的博物馆，建议结合心理学、人体工程学、环境行为学等以人为主体的学科进行建成环境的规划设计，让公众走进博物馆能够放松心情、消除疲劳、贻养精神、抚慰心灵、疗愈创伤、自我提升，收获身心健康的红利。

四、结语

当前，世界正经历百年未有之大变局，面对因社会、经济、军事、环境、文化、金融、公共卫生等问题带来的精神问题的挑战，缺失生命延续感、生活意义感和身心安定感等心理和精神问题在不同群体中普遍存在，而这些问题的核心都指向个体的身心安顿和意义归附。面对这些问题，博物馆应该怎么办？这是全球博物馆都在思考并为之努力的方向。作为超越时空的特殊纽带，博物馆公共文化保障的任务是提供保护，传播知识，消除疑虑，鼓舞意志及增进认同。而提供强有力的公共文化保障、帮助人们调适心理和坚定意志是作为公共文化服务机构的博物馆义不容辞的职责。

中国博物馆作为其中的一员，在常态化个体化的新冠疫情防控下，应积极面对民众心理健康这一社会性问题的挑战，探索对应的新方法、新模式和新方案，通过宜人的建成环境进行主动干预，让建筑本身、内外环境、服务设施、文物资源、公共文化服务项目成为人们探索人生意义的一把钥匙和治愈心灵的一剂良药，使博物馆逐渐成为学习中心、社区活动中心，甚至可以是治疗和思考的场所。应彰显博物馆心理疗愈的时代价值、社会责任与使命担当，发挥博物馆在提高公众生活质量、促进公众身心健康和社会可持续发展中的作用，助力健康中国建设。

参考文献

［1］芭芭拉·弗雷德里克森.积极情绪的力量［M］.王军，译.北京：中国人民大学出版社，2010.

［2］博伊科，古德温.沙游治疗：心理治疗师实践手册［M］.田宝伟，等译.北京：中国轻工业出版社，2014.

文化授权视角下博物馆 IP 保护研究

——以广西壮族自治区博物馆为例

宾兴扬[1]　张菡夏[2]

（1.澳门科技大学法学院硕士研究生　澳门　999078；
2.上海大学文化遗产与信息管理学院博士研究生　上海　200044）

【摘　要】我国博物馆文化 IP 建设起步晚，大部分博物馆的知识产权保护意识尚未形成，文化授权阻碍由此形成。广西壮族自治区博物馆虽然重视文创产品的开发，但是其文化 IP 开发及知识产权法律保护方式都有典型问题，有待改善。通过对发展成熟的博物馆进行案例分析，能从不同视角找出博物馆文化 IP 开发与保护的共性以探求可借鉴的经验，从而得出规避博物馆知识产权保护风险的可行性建议。

【关键词】文化授权　知识产权　博物馆

一、引言

博物馆是大众感知文化力量的媒介，其公共服务的职能需要适应新时代发展，为社会历史文化传承助力。博物馆的观众不再满足于单纯地观赏、了解博物馆中的文物，更希望能够购买承载文物内在价值的衍生品，以获得持续的精神愉悦。

近年来，国家不断鼓励博物馆文化 IP（Intellectual Property）的建设，并且出台了一系列政策法规为其保驾护航。国务院发布的《关于推进文化创意和设计服务与相关产业融合发展的若干意见》中提出要"促进艺术衍生产品、艺术授权产品的开发生产"。国家文物局组织编写的《博物馆馆藏资源著作权、商标权和品牌授权操作指引》（简称《指引》）中强调授权的方式选择及规范性，说明国家希望加强文物行业与社会的交流，让文物活起来。有学者通过对这些政策进行导向性解读，提出我国并未否定博物馆从事经济活动的可行性。那么这就需要博物馆关注对自身权益和文物价值的保护，规避因经济活动可能给文物乃至其所代表的文化造成的不良影响。国内外的博物馆大都倾向于通过博物馆文化授权来实现自身文化 IP 的开发。我国博物馆文化 IP 发展起步较晚，博物馆的知识产权保护意识和能力相对较弱，而博物馆文化 IP 发展处在多重因素影响的环境中，其间的知识产权争议等问题仍然值得研究。

广西壮族自治区博物馆（简称"广西博物馆"）是一家省（自治区）级综合性历史、艺术类博物馆，同时也是国家一级博物馆。新馆于 2022 年 11 月正式开馆，丰富的藏品展现着广西从古至今的历史和文化，如极具地方特色的"广西瓯骆文化"及"合浦启航·海上丝绸之路"专题展览的藏品。广西博物馆新馆开馆后打造了如"瓯骆文化周——广西博物馆·重遇计划""广西博物馆奇妙夜"等文化 IP，但是商标保护意识并没有形成体系。笔者以中国文化 IP 发展较好的博物馆作为参考案例，探讨广西博物馆构建文化 IP 的现状及其突出问题，并给出规避博物馆知识产权保护风险的可行性建议。

二、广西博物馆知识产权保护现状及问题

广西博物馆重视文创产品研发，除了积极运用馆内资源，还与高校进行合作，但其文化 IP 开发尚未形成系统的法律保护意识，无论是在商标注册、专利申请方面，还是藏品数字化版权保护方面，都忽视了知识产权法律在确权和维权上的作用。广西博物馆需要搭建自己的文创发展蓝图，其中不仅需要藏品文化价值和开放迭代的产业链，也需要在前期做好知识产权法律架构。这样才能在发展风口到来时，更从容地兼顾文化 IP 开发与文物、文化价值的保护。

（一）博物馆文化 IP 现状分析

1. 商标体系。从广西博物馆的官方网站中可以看出，其在布展的时候有意识地归纳总结出富有特色的名称来吸引参观者，同时将这些名称沿用至文创产品。但是笔者以"广西壮族自治区博物馆"进行商标检索时发现，广西博物馆仅对"THE MUSEUM OF GUANGXIZHUANGAU TO NOMOUSREGI ON"的壮族文字、图形以及依据羽纹铜凤灯设计的图形进行了商标的商品 / 服务多领域保护，对"瓯骆遗粹""骆越风韵"文字进行保护。若仅从商标注册保护来看，似乎广西博物馆能展现的藏品和文化价值是非常有限的。而事实并非如此，其藏品丰富且关联性强，具有较强的故事性，非常适

合开发文化IP。广西博物馆自身也非常重视相关文创产品和周边的创造，网点中以相关藏品为基点创作的产品及正在打造的"瓯骆书房"都是很好的例子，只是没有将它们及时转化为商标，形成自身的文化商标体系。

2. 文创产品。文化IP开发具有文化特色的同时兼具创新性思维。《博物馆条例》第十九条仅是禁止博物馆直接对文物本身进行商业活动，而文创开发是围绕文物的价值进行的，并不在禁止之列。《博物馆条例》第三十四条也为文创产品的发展提供了法律依据。但是如何利用文化价值进行文化IP的打造需要博物馆打破陈规。广西博物馆的文创产品是依据相关藏品进行设计开发的，但是笔者通过对官方的购物网站进行分析，发现不同系列之间的产品类型同质化严重，并未体现创新性和趣味性。例如，珐琅彩百花纹系列和青花缠枝莲纹系列都出现了布艺套装（图1），图案设计仅取自不同的文物样式，由此产生的版权价值有限。再者，广西博物馆本身尚未出现"出圈"的藏品及IP形象。基于这些客观因素，对日后打造自身的IP更添难度。

图1　广西博物馆的同质化产品（布艺套装）

3. 网站中的藏品数字化版权。广西博物馆的官方网站上拥有丰富的展品数字资源，包括常设展览与临时展览的丰富的藏品图片、专门的数字展厅、"文物苑"呈现的广西非物质文化遗产的摄影作品等。然而，广西博物馆并未对这些数字资源的著作权授权进行规定，也并未明显体现出博物馆的授权和使用方式。如果网络媒体或自媒体想通过网络进行传播，或互联网产业希望对其进行产品开发和市场拓展，存在因获取授权途径不明而产生版权问题的风险。

（二）保护不足导致的问题

1. 商标体系不完善导致文化授权法律基础有限。在我国，商标权的取得应当向国家知识产权局商标局申请商标注册，这是获得权利并行使权利的基础。博物馆授权是一个整体性的价值生产与再生产系统，博物馆处于产业链的上游。商标权是文化授权的基础，其价值的实现是通过对知识产权资源的运用完成产业链的搭建。若不完善商标体系，那么文化资源及其衍生品的传播与发展无依据可循，会阻碍博物馆功能和使命的实现。

广西博物馆对其相关名称进行多领域保护体现其具有一定程度的知识产权保护意识，但是这种程度并不能为文化IP的打造创造良好的条件。该馆的重要文物羽纹铜凤灯及重点打造的"瓯骆书房"未申请商标注册，重要展览陈列"丹青桂韵"也未采取知识产权保护。文化授权的前提是博物馆需要享有相应的权利，知识产权意识淡薄会让博物馆错失文化IP发展的良机。其他博物馆已经出现过很多因失去知名文物商标权而阻碍文化IP品牌战略布局的情况，如"三星堆"和"长信宫灯"的商标抢注案例。面对该问题最可行的方法就是运用法律维权，但是维权周期长等因素会极大影响博物馆经济价值的转化。

2. 浅层开发授权模式。各具特色的文化价值是文创产品区别于其他产品、各博物馆之间文创产品能够相区别的本质原因。浅层开发授权模式意味着博物馆只将文化IP的开发聚焦在单纯的文物图案与产品结合，即通过简单的复制粘贴形成商品，这并不会凸显地域文化价值和特色，反而会形成开发的思维惯性，造成发展思路狭窄、设计理念过时的问题。

广西博物馆虽然定期举办文创大赛，但是产品创意并未明显改善，大部分产品缺乏新颖性，仅在文物本体和花纹上进行创作；非物质文化遗产的相关文物非常丰富，却未对其进行有效的开发；虽然开设了网络销售渠道，但是产品类型单一，销量惨淡。这同时也容易让博物馆降低对商标、品牌经济价值的期待，从而下意识地忽视文化授权法律基础的搭建，形成连锁反应。

3. 对外确权及授权状态模糊。网站中藏品的数字化版权实际上属于馆藏资源授权的一种，国家文物局组织编制的《指引》中也有提及。博物馆有权通过数字化资源著作权授权获得财产收益。文物由博物馆收藏，数字影像由博物馆出资制作，博物馆有权针对单幅数字影像的商业性使用收取合理的费用。随着互联网的发展，网络传播成为文化IP开发更具效率的途径，自媒体的出现更为数字藏品的传播带来新的可能。一个"网红"文物的出现需要一定媒介和技术的支持，仅仅通过传统的一对一合同模式进行授权，难以形成有效的IP打造方式。让文物活起来不仅需要博物馆自身进行开发，而且要活跃在社会上。非物质文化遗产因技术的发展可以实现图像化，但相关馆藏资源需要一个明确的授权方式才能更好地传播。

广西博物馆对外确权及授权状态模糊使公众不知道其是否愿意让渡权利，即让馆藏资源在网络媒体间传播，这会阻碍藏品知名度的提升，相关文创产品也无法吸引流量而提高自身价值。

三、优秀知识产权保护体系博物馆案例分析

（一）敦煌文化IP构建全方位法律保护体系

敦煌研究院重视文化IP的构建，设立了敦煌研究院文化弘扬部、保护研究所等文化IP保护管理部门，同时依据发展情况同步完善自身知识产权的法律保护体系。

1. 商标保护方面。商标是识别商品来源的重要标识，在文化IP开发过程中作为博物馆文化内涵与信誉的重要载体，兼具品质保证、宣传教育、特征彰显等功能。敦煌研究院十分注重在文化IP开发时通过商标保护文物的文化内涵，特别体现在仅商品名称"莫高窟"就采用了10种类别进行保护，其他代表其独特文化价值且富有影响力的图片和文字商标也都进行了多类别的保护。敦煌研究院与时俱进的知识产权保护行动更是体现在商标注册申请上，如对"念念敦煌"等涉及文化创意的品牌进行商标注册，之后又根据新媒体传播特点和业务发展的需求，提出"守护敦煌""敦煌岁时节令""绝色敦煌之夜"等商标注册申请。敦煌文化IP得到了法律上的确权，在实际开发过程中能更有效地规避抢注、维权难等法律问题。

2. 版权保护方面。敦煌文化IP在发展过程中积极创造生动有趣的文化衍生形象，如飞天小姐姐衍生形象等，积极对作品进行登记背书，并在自己的IP管理平台通过发布版权登记证书的方式进行社会公示，降低自身权利证明的维权成本。此外，敦煌研究院还开放"数字敦煌开放素材库"，保障有效地实现文化资源的安全流通与开放、文化传播的准确性、数字资源的确权以及增强敦煌研究院的社会职能。敦煌研究院通过实施有效的法律手段事先保护自身合法权益的同时，实现了博物馆公益性和文化IP打造的双赢。

（二）北京故宫博物院引入多领域合作的开发与授权模式

北京故宫博物院在打造文化 IP 时都是以故宫自主品牌开发为主。北京故宫博物院的开放让全世界的游客能够近距离地感受中国古代皇家宫殿的魅力，而各种联名产品的出现让"接地气"的故宫获得了更多的关注。北京故宫博物院由此意识到仅仅局限于生产衍生品与实际发展情况不符，需要突破行业壁垒和传播壁垒，进行多领域合作。例如，其围绕故宫 IP 开展跨平台、多行业的联动开发，已衍生出文创产品、图书、游戏、动漫、影视、话剧等多元业态产品。为了增强大众对故宫文物及其文化内涵的兴趣，面向全国开展文创产品设计大赛，广泛征集故宫文创设计方案，并将获奖方案制作成文创产品。

无论何种开发形式都需要一个完善的文化授权模式来维护北京故宫博物院的品牌。尽管北京故宫博物院在授权方面存在一些乱象，但是其在知识产权保护方面依然有许多值得学习的地方。在版权授权方面，北京故宫博物院在其官方网站上明确声明，如需使用北京故宫博物院拥有版权的影像资料必须进行授权申请，并附有申请函以保证申请人可以快速获得准确的申请方式和途径。这样的方式不仅可以告知公众北京故宫博物院资源的版权归属，也为希望合作的一方提供快速获取授权的沟通方式。另外，北京故宫博物院积极对外谋求合作，通过"合作开发的 IP 授权"方式，将馆藏资源版权授权给其他机构，把文化形象"用"起来。同时北京故宫博物院充分借助优秀设计师的力量，利用他们的专业知识和无束缚的创意为故宫设计带来新活力。在商标授权方面，北京故宫博物院依法对"故宫博物院"享有名称权和对已注册商标如"宫""故宫""紫禁城"等享有商标专用权。由于"故宫"自身的影响力，该商标也被认定为驰名商标。北京故宫博物院通过合法注册获得商标专用权以得到法律上的明确保护，在引入第三方力量开发文化 IP 时拥有授权的法律基础。

（三）大都会艺术博物馆数字版权保护

大都会艺术博物馆的数字版权保护起步较早，在 2008 年就已完成集储存、检索于一体的藏品数字化管理系统。秉着兼顾公共文化服务和自身私权保护的原则，博物馆免费对外开放低分辨率的数字资料。同时为减轻人工压力，博物馆在 2009 年采用第三方授权的方式保证用户可以通过自助申请流程获得版权管理方的授权服务。2017年，大都会艺术博物馆公开了 37.5 万件艺术品的高分辨率图像，同时提及数字化藏品因版权问题暂时无法对公共领域开放。

大都会艺术博物馆的实践证实了博物馆数字化时代势不可挡，藏品的利用率和扩散率也随着数字化得到了很大的提高，成就了数字化所赋予的艺术共享时代。如此也让人们看到了数字版权保护先行的必要性。学术领域对于基于数字化手段所形成的扫描衍生物能否构成新的作品而享有独立著作权，存在一定的争议；但摄影作品却可能因具备一定原创性而成为新作品。基于这种情况，无论是在艺术共享层面还是在文化授权层面，都需要我们对知识产权被侵权风险进行预防，规避博物馆可能存在的被侵权风险。

四、规避博物馆知识产权保护风险的可行性建议

（一）知识产权确权助力文化 IP 维权

对于博物馆而言，最关键的是具备管理其商号和商标等知识产权的能力，这样才能保证一个整体的知识产权许可战略能够不断得到发展和实施。文化 IP 初步发展的博物馆应当高度重视文物商标的专用权。

广西博物馆与北京故宫博物院、敦煌研究院的性质不同，名称本身并不具备传统意义上的文化价值，更应该保护的是文物及其本身所代表的民风民俗，商标注册的重点更应体现在重要文物及相关非物质文化遗产的产物上。值得注意的是，在文化 IP 打造之初要明确博物馆打造重点以平衡经济价值和文化价值。例如，作为镇馆之宝的羽纹铜凤灯应当尽早在商标和版权上进行确权，实行商标注册多类别申请和作品版权登记，以实现事先保护，为文化授权提供法律保障。

广西拥有 12 个世居民族，据第七次全国人口普查数据，居住民族成分包含了中国 56 个民族，是典型的多民族聚居区，无论是物质文化遗产还是非物质文化遗产的资源数量都位居全国前列。虽然《广西壮族自治区非物质文化遗产保护条例》明确鼓励博物馆进行非物质文化遗产项目传承、展示活动，但是在针对非物质文化遗产开发时，需要注意由多渠道开发可能带来的知识产权被侵权问题，因此要明确商标、专利等的归属。例如，壮锦多依靠产地来区分种类，难以明确一个固定商标或版权，因此在开发利用时，广西博物馆或广西壮锦博物馆可以带头进行商标和专利保护。这样既可以保证经济效益和合法权益，也能够促进博物馆与行业的交流，为行业技能教育和知识共享提供经验与场所，提升博物馆的社会影响力。

（二）建立对外授权的专门机构

博物馆的文化授权不仅包括博物馆的商标、图案等具体形象，还包括博物馆的声誉、形象，这些都是博物馆的无形资产和知识产权。在建立知识产权保护体系的过程中，需要不断推进博物馆的知识产权确权、授权及维权工作的开展，同时随着文创产业的不断发展，很多知识产权问题也会随之而来。广西博物馆虽然设有文博部门，但是并没有统筹形成管理机制，文创产品也大多依赖旗下的广西南宁桂博综合开发公司，发展路径略狭窄。

建立对外授权的专门机构可以专业化、体系化地开展知识产权管理工作。该机构体系可借鉴研发部门架构，形成前后端统筹兼顾的管理模式，前端保证知识产权确权，后端注重授权、维权及运营工作，实现对知识产权的统一维护。例如，博物馆在合作前就对知识产权的权利归属与利益分配问题作明确界定，以减少纠纷；授权使用时，要明确授权范围、条件等，防止因授权不清引发纠纷。博物馆由此形成知识产权整体发展和保护意识，规范自身管理，为成果的二次转化创造条件。专门机构的优势在于形成统一的对外文化授权和平台售卖窗口，即使出现多个授权方，为保护博物馆的信誉与声誉，仅通过独家店铺售卖，防止因内部信息差而引起授权重复的情况出现。

（三）以合同订立方式规避藏品数字化带来的风险

藏品数字化的过程中可能会产生著作权，博物馆是否能够成为著作权人，需要考虑权利归属。博物馆的文化授权需要基于法律赋予的权利来进行，尽管是职务作品也只能在业务范围内优先使用，因此获得藏品数字化的著作权至关重要。知识产权问题同样属于民法范畴，那么博物馆就可以通过订立合同的形式来明确权利归属、权责问题，这是获得知识产权、避免相关纠纷的重要方法。在这样的文化授权形式下，博物馆通过合同来明确文化授权范围等权责是一种较为妥当的方式。广西博物馆官方网站的相关图片，特别是"文物苑"板块中的摄影作品，在内部有必要通过订立合同明确权利归属，在外部需要在网站中明示权利所属，以规避不必要的版权纠纷。面对公众使用请求，可以借鉴北京故宫博物院的申请方式，通过格式条款予以授权，或者如大都会艺术博物馆般，对公众需求进行分类，按照自助申请流程开展授权服务。博物馆由此可达成实现公共文化服务职能和保护自身知识产权的双赢目标。

五、结语

博物馆热仍处在升温状态，文化授权作为博物馆文化"软实力"向经济"强推力"转化的重要方式，为文化 IP 开发与打造提供了强大的助力，知识产权保护的作用不言而喻。广西博物馆蕴藏丰富的藏品和多样的文化内涵，知识产权保护现状存在较为典型的问题，针对博物馆文化 IP 开发而形成知识产权保护体系和理念迫在眉睫。博物馆建立新型的知识产权保护机构，构建确权与授权相结合的事先保护模式，全方位地为文化 IP 打造知识产权保护网，这样才能创造性地发挥典藏新价值，激发与历史底蕴文化相匹配的全新活力。

广西山歌民族文化产业发展新路径探索

胡丁婷

（桂林市金融工作办公室经济师　广西　桂林　541100）

【摘　要】文化产业的特点使其对关联性产业具有巨大的推动作用，从而带来经济社会的全面发展。针对广西山歌文化产业发展的现状和存在问题，本文结合山西"晋商文化"、"东北二人转"、河南"中国潮"超级文化IP引领当地文化产业化发展的成功案例，对广西山歌民族文化产业化发展进行深入思考和分析，并对其在新媒体时代的发展路径提出新的思路。

【关键词】山歌　山歌文化产业　文化IP　民族文化　新媒体时代

2021年，文化和旅游部发布《"十四五"文化和旅游发展规划》（简称《规划》），"十四五"时期是开启全面建设社会主义现代化国家新征程的第一个五年，也是推进社会主义文化强国建设的关键时期。习近平总书记指出，谋划"十四五"时期发展，要高度重视发展文化产业。发展文化产业是满足人民多样化、高品位文化需求的重要基础，也是激发文化创造活力、推进文化强国建设的必然要求。《规划》中明确提出要着力建设新时代艺术创作体系、文化遗产保护传承利用体系、现代公共文化服务体系、现代文化产业体系，将文化遗产保护传承利用体系的更加健全和文化产业的更加繁荣列为重要目标。

一、文化产业是经济增长的重要动力

国家统计局在《文化及相关产业分类（2018）》中对文化产业的定义是：为社会公众提供文化产品和文化相关产品的生产活动的集合。文化产业涵盖了新闻信息服务、内容创作生产、创意设计服务、文化传播渠道、文化投资运营、文化休闲娱乐服务等六大类文化核心领域，是21世纪的朝阳产业。在全球化视角下，文化产业已成为衡量一个国家综合实力的重要标志之一，对经济增长的贡献率也越来越高，它既有经济属性，又有意识形态属性。文化产业虽然有其市场性和商品性的一面，但其核心与本质还是带有精神性的。

国家统计局数据表明，2021年全国规模以上文化及相关产业企业实现营业收入119064亿元，按可比口径计算比2020年增长16.0%，两年平均增长8.9%，比2019年增速加快1.9个百分点。分领域来看，2021年文化核心领域营业收入73258亿元，同比增长16.5%。从数据中可以看出，我国文化产业2021年顶住疫情压力，仍然实现较快增长，成为稳经济促发展的重要力量，并逐步从粗放的"铺摊子"式发展模式向高质量、高层次、集约化发展模式转变。国家《"十四五"文化产业发展规划》更是将"十四五"时期文化产业的发展目标设定为"产业结构优化升级，新型文化业态更加丰富，数字化、网络化、智能化特征更加明显，产业链条和创新发展生态更加完善，文化产业与相关领域融合更加深入，文化产业整体实力和竞争力显著增强"。

二、广西文化产业的现状与思考

经过10多年发展，广西文化产业基本形成了以文化旅游、演艺娱乐、动漫游戏、影视制作等为主体的产业体系。2020年，广西文化产业营业收入778亿元，同比增长13.2%。截至2021年9月底，广西规模以上文化企业营业收入739亿元，同比增长20.1%，两年平均增长30.4%。文化产业正成为广西经济发展新的增长点，成为提升广西软实力和新形象的重要力量。

从以上分析中可以发现，虽然广西具有民族文化、区域文化和面向东盟的资源优势与区位优势，但是文化产业仍以比较传统的产业形态为主，高创新性、高融合性、强渗透性、广覆盖性的现代文化服务业和高科技文化行业的占比较小，新业态占比仍有待提升，资源开发分散，文化资源整合力度不够，各种民族文化没有形成合力，难以形成产业规模和效益，且整个产业的综合经济实力偏弱，占GDP比重偏低，这些因素都极大地制约了广西文化产业做大做强。

文化产业的核心在于文化符号，正是人类的精神需求使得文化符号可以依附于众多的物质产品，从而形成文化产品及产业活动的文化基础。而文化产业的业态支撑点在于文化品牌，文化品牌是一个文化企业的核心竞争力，体现了一种文化的精神影响力。在与部分广西文化产业专业人士的交流研讨中，大家都达成一个共识：未来以文化符号（IP）构建为核心内容的生产方式将成为文化产业主流，广西文化产业要做大做强，亟须一个认知高度一致的"最广西"文化符号——文化超级IP来引领，以其独特的魅力和超级影响力赋能乡村振兴、文旅融合，培育和壮大更多的民族文化品牌。在这一方面，河南和山东都走在了前头。《河南省"十四五"文化旅游融合发展规划》明确提出"凝练一批具有世界影响力的中华文化超级 IP，围绕其开展多样化内容生产，不断提升旅游目的地文化内涵和影响力。实施中华文化超级 IP 工程，构建'4+8+N'中华文化超级 IP 矩阵，打造中华文化超级 IP"。山东则走齐文化的"超级文化 IP"品牌化发展道路。

三、山歌是最具广西民族文化特色的名片

广西文化资源丰富，有民族文化、山水文化、红色文化、海洋文化、长寿文化，还有独具特色的岭南饮食文化、丰富多彩的物质文化遗产和非物质文化遗产，但最有代表性的当属民族文化。广西是一个民族众多且有着悠久历史的民族自治区，境内共有 12 个世居民族，拥有灿烂的民族文化艺术和资源，形成了独具特色的民族文化。民族文化是一种不可替代的独特产业资源，以民族文化资源为依托进行产业开发，建立民族文化产业，充分激活文化资源的潜力，能将文化资源转变为文化资本，发挥民族地区的文化产业优势。

广西多姿多彩的民族文化资源为文化产业的做大做强提供了坚实的基础和广阔的前景，民族文化遗产则是珍贵的文化资源，具有丰富且特殊的历史价值、文化价值、艺术价值，更应当在保护与传承的基础上实现创新发展。入选国家级非物质文化遗产名录的广西民族文化中，侗族大歌、壮族三声部民歌、壮族歌圩、瑶族蝴蝶歌、那坡壮族民歌、刘三姐歌谣、毛南族肥套、桂南采茶戏、壮族嘹歌、壮族三月三等都是具有山歌体裁或融合了山歌元素的民族非物质文化遗产。在对山东、江苏、浙江、山西、四川等地游客的广西民族文化符号印象的随机调查中，"说起广西文化就想起唱山歌，说起唱山歌，最先想起的就是刘三姐""真羡慕你们广西，因为唱山歌的节日还能放假"是大多数游客的共识，可见山歌和刘三姐是游客对广西文化辨识度最高的文化符号。这个结果也与桂学研究院广西文化研究课题组公布的《广西文化符号影响力调查（2023）报告》阶段性成果相符。该项调查结果显示，广西具有最高认知度的文化符号分别是以桂林山水为代表的自然山水形象和以刘三姐为代表的少数民族风情形象。山歌经历了几千年的时空交错，其音乐坦率、直白、热情、奔放，即兴的歌词内容广泛，曲调地方色彩鲜明，更接近于自然语言形态，充分反映了广西壮、汉、苗、瑶、侗、毛南、仫佬等各民族的精神文化生活和民族特质，是世界音乐文化宝库中的

瑰宝。为继承和弘扬广西优秀民族传统文化，山歌有一年一度的"三月三歌节"，有唱响海内外的南宁国际民歌艺术节，更有超级传播力IP——享誉全球的"歌仙"刘三姐形象。因此，担当广西民族文化头牌名片的，非山歌莫属。

四、新媒体时代山歌文化产业传承发展的路径探索

广西山歌作为具有鲜明民族特色和地方特色的文化，其产业化发展是大势所趋。通过文化产业化促进民族文化的保护和传承，是增强广西人民文化自信和民族自豪感，带动广西相关产业发展的重要方式。以山歌文化促进民族知识经济的开发，打造"秀甲天下，壮美广西"文旅品牌形象，实现文化多样性保护与经济协调发展双赢是广西山歌的光荣使命。

广西山歌十里不同音，百里不同调，音调偏离主流语系，对听众来说辨识度低，别说外地人，许多本地年轻人也未必听得懂。在新媒体时代，山歌文化要想有走出广西、辐射全国、享誉世界的影响力、传播力，取得像当年电影《刘三姐》那样轰动全国、名扬海外的辉煌成就，困难非常大。虽然广西各地各级政府在保护和传承山歌文化方面做了许多努力，出台了多项振兴和发展山歌文化的政策及措施，但是从产业和品牌的角度来看，近年来有品牌影响力和传播力的，也只有文旅融合的《印象·刘三姐》大型山水实景演出、文娱融合的南宁国际民歌艺术节"大地飞歌"等为数不多的广西文化头部品牌。广西文化产业始终缺乏一个类似山西"晋商文化"、"东北二人转"、河南"中国潮"的文化超级IP，起到创新引领、激活文化产业新动能的作用。

"晋商文化"品牌的崛起，源于中央电视台一套黄金档电视剧《乔家大院》的热播，让闻名海内外的商业资本家乔致庸的宅院一夜成名，名扬中外。随即引爆了山西的文旅产业，使一直不为大众熟知的晋商文化旅游异军突起，同为晋商背景的平遥古城、碛口古镇、王家大院、常家庄园、李家大院、渠家大院、曹家三多堂等景区同声相应，持续领跑山西文旅行业，获得了社会效益和经济效益双丰收，极大提升了晋商文化在新时期的知名度、认可度和影响力，彰显了文化与旅游融合发展的强大效应。

与广西山歌同为国家级非物质文化遗产的"东北二人转"是植根于东北的民间曲艺曲种，流传于东北三省和内蒙古自治区，在长期的发展中形成了"南靠浪，北靠唱，西讲板头，东耍棒"的四大流派，二人转的音乐唱腔极为丰富，素有"九腔十八调，七十二嗨嗨"之称。"东北二人转"演艺具有东北地域性、民间性传统，其发展历程与山歌类似。1949年后，党和政府对文化演艺行为进行了改造和培育，开始"去

俗求雅"，一些民间文化团体转制成为体制内专业文艺工作团队，其文艺形式走上城市舞台，由曲艺表演转向走大戏、正戏道路。1978年后，随着新生艺术潮流，民间二人转演艺活动活跃，但规模很小，多出现在节日、婚庆、生日、乔迁等活动中。20世纪90年代，伴随搞活文艺演出政策的出台，二人转民营演艺剧场取得成功，逐步形成二人转连锁剧场和演艺品牌。2000年后，政府通过"二人转大赛""二人转邀请赛"，吸引了东北各地二人转演艺人员参与，比赛后将获奖剧目制作成音像制品向全国发行，二人转艺术开始走向全国。二人转产业的引爆点则是与当时文化演艺如日中天的品类——小品的完美融合，借助中央电视台《春节联欢晚会》《梦想剧场》等节目的超级辐射力和传播力，产生了强大的广告效应。此后，"东北二人转"在影视剧、演艺市场、艺术学校等多个领域全面开花，逐渐形成庞大而复杂的文化产业链，并发展出专门的二人转演艺劳务市场和经纪人队伍，整个产业形成良性运行态势。

通过对"东北二人转"产业形成的分析可以发现，其中有一个非常关键的节点，就是将东北原来一树多枝、繁杂散乱的民间文化，通过放大东北方言魅力，用近于普通话、全国大部分人能听得懂的东北方言的词汇、语调来表现人物、叙述故事，整合艺术形态、艺术成分、作品内容、艺术手法、音乐、表演的多元性，推出一个诙谐有趣、感染力强、全国大众乐于接受的表演形式。

广西山歌其实也具有完全不输于"东北二人转"的良好资源和条件，甚至还要优于它，并且早在20世纪60年代就凭着电影《刘三姐》唱响全国，以至今天我们都还享受着当年电影给广西文化产业带来的红利。新媒体时代的广西文化产业，亟须新一代的"歌仙"作为山歌行业的领头羊，唱响广西文化产业大发展的主旋律。

当年电影《刘三姐》一炮走红，也不是偶然的。刘三姐是广西乃至整个珠江流域民间传说中一个美丽聪慧的女子，因擅长唱山歌被奉为"歌仙"，在壮、汉、苗、瑶、仫佬、毛南等多个民族中都有刘三姐的传说。20世纪50年代，柳州彩调剧《刘三姐》率先引发全广西创作"刘三姐"相关曲调的热情，各剧种的《刘三姐》纷纷上演。1960年，广西专门举办了《刘三姐》文艺汇演大会，共有县文工团65个、业余剧团1200多个参加，演出包括彩调剧、歌舞剧、桂剧、壮剧、粤剧、邕剧、木偶剧、师公戏等各种形式的《刘三姐》剧目共43场，观众1200多万人次。汇演结束后，经过编选加工、提炼创作而成的民间歌舞剧《刘三姐》进京汇报演出，之后在全国25个城市巡演。随着音乐素材来自刘三姐彩调剧和民间山歌的电影《刘三姐》的横空出世，刘三姐文化形象享誉全国，蜚声海内外。

新媒体时代是数字化媒体盛行的年代。年轻人听歌、K歌等大都依赖各类手机社交音乐App。这些App拥有海量潮歌，具有能将声音进行修饰美化、专业混音、智能打分、自拍视频、好友擂台、趣味互动等功能，能让人们随时随地K歌并与好友分享，轻松制作个人专辑并通过新媒体传播。这些全方位展示自我魅力的功能俘获了年轻人的心。广西各地虽有发展山歌文化产业的政策和规划，但缺乏对发展山歌文化产业的专项顶层设计，涉及范围较宽泛，产业化实现路径模糊，且各民族山歌种类繁多，实施起来未能形成合力。要打造新一代具有超强影响力、传播力的山歌文化名片，首先必须加强对山歌的历史背景、人文环境、地理状况等的收集整合，让数字技术赋能山歌的保护、传承和发展，建立起具有区域民族特色的音乐类非遗多媒体数据库，形成完整的山歌文化体系。其次要着力培养大量的山歌粉丝和受众，为山歌文化产业发展打下广阔的市场基础。最后要针对新媒体时代的文化传播特征，学习和借鉴流行文化在内容创意、传播机制等方面的优秀经验，在传统民族音乐中融入现代流行音乐元素和新科技元素，加强场景化运营，具象化山歌文化IP设计，在受众心中塑造对山歌的核心认同感，实现广西山歌民族文化的创造性转化和创新性发展。

（一）加强山歌文化资源数字化建设，构建山歌文化IP矩阵

广西素有"歌海"美誉，山歌浩如烟海，种类繁多，形式多样，是广西民族文化的宝库。当前表面仍然热闹风光的广西山歌文化，在传承上实际已趋于弱化、老化，甚至出现濒危迹象。歌手世代传唱的山歌，许多都被记载在厚厚的手写歌本上，一些特殊地方方言的优秀山歌因无专人整理而面临失传。伴随着民间老歌手的不断凋零，歌本失传，山歌受众越来越少，年轻一代不爱唱、不会唱，甚至听不懂，这也是广西山歌文化传承发展的最大障碍。要振兴山歌民族文化，取得产业化的发展，首先必须保留住这些优秀民族文化资源，这是山歌文化传承和发展的源泉。当年最先爆红的彩调剧《刘三姐》的歌谣，就是从两万多首民歌中提炼出来的，可谓是精品中的精品。只有保护好丰富的宝库，才能为广西山歌的再次腾飞打下坚实的基础，否则山歌文化的产业化发展只能是无源之水。

在新媒体时代，应该依托数字化、人工智能、云计算、大数据、区块链、5G通信技术等新一代信息技术，加快文化产业数字化布局，让科技赋能山歌文化产业。在具体实施路径上，以广西文化大数据体系建设为抓手，持续大力加强搜集和整理流传于民间的民族山歌，可以培训民族歌师、歌手，让他们担负搜集整理民间山歌的重

任；对于濒危消失亟待加强抢救性挖掘和保护的山歌文化，可采用与时间赛跑的"非遗口述档案"抢救采集建档工作方式。例如，南宁市国家档案馆与南宁市民族宗教事务委员会等部门强强联合，整合各方资源，发挥各自优势，面向非物质文化遗产代表性传承人及民间歌手以"非遗＋档案＋融媒体"的崭新方式开展壮语山歌（南宁）抢救性口述记录，完成了 2020 年壮语山歌（南宁）档案采集，并编撰了《南宁壮语山歌2020 年档案采集成果汇编》。

坚持顶层设计、长期规划、分步实施，统筹山歌文化资源存量和增量的数字化，依靠新信息技术海量的存储能力，逐步建立起包括口述史料、影音文献、个人文献等在内的多媒体资源库，将过去分散的、个体的、地区性的山歌民族文化资源整合为能满足用户各项具体需求的山歌文化 IP 矩阵，实现山歌民族文化的有效共享。

（二）充分发挥政府主导作用，培养新生代山歌人才和受众

如果说针对"歌王"、山歌传承人越来越缺乏，老龄化现象严重，山歌文化传承青黄不接的"断层"问题，还能够以抢救性挖掘和保护暂时渡过难关，那么随着山歌的依存环境改变，年轻人对山歌缺乏兴趣则是更为严重的问题，如何扩大山歌文化的受众及传承群体，显得尤为紧迫。没有了广大的受众群体，山歌最后的归宿只能是博物馆。"山歌要从娃娃抓起"成为广大期待将山歌文化发扬光大的歌手、爱好者、专家学者们的共识。

调查发现，近年广西各地各级人大、政协均有各类鼓励民族文化进校园、进课堂的提案，一些地方政府也有相关政策和措施，但最后执行的效果与理想状况相去甚远。究其原因，主要是人们思想上并未对民族文化进校园的重要意义取得共识，造成政策持续性差，没有制度上的保证，执行力不强。

同为民族自治区的内蒙古，利用落实"双减"工作的契机，大规模强力推进传统体育项目进校园，在内蒙古自治区各盟市 300 多所学校开设射箭、软式曲棍球、马术等民族特色科目，在蒙古族幼儿园、中小学校内开设民族文化特色教育，马头琴、摔跤、射箭、蒙古舞等多门民族艺术课程进入了课堂，许多学生小小年纪就会摔跤、跳蒙古舞、骑马。独具特色的课程既是对民族地区非物质文化遗产的保护和传承，也让孩子们找到了文化自信，培养了大批民族文化的后备人才和受众群体。

广西应充分发挥政府主导作用，在全民教育的背景下，统筹推进以山歌为代表的广西民族文化进教材、进校园、进课堂、进社区、入"网"上"云"活动，加强政

策的制定和执行监督工作，保持政策的连续性，借助新媒体的传播手段，将以往在田间、山头、歌圩传唱的山歌引入课堂、校园、社区、网络，让山歌成为爱国主义教育和素质教育的重要形式，扩大受众群体，让广大受众了解包括山歌文化在内的广西民族传统文化，逐步构建一种可行的社区传承模式、校园传承模式，拓展民族文化传播途径，做大民族文化市场。

（三）内容为王，宣传"最广西"山歌 IP

当前，5G 通信技术、云计算、人工智能技术、4K/8K 超高清视频、VR/AR 技术、物联网等新技术不断涌现，悄然改变着文化产业的发展模式。2022 年，中共中央办公厅和国务院办公厅联合印发了《关于推进实施国家文化数字化战略的意见》，明确提出到"十四五"时期末，基本建成文化数字化基础设施和服务平台，形成线上线下融合互动、立体覆盖的文化服务供给体系。

广西文化产业想要在新媒体时代取得发展，应统筹利用在保护和传承山歌文化中建成或在建的数字化工程和数据库成果，关联形成广西民族文化数据库；以新媒体作为新的传播载体，依托内容丰富、功能强大的山歌 IP 矩阵，将山歌打造成新媒体时代"最广西"的文化符号，使其成为广西文化辨识度最高、最具品牌核心竞争力的文化形象，提高山歌文化的附加值，形成"文化＋"模式，发挥"文化＋"杠杆效应，推进山歌文化与其他产业的融合发展。

广西 2021 年政协参政议政成果《广西少数民族文化产业发展助推乡村振兴调研报告》中指出："广西非物质文化遗产名录中，境内少数民族创造的文化灿若星辰，但这些文化中哪些能形成有吸引力的文化项目，哪些能培育出带动社会经济发展的产业，是需要进行深入判别和选择的。但这项工作目前并没有专门的部门或学术组织来完成。"这正切中广西文化产业发展的要害。坐拥丰富的山歌 IP 矩阵，哪些具有爆款 IP 的潜质呢？结合河南文旅通过"中国节日"文化 IP 矩阵，打造河南文化超级 IP，建立河南新文化形象"中国潮"的成功案例，本文给出一些对此问题的思考与建议。

河南文旅业能在新冠疫情的不利影响下逆势崛起，其政府制定的"凝练一批具有世界影响力的中华文化超级 IP 战略"功不可没。2021 年河南卫视春晚《唐宫夜宴》火爆"出圈"后，"中国节日"文化 IP 矩阵闪亮登场，《元宵奇妙夜》《清明奇妙游》《端午奇妙游》《七夕奇妙游》《中秋奇妙游》等一系列节目持续火热。科技赋能文化也大显身手，河南卫视大胆使用"5G+AR"技术将虚拟场景和现实舞台相结合，将河南博物院镇院之宝贾湖骨笛、妇好鸮尊、莲鹤方壶及名画《千里江山图》《捣练图》《簪花仕女图》精彩呈现，使中华特色文化 IP 汇聚，借此"中国潮"文化 IP 掀起了文化宣传的狂潮。号称中原标志性文旅地标的金牌 IP《只有河南·戏剧幻城》横空出世，大大提升了河南文旅的产品等级，"老家河南""天下黄河""华夏古都""中国功夫"等超级文化 IP 打造成功，产业集聚效应明显，对其他领域的引领和加持作用逐步显现。

"行走河南·读懂中国"品牌呈现的一系列标志性目的地成功让更多的旅游者加入宣传推荐的队伍。河南博物院推出的"唐宫夜宴版仕女乐队系列盲盒""考古盲盒""古钱币巧克力""文物修复大师"等文创产品风靡全国。各文化 IP 还联合手办、数字藏品、玩具收藏、汉服、游戏等行业的头部企业，进行了一系列文创产品的开发，实现文化推荐到文化产品的转变，满足了"线上种草，线下消费"的需求，带动了整个 IP 衍生产业的快速发展。《风起洛阳》剧播大热带火了一座城，洛阳一度成为人民文旅研究院发布的"全国重点旅游城市文旅传播指数榜"第一位。"吃下一口雪糕，品味黄河文化"让"少林宝宝""云台山""洛阳牡丹""安阳殷墟"等文创雪糕实现热销。

讲好广西故事，实施战略要有顶层设计，路径要明确，绘制好"读懂广西"文化图谱，构建起山歌文化 IP 矩阵。要打造广西的山歌文化超级 IP，应坚持内容为王，以创新发展广西山歌为锚点，充分利用好广西山歌文化这一优势，摸索广西山歌文化新的主线和灵感，让大众在璀璨的山歌文化中，感受到生生不息的广西精神，产生情感上的共鸣，使山歌文化 IP 具有超强的魅力和影响力，树立起广西新的文化形象。

广西山歌文化产业始终缺少一个超级 IP，《印象·刘三姐》作为观看类的演出，已经很难在如今的新媒体时代具备超强的传播力和影响力，而南宁国际民歌艺术节这种节庆式的活动传播持续性有限。广西应依托丰富的山歌文化 IP，深度挖掘山歌文化的大众属性，组织专业团队精心甄选，对可能吸引粉丝和带来流量的山歌资源（如唱法随机应变，出口成歌，富有知识性和趣味性；对歌、斗歌的互动、娱乐形式更能吸引年轻人等）进行内容制造和 IP 生产，选择更贴近大众语境的词曲唱法，使山歌唱起来声声入耳、字字明白，好听又好懂，紧紧扣住受众心弦，让动听的山歌形成辐射传播。

在线上，建立以内容制造为根本、先进技术为支撑、创新管理为保障的全媒体山歌传播体系，培育专业的山歌传播团队，依靠社交媒体、自媒体平台的超强传播力，推广互动式、场景式、服务式的传播方式。

在线下，构建融山歌艺术表演、民歌文化体验、民族服饰文创、民族文艺娱乐、民族饮食品尝为一体的大型山歌文娱综合体，让各地的游客无论什么时候来到广西，都可以亲身感受一次人如潮、歌如海的感觉，享受那歌声鼎沸的超爽体验，成为强互动、高体验的山歌狂欢之地。

山歌文化通过线上传播宣传，线下文旅项目承接沉浸式文化体验，形成全新文化产业生态系统，与文化旅游、影视制作、广告传媒、动漫游戏、文化创意、娱乐演艺等新兴文化产业深度融合，实现文化品牌向产业品牌的转化，让"最广西"的山歌文化 IP 成为广西文化产业的驱动引擎，强化"文化 +"的拉动力、聚合力和提升力，催生新业态、培育新产品，将广西的民族文化资源优势转化为文化产业发展优势，为文化产业创造新的价值。

博物馆陈列展览与数字化
建设研究

"广西古代文明陈列"策划与实施流程解析

韦　玲

（广西壮族自治区博物馆副研究馆员　广西　南宁　530022）

【摘　要】"广西古代文明陈列"是广西壮族自治区博物馆新馆的基本陈列之一。从其策划阶段、实施阶段、项目总结与评估阶段的主要工作及一般流程来看，策划阶段是基础，决定陈列展览总的方向、目标、定位及重点展示内容；实施阶段是核心，有大量的工作需要在此阶段条分缕析、逐层逐级完成；项目总结与评估阶段则具有深远而现实的意义，总结提炼、展览评估和材料归档都是不可或缺的重要部分。大型基本陈列项目是涉及多部门、多人员、多领域、多专业、多层次、多广度的系统工程，只有全力以赴、通力合作才能顺利完成。

【关键词】广西古代文明陈列　陈列策划　实施流程　项目总结与评估

广西壮族自治区博物馆（简称"广西博物馆"）成立于 1934 年 7 月 1 日，是一座历史悠久的国有省（自治区）级综合性博物馆，也是广西最大的文化遗产收藏、保护、展示、研究和宣传教育中心。2019 年 1 月，广西博物馆迎来了改扩建项目的正式动工，历经 4 年艰辛建设，新馆于 2022 年 11 月 28 日建成并正式开放。"广西古代文明陈列"是广西博物馆新馆展陈体系中体量最大的一个基本陈列，也是第一个较为系统、全面反映广西古代历史文化特色和文明演变进程的基本陈列。2023 年 5 月 18 日，"广西古代文明陈列"联合"合浦启航——广西汉代海上丝绸之路"成功申报并荣获第二十届（2022 年度）全国博物馆十大陈列展览精品推介特别奖。

作为广西博物馆陈列部的工作人员，笔者有幸参与"广西古代文明陈列"从最初策划到最终实施的全过程。在此，陈列展览已经面向观众开放，经历了近 10 个月的全方位检验后，笔者对陈列展览进行总结与解析，期待能够为业内其他博物馆筹备新的陈列展览提供参考。

一、策划阶段

"广西古代文明陈列"是广西博物馆新馆展陈体系中最重要的基本陈列，关系到博物馆长远建设和发展。同时，基本陈列展品多，展示内容丰富，展出周期长，制作成本高。为确保展出质量和效果，实现预期目标，陈列部做了多年研究和筹备，对各方面进行周密考虑，梳理了一套陈列展览项目的实施流程，根据流程规划安排各阶段的工作。

（一）总体方向

2017 年 4 月，习近平总书记到广西考察调研时指出：博物馆建设不要"千馆一面"，不要追求形式上的大而全，展出的内容要突出特色。2021 年 4 月，习近平总书记再次来到广西视察时指出，广西是全国民族团结进步示范区，要继续发挥好示范带动作用。因此，陈列部在筹划新馆的基本陈列时，始终牢记习近平总书记的殷殷嘱托，秉持"内外结合、动静相辅，有声有色、有滋有味"的办馆特色，力求践行"以人为本"和"守正创新"的理念，将习近平总书记的指示精神贯彻落实到新馆陈列展览的策划、实施全过程。

通过综合考察国内各省级博物馆，陈列部发现各馆的通史陈列主要侧重于梳理地方历史发展进程和特点特色，对于地方和国家的关系梳理则较为模糊。此外，各馆通史陈列的目标定位以增强文化自信为主，对于铸牢中华民族共同体意识的观照则并不多见。因此，陈列部在做这个陈列的总体策划时，希望能够有比较高的政治站位，以中华民族多元一体为视角，紧握"铸牢中华民族共同体意识"的主线，反映古代广西各民族交流、交往、交融的历史进程。

（二）选题与确定

在总体方向和目标要求下，陈列选题经过了策划、论证和确定三个阶段。策划阶段的主要工作是确定选题的方向和范围。在论证阶段，策展团队做了大量的基础工作，包括撰写选题方案，明确选题的目的和意义，提供翔实、准确的陈列资料。同时，还要在方案中提出筹办基本陈列的必要条件，如能否提供足够的或基本的展品、专业力量、展出场地、经费、时间等条件。方案做好后，经过部门小组讨论及广西博物馆领导班子知悉同意，陈列部还开展了专业咨询工作，就基本陈列的选题和定位等咨询相关专家的意见，力图实现陈列定位的准确和层次的提高，使展览更具有专业高度和水平。

2015年7月至2016年7月，在广西博物馆领导的大力支持下，陈列部多次组织召开专家咨询会议，来自自治区委员会党史研究室、自治区编纂委员会办公室、自治区档案馆、广西社会科学院、广西民族大学、广西师范大学、广西文物保护与考古研究所等区内的30多名专家参与论证。最终确定了"广西古代文明陈列"这个选题，并明确以中华民族多元一体为视角，消化吸收中华文明探源工程的最新考古发现和学术研究成果，正面宣传广西在大一统视角中的重要地位，为增强文化自信和铸牢中华民族共同体意识作出贡献。

二、实施阶段

"广西古代文明陈列"计划展示的时间段为80万年前至元明清时期，主题宏大，文物数量众多，内容体量庞大。由于是加急动工的改扩建项目，展厅没有任何基础装修，且与陈列大楼总体建筑施工工作交叉，情况十分复杂，展厅内展柜、灯光、恒温恒湿设备等都需要规划和采购，因此整个项目涉及的工作量非常庞大，分项多且杂。为了做好实施阶段的工作，广西博物馆专门成立了改扩建展览项目深化设计及布展工作专班，以确保如期、有序、保质、安全地推进陈列展览的实施工作。

（一）组织准备

工作专班是一个与陈列项目内容相关的由不同层次、不同领域、不同责任人组成的完整、缜密的工作关系网，主要由领导小组和工作小组构成。领导小组由广西博物馆领导班子组成，主要负责统筹展览工程全局，协调各方工作；工作小组具体包括组长、副组长、展览主创人员、陈列艺术设计人员、指导专家、文物筹备人员、文物保护人员、文物修复人员、文物摄影人员、安全人员、信息保障人员、宣传推广人员、课程研发人员、讲解人员、文创研发人员、档案管理人员、全过程咨询联络人员等。所有人员的职责分工在成立工作专班的文件中进行明确，以保证基本陈列项目每一个环节的工作具体落实到个人。成立工作专班的文件经广西博物馆领导班子同意后，正式发文公布，形成工作制度。

工作专班定期召开工作例会，除指导专家外，所有人员须按时参会，了解和熟悉项目全过程，并对自己所负责工作内容的进度、遇到的问题情况及下一步工作内容等进行汇报。

此外，展览部门需要根据不同阶段的工作特性，制订出一系列工作时间表，明确完成各项工作的具体时间。进入形式设计和现场施工阶段后，还需要形式设计公司配合制订相应的设计、施工时间表，详细到每月、每周、每天应完成的工作内容，实行日清月结的工作制度。

（二）资料准备

资料准备是陈列展览能够落地实施的基础，也是最为漫长的一个阶段。在这一阶段，展览主创人员需要根据陈列展览的主题与内容进行资料收集，主要包括相关理论基础的研究、选题内容的研究动态、文字资料、文物资料、照片和图片资料、多媒体设备内置等。其中，文物资料的准备包括收集和整理藏品的信息、查看藏品的实际完残和保存情况、确认藏品能够展出等。

（三）经费准备

经费是陈列展览项目得以实施的最重要因素之一。"广西古代文明陈列"的经费预算在总体的改扩建项目立项时就已获得批准，但是在临近形式设计招标时遇到了需要先财务评价后招标且时间非常紧迫的难题。财务评价涉及陈列展览项目中室内基础装修、安装、陈列布展、专业灯光购置、多媒体系统、线上数字展等工程的支出预算。由于项目尚未实施，这些工程预算对于博物馆人员来说，实在是一个难题。2021年8月，广西博物馆面向社会发布改扩建陈列展览初步设计方案征集活动的公告，收到了国内多家设计机构提交的初步设计方案。经专家评审，有7家公司的方案中选。这7家公司根据给定的展览项目经费预算和基本资料，编制了更为详细的项目预算。在财务评价对数、评审的过程中，这7家公司也给予了大量支持和帮助。最终，财政投资评审中心对项目送审金额进行评审，获得了项目支出预算资金安排的上限。相关预算成为后期开展正式的形式设计招标的依据。

（四）陈列大纲的撰写与审定

与资料准备、经费准备工作同时进行的，还有陈列大纲的撰写与审定。陈列大纲是内容设计方案的基础。展览主创人员对相关资料进行收集、整理、研究和消化后，围绕陈列展览的主题、定位、目的等要求，按照确定的统一标准进行陈列展览大纲的撰写。撰写的内容主要包括陈列展览总标题、前言、各部分标题、各部分说明、主要文物及其说明、主要辅助展品及其说明、结束语等。

陈列大纲撰写完成后，组织相关专家召开陈列大纲评审会，对陈列大纲的结构布局、思路、重点内容等进行评估审定。评审会主要有四个目的：一是保证陈列的主题思想、定位与政治导向相吻合；二是保证陈列内容在相关学术领域准确无误且处于领先水平；三是保证陈列的结构框架符合展示和观众认知的基本逻辑，并能突出展览的重点和亮点；四是保证文物展品的选择恰当，文物符合陈列展览主题需要，能够突出鲜明特色，并确认不同质地和种类、重要文物没有遗漏等。

陈列大纲的撰写与审定经历了反复、曲折的修改过程，修改周期也非常长。同时参考湖南博物院"湖南人——三湘历史文化陈列"的框架，对"广西古代文明陈列"的陈列思路、标题、重点亮点的提炼及文字内容等进行反思。"湖南人——三湘历史文化陈列"运用了文化人类学的研究方法，以第一人称视角解读古今"湖南人"的历史文化，这个陈列获得了群众的高度赞扬。但从广西的实际情况来看，广西世居民族有12 个，族源复杂，且民族文化差异极大，从人类学的角度阐释人和社会的发展存在极大的难度。此外，工作专班工作小组的相关人员还考察调研了广东省博物馆、云南省博物馆、浙江省博物馆等的基本陈列，从他们的陈列思路中获得启发，最终确定从社会发展史的角度入手，以时间为经，文化为纬，抓准各个时期的节点，突出历史发展进程中的特点、亮点，概括出五个部分，并分别以"悠久""多元""融合""开放""同心"作为每个部分的表现核心。

（五）内容设计方案的撰写与审定

陈列大纲基本确定后，展览主创人员要将陈列大纲的各部分内容进一步深化至可实施的程度，并具体遴选符合展览主题的实物展品、非实物展品，对其组合进行设定，提出展示的要求与细节。"广西古代文明陈列"由于体量较大，展览主创人员根据五个部分的需要，组建了由五个工作人员组成的内容创作小组，分部分进行创作，以提高工作效率。同时，由一人专门对一个时期进行深耕研究，有助于使展出的内容更加科学、更有深度。但多人的合作，其间也有大量沟通、磨合等方面的工作要做。在撰写内容设计方案前，需要事先确定好撰写文字内容的基本体例、文笔风格等，以便于全稿的统一。"广西古代文明陈列"作为历史类通史陈列，文字编写上参照了《博物馆展览内容设计规范》（WW/T 0088—2018）和《文物展品标牌》（GB/T 30234—2013）等规范文件，主要讲究科学、准确，有理智的缜密，同时也融入一定的文采和情感。

第一稿的内容设计方案完成后，2016年8月展览主创人员组织了广西社会科学院、广西民族问题研究中心、自治区委员会党史研究室、广西师范大学、广西民族大学、广西文物保护与考古研究所的专家、教授对方案进行评审。评审工作主要围绕展示内容、文字表述、展示方式的规划、脚本内容等进行审定。目的是确保展示的内容及展览的文字具有科学性、知识性；确保文物展品的名称、断代、描述准确；确保规划的展示方式（包括科学类、艺术类的辅助展示）和脚本内容科学、无误，以及按经验能预见落地实施等。之后，根据专家的意见对方案进行修改、完善。此后，从2016年10月至2021年10月，多次召开内容方案评审会，从馆内专家到区内专家再到国内专家，逐级进行审阅。2021—2022年，由于受新冠疫情的影响，评审会灵活利用通信评审的方式，将方案寄送专家评审，部分评审会议也由线下改成线上会议。2021年12月，在进入形式设计阶段前，聘请专家对文本进行全面审读。2022年5月，形式设计稿初步完成后，将上版面的内容及设计稿呈报给自治区党委宣传部审核。在展板制作前，聘请出版社专业编辑审校，实行主创人员审校、馆长审校制度。所有的上版文字、说明牌文字都进行了三审三校。正是由于多轮的内容方案评审、修改、文字审校和完善，才使得陈列展览尽可能地实现了思想性、科学性、知识性、艺术性、趣味性和参与性的统一。

（六）上展文物及辅助展品落实

陈列展览内容设计方案基本敲定后，进入具体落实展品的阶段，这需要将内容方案中涉及的文物、图片等辅助展品逐件落实到位。上展文物包括馆藏文物及需征集、借展、复制的文物。辅助展品的落实则主要包括各种图（背景图、纹饰展开图、地图、使用示意图等）、表、拓片（文物铭文或纹饰、碑刻等）、照片（背景照片、特写照片等）、沙盘、模型、场景、电脑触摸屏内容脚本的撰写、视频内容脚本撰写和语音导览，以及二维码拓展内容的撰写、制作等。

由于上展文物有3000多件，文物筹备人员需要提前近一年的时间开展文物准备工作，包括核对文物清单与编号，检查文物现状，清洁养护文物，提前根据内容方案的展出顺序将文物集中、排序等。展览主创人员协助开展这项工作。对于需要修复的文物，由库房管理人员提出，保管部协调相关修复人员落实修复工作，这项工作也需要提前1～2年进行。

为了更全面、客观地反映古代广西的发展历程，根据自治区文化和旅游厅的指示，广西博物馆统筹全区文物精品，将能代表广西历史文化特色的古代文物都尽可能地融入"广西古代文明陈列"的展示中。因此，这个陈列还借用了一部分区内兄弟单位的展品。从最初的沟通、协商到签订协议，再到文物的点交、运输、就位，这期间所花费的时间和精力也非常多。最终，在各单位的大力支持和帮助下，广西博物馆和广西文物保护与考古研究所、广西民族博物馆、桂林市文物保护与考古研究中心、柳州白莲洞洞穴科学博物馆、钦州市博物馆、防城港市博物馆、梧州市博物馆、桂北民俗博物馆、百色市田阳区博物馆、田东县博物馆、容县博物馆、灵山县博物馆、南丹县文物管理所、上林县文物管理所等单位签订借展协议，共借用 140 件（套）展品，并完成了相关的借展文物报备工作。桂林甑皮岩遗址博物馆还特地为本陈列拨交 15 件珍贵的甑皮岩遗址出土文物，使陈列文物更丰富。

落实图版上的照片、图片，也是一项需要细心和耐心的工作。"广西古代文明陈列"所有上展图版需要的照片、图片共 1000 多张。其中有些是考古遗址发掘现场照片，有些是遗址、遗迹照片，有些是文物线描图，有些是文物照片等，不仅数量大，而且较为分散，搜寻难度很大。为了配合这项工作，广西博物馆对历年保存的一些老照片进行数字化翻拍、整理。展览主创人员在其中获得部分考古发掘的老照片，同时，也向全国相关单位发函，请求支持提供相关资料。区内各市文旅局、广西文物保护与考古研究所、南京博物院、湖南博物院、云南省博物馆、广东省博物馆（广州鲁迅纪念馆）、南昌汉代海昏侯国遗址博物馆、陕西历史博物馆、法门寺博物馆、南越王博物院（西汉南越国史研究中心）等单位均为陈列提供了珍贵的图片资料。为了获得更为高清的遗址、遗迹照片，广西博物馆的专业摄影人员还跋山涉水，赴区内各文物保护单位进行拍照、摄像，过程亦十分艰辛。

图版内容的落实还涉及地图的准确绘制和使用，展览主创人员非常重视这项工作，与广西地图院签署了合作协议，委托他们进行专业绘图。地图绘制完成并经过各级审核后，上报自然资源部地图技术审查中心审查。"广西古代文明陈列"展示给观众的所有地图，每一张都经过了严格审核，符合国家地图管理有关规定并获得了审图号。

（七）文字说明的翻译

为了更好地服务观众，展览主创人员对展标、前言、结束语、部分标题及说明、单元标题及说明、文物名称、年代、出土地点、收藏单位等信息进行了英文翻译。翻译工作委托中央编译局开展，展览主创人员也对译稿进行多轮审核和校对，反复推敲，严格把关，尤其是在文物名称的翻译上，结合实际情况进行调整，确保翻译文稿准确无误，专有名词统一、规范、标准，准确地传达出陈列展览的意图。

（八）招标程序与标书制作

2022 年 3 月 29 日，广西博物馆发布了广西历史陈列、"海上丝绸之路"陈列形式设计深化与布展项目招标公告。由于预算金额较大，项目按要求采用公开招标的方式进行采购。在发布招标公告之前，展览主创人员参与了采购需求和标书的编写工作。虽然招标工作由采购部门和第三方代理招标公司负责，但是对于大型陈列展览项目的采购需求，如需要什么样的形式设计、采购什么样的设备、达到什么样的质量要求等，这些都需要展览主创人员梳理和传达。因此，在长达 172 页的招标文件中，代理公司负责了其中"招标公告""投标人须知""商务需求"等部分的内容。而涉及"技术需求"的内容，则全部由展览主创人员撰写，包括"项目设计的基本需求""基础装修、专业展柜、照明、多媒体设计、辅助品等的技术需求""项目施工、验收、售后需求""评标方法及评分标准"等。展览主创人员参考了中国农业博物馆陈列展览项目的招标程序与标书制作方法[①]，但由于政策和实际情况的变化，还需要做许多事务，包括查资料、咨询相关领域的专业人员、打电话询问网上的商家等。在此过程中，积极与第三方代理招标公司沟通、磨合，最终一起完成了招标任务书的制作。标书经广西博物馆律师审核及领导班子同意后，由广西博物馆作为甲方，为陈列展览形式设计、制作实施及布展项目发标。此后，第三方代理招标公司负责招标流程工作，组织专家对参加竞标公司提交的设计方案进行评标，评标结果经广西博物馆确认后，由代理招标公司对外发布中标结果。

（九）形式方案设计阶段

确定中标公司并通过公示审核后，进入陈列展览形式设计阶段。但此时正值 2022 年 4—5 月，全国新冠疫情管控非常严格。中标公告通过审核公示后，设计团队从北京飞抵南宁，迎来了 30 天的隔离期，形式设计人员只能通过微信、电话与展览主创人员就陈列内容设计方案进行交流。由于形式设计人员是外地的，对广西本土历史文

---

① 肖克之、刘军：《博物馆陈列项目实施的程序与方法》，中国时代经济出版社，2010，第 169—280 页。

化了解不深入，短期内又无法进行实地考察了解，这就需要展览主创人员尽可能地帮助形式设计人员解读展览内容方案，指出展览的主题、重点内容等，使形式设计人员能更好更快地理解展览的内容和展示需求。在这个阶段，需要为形式设计人员提供包括陈列内容设计方案、上展文物资料及特殊的展示需求、辅助展品素材及技术要求、形式设计要点、陈列展览环境（展厅面积、高度、承重、采光等）等相关信息。在形式设计过程中，通过结合国外策展案例，对设计稿、空间规划和路线设计等进行反思，思考展览如何才能传达想表达的主旨、使用何种模式、展览将怎样影响观众参观整个博物馆的动线、如何更好地与目标观众建立联系等。

（十）形式设计方案审定

除了内容设计方案要经过专家审定，形式设计方案也同样进行了专家和领导审定。形式设计方案完成后，2022 年 5 月 4 日，利用线上和线下结合的方式，邀请自治区文物局的领导、区内博物馆专家以及国内知名的展陈艺术专家对陈列展览形式设计方案进行审定。审定的内容主要包括：形式设计风格是否贴切展览主题和定位，是否能代表展览内容所蕴含的主要文化信息；展厅氛围是否与陈列展览内容相和谐；空间规划是否合理；展线是否流畅；展示环境或设计是否符合文物保护和安全需求；重点、亮点是否突出；服务设施是否人性化；文物组合陈列是否恰当美观；展托设计是否合理、精致；展板图文排布是否美观、便于阅读；展厅照明和柜内照明是否符合需求、达到效果；场景、多媒体的运用是否合理、形式是否新颖；是否有新技术和新材料的运用；等等。

根据审定结果，设计团队进一步修改、完善设计方案。2022 年 5 月 17 日，形式设计方案呈报自治区文化和旅游厅，通过审核并得到认可。

（十一）陈列展览施工制作及检测验收

形式设计方案经过审核、签字定稿后，根据工期表进入施工制作周期。展厅施工主要包括：展厅装修，包括顶部、墙体、地面等基础装修；展柜、展具和展品制作与安装，包括展柜、版面、展托、模型、沙盘、场景、雕塑、图文表、照明、多媒体等的场外制作及进场安装。在施工安装过程中，展览主创人员负责检测和验收工作，包括对入场安装的制作项目进行检测、验收，如检查展柜的牢固性、密闭性，检测柜内气体的污染情况，检查展台的承重力及牢固性、展托的牢固性、柜内展板的质量、展板安装的牢固性等。文物保护人员也在其中发挥了监督、审查作用。与此同时，展览主创人员既要紧盯各项工作的进度，也要兼顾图文版面的准确性。在这个过程中，第三方全过程监理机构提供了大量帮助，他们主要负责预算审核、现场施工监督及各项验收指标的把关。

（十二）陈列展览布展

2022年9月，随着展厅施工和保洁工作的基本完成，陈列展览进入布展阶段。除了"广西古代文明陈列"，广西博物馆还有其他5个展览需要在同一时间布展，时间紧、任务重。为了确保布展文物的安全和布展顺利实施，布展前制订了布展方案及应急预案，并组织相关人员召开布展工作专项会议，进行点交、布展工作的培训、模拟和演练。

布展前，展览主创人员需要准备好文物的点交清单、文物的定位清单、文物摆放的效果图、展柜的位置图等，并预先准备好布展工具。布展时，布展人员要严格按照布展方案逐项推进、落实各项工作，遵循一个展柜布完再布下一个展柜的工作原则，保证上展文物的安全及布展的质量和效果。布展结束后，由专业人员对展厅、展柜的灯光进行调试。

（十三）展前评估及整改工作

2022年9月25—30日，布展工作基本完成后，展览主创人员邀请各级领导、博物馆及考古领域的同行专家、馆内同事、志愿者团队等参观展厅，并收集整理大家对展览呈现效果的评价和意见。结合相关意见、建议，展览主创人员对展览进行了逐项整改、提升，以确保展示的内容和形式没有出现原则性、政策性、专业性的失误。

（十四）展览验收及相关设备、技术、文件的交接工作

布展整改工作基本完成至展览正式展出前，第三方全过程监理单位组织专家开展验收工作，并签署相关验收文件。同时，形式设计公司将展厅相关设备的控制系统、技术、文件等移交给广西博物馆相关部门的人员。例如，多媒体设备技术及文件移交给信息资料中心相关负责人员，恒湿设备技术及文件移交给文物保护人员，展柜钥匙及控制系统、照明控制系统及文件移交给安管部相关负责人员，展柜系统及文件移交给展览部门相关负责人员等，并落实好技术交接工作。形式设计、施工、验收、移交

过程中的全部原文件应汇总归档，交由陈列展览档案管理人员管理。

（十五）提交陈列展览请示、备案材料

在陈列展览展出前，还需要向上级主管部门提交陈列展览请示及备案材料，这项工作包括草拟请示、准备附件等，主要由展览主创人员负责。附件材料一般包括展览的内容设计方案、文物清单、形式设计方案等。待获得同意批复后，陈列展览方可正式面向观众开放。

（十六）陈列展览开幕

陈列展览开幕由办公室、财务科、宣教部门等相关部门共同负责落实，包括制订开幕方案、确定开幕式流程、布置开幕式现场、邀请嘉宾、准备发言稿和礼品等。此外，办公室还需负责安排好嘉宾的接待工作，财务科落实相关费用支持，宣教部门负责联系和落实相关的新闻宣传媒体等，各部门相互合作，确保各环节顺利进行。在开幕式当天，配合基本陈列的开放，广西博物馆举办了"喜庆二十大·奋进新征程——铸牢中华民族共同体意识视域下的新时代博物馆事业高质量发展论坛"，以线上线下相结合的方式，邀请区内外多家文博单位和高校的百余名专家学者参加学术研讨，对陈列展示的主题和内容进行了延伸、拓展。

（十七）宣传、教育活动的规划与安排

为做好基本的陈列展览宣传，广西博物馆宣教部在陈列筹备、实施、开放的不同阶段都制订了周密、详尽的宣传推广计划，并充分利用网上展览、新媒体等多种媒体形式对陈列展览进行及时、广泛、有效的宣传。此外，还开展丰富多彩的社会教育活动，如"行走的广西博物馆"户外快闪活动、"我最期待的广西博物馆展览"投票活动等。

（十八）配套文创产品研发

围绕"广西古代文明陈列"展示的主题、内容和展品，广西博物馆文创中心研发了瓯骆遗粹、翔鹭迎春、瑞鸟葡萄纹等8个系列28种文创产品，包括"瓯骆遗粹·DIY掐丝珐琅画""瓯骆遗粹·水晶精油皂"等。通过线上与线下相结合，运用新媒体及"直播带货"等方式进行线上展销。

三、项目总结与评估阶段

（一）总结提炼

经历漫长、紧张的筹展、布展工作，陈列展览展出后，展览主创人员也进入了沉心冷静总结的阶段。总结，既是对过程的反思、对不足的改进，也是对陈列展览特色、重点、亮点、取得的成绩、实现的突破等进行深入提炼的过程。2023 年 3 月 7 日，展览主创人员在《中国文物报》上发表文章《讲好中国故事广西篇章》，这是展览主创人员第一次对这个陈列展览进行正式的总结和提炼。这些总结、提炼、宣传也有助于社会公众更好、更深入地了解此次陈列展览。同时，总结提炼工作也为后期申报第二十届（2022 年度）全国博物馆十大陈列展览精品奖奠定了重要基础，许多填报资料和文字内容在总结阶段就已提前做好了准备。

（二）展览评估

陈列展览展出后，为了更好地了解观众对展览的评价和建议，广西博物馆开展了相关的评估工作。一是有针对性地对目标观众进行访谈，目标观众包括博物馆及考古领域的同行、专家、领导及单位团体观众、普通本地观众、外地游客观众、青少年观众等。二是邀请观众填写调查问卷，获取各层面观众对展览的反馈和意见，并利用开放式留言簿收集观众的意见和建议。评估工作主要围绕展示内容、形式设计、参观体验、服务提升等方面进行。展览评估工作收集了大量观众的"声音"，让展览主创人员了解观众对展览极高的好评和满意度，同时也认识到一些需要提升和改进的地方。展览主创人员在后期的运行维护中对存在的问题逐一进行了整改，这也为未来举办新的展览提供了指导和参考。

（三）材料归档

材料归档属于基本陈列展览项目的收尾工作，是管理工作中的重要内容，也是国家档案法对档案资料保存的重要要求。在"广西古代文明陈列"组织准备阶段，就已安排档案管理人员负责收集陈列展览从策划、筹备到实施、开放全过程的档案资料。陈列展览项目结束后，完成相关档案资料登记并移送至信息资料中心统一归档。基本陈列展览的档案材料主要包括内容设计方案、形式设计方案、相关的批复文件、审核通过的预算清单、相关会议资料、陈列大纲及内容方案、形式设计方案评审会资料（包括当次会议的内容方案文本、专家名单、专家意见表、会议纪要及会议音像影像资料）、相关合同协议文本（包括招标合同、运输合同、保险合同等）、施工方案和施工情况（包括方案文本、平面立面设计图、施工图及施工音像资料、多媒体影像资料等）、布展方案、展品交接清单及图片资料（包括馆内出库交接单、与别馆合作的交接单、与展厅物业的交接单）、宣传资料（包括展览宣传折页、展览新闻稿、相关媒体报道等）、开幕式资料（包括出席领导名单、领导讲话稿及开幕活动的音像资料等）、展出期间的音像资料、展览相关评估资料等。

四、结语

博物馆基本陈列展览的策划与实施流程可以分为策划、实施、项目总结与评估三个阶段。其中，策划阶段是基础，决定着陈列展览总的方向、目标、定位及重点展示内容，一定要进行全面且周密的考虑，梳理出一套贴合自身实际情况的项目实施流程，根据流程规划来进行总体统筹与工作安排。实施阶段是全流程的核心，从组织准备、资料准备、经费准备到内容设计、形式设计以及施工制作、验收实施等阶段，大量的工作需要在此阶段条分缕析、逐层逐级完成。项目总结与评估阶段则具有深远而现实的意义，总结提炼、展览评估和材料归档都是不可或缺的重要部分，也是项目完满结束的标志。从各阶段的工作内容可以看出，博物馆陈列展览项目的策划与实施，是一个涉及多部门、多人员、多领域、多专业、多层次、多广度的系统工程，只有精心谋划，组建好团队，确立好管理、沟通和实施制度，并根据制度和流程规划一步步实施，大家通力合作、全力以赴才能顺利完成。

革命历史类博物馆展陈的共性与个性研究

韦　妮

（广西革命纪念馆馆员　广西　南宁　530000）

【摘　要】共性与个性存在于每个物体，革命历史类博物馆展陈因各种原因也常常给人"千馆一面"的感觉。在展览中，既要遵循共性原则和规律，又要体现每个展陈的特色和亮点，这是博物馆策展人需要思考和探索的重要课题。本文通过分析革命历史类博物馆展陈的共性和个性，运用规律和两者之间的关系，就如何有机结合共性和个性从而达到艺术升华的水平以及独具特色的展陈效果开展论述，以期为革命纪念馆的展陈提供有益参考。

【关键词】革命历史　博物馆　共性　个性

一、博物馆展陈研究综述

2017 年，习近平总书记在广西调研考察合浦汉代文化博物馆时指出，博物馆建设不要"千馆一面"，不要追求形式上的大而全，展出的内容要突出特色。在 2018 年的博物馆行业学术研讨会上也有专家提出，博物馆最忌"千馆一面"，因为博物馆的气质源自当地文化基因，不能一味追求大而全。在相关文章资源库中可见，研究博物馆展陈"千馆一面"的文章数量不少，大部分是 2014 年相关研讨会的发言及之后几年的相关研究，有从创新角度解析展陈的内容、形式、讲解和文创等方面的，也有专门研究展陈语言的叙述性的。前人的研究基本上是围绕展陈的内容主题提炼、形式创新、社会教育和文创产品等具体实例展开。本文在遵循国家意识形态导向和业内相对成熟的研究的基础上，从展陈的共性和个性角度对革命历史类博物馆进行分析探索，再结合共性和个性辩证统一的客观关系和转化路径，探索革命历史类博物馆较为具体的共性与个性，并探讨展陈中两者的转化关系和条件。

二、探索遵循"形而上"的共性

《易经·系辞》中有"形而上者谓之道,形而下者谓之器"一句。道为宇宙的本源,万物之元。革命历史类博物馆展陈的"道"就是应该遵循的一些规则或规律,这些规则通过各种各样的方法方式表现出来,但归根结底,它是"形而上"的规则,掌握并遵循这个规则,万变不离其宗。"形而上"的事物不容易被发觉,但所有的内容和形式都受其影响。

(一)展览的意义:遵循人民为中心的角度

人民史观对应的是英雄史观。人民史观认为,历史是劳动人民创造的。"人民创造历史"的唯物史观是马克思主义的核心理论之一。中国共产党顺应了这一历史规律和潮流,以解救和解放劳苦人民为出发点,让人民凝聚起来反抗各方的压迫,从而夺取最终的胜利。2021年2月20日,习近平总书记在党史学习教育动员大会上的讲话指出,"江山就是人民,人民就是江山"。这让广大的党员干部、人民群众特别是年轻一代了解中国共产党的过去、现在和将来都始终如一地为最广大人民的利益而奋斗。革命类展览的目的和意义就是让观众坚信,党能够领导人民群众取得人民独立和民族解放,在完成第一个百年奋斗目标的前提下,更加有信心地跟着党向第二个百年奋斗目标迈进,为实现中华民族伟大复兴的中国梦,实现中华民族命运共同体而努力奋斗。不管展陈内容和形式如何,这都是革命历史类博物馆展陈之根本。

(二)展览的方法:运用视角转换穿插设计

第一人称写作能够使读者代入角色,引起他们的共情和共鸣。这在展览当中比较少见,但不失为一种很好的方法。基于革命历史类博物馆的题材和历史史实的庄重性和客观性,不适合在整个展览中都运用此手法,但可以将第一人称的视角穿插设计于展览之中。例如在展现英雄烈士事迹时,让观众代入英雄的角色去做关键的选择;或者让观众代入半殖民地半封建社会的中国人视角,用文物和图片等作引导,使观众体会到中国共产党的诞生是顺应历史发展规律和世界发展趋势的必然结果。

第一人称穿插设计也很适合运用在展览尾厅。观众能沉浸于党历史上的各个时期,感受革命先辈们不断地为人民解放和民族独立探索出路,牺牲奉献的感人和英勇事迹,感念自己今天的幸福生活来之不易。革命历史类博物馆应引导观众思考,在

"百年之大变局"的当下，自己能做和应做的事情。

（三）展览的功能：催人奋进和获得动力

革命历史类博物馆展览的最终目的是让观众对中国共产党的所作所为有所触动和收获。对于人物类的展陈，应该展示在中国共产党正确思想的引导下中国共产党党员呈现出的优秀品质；对于事件类的展陈，应该展现中国共产党的正确理论、领袖的正确决策和魄力，以及将士们的英勇牺牲和奉献精神，更重要的是突出中国共产党所取得的成就，让观众感受到过去斗争胜利的来之不易和现在取得伟大成就的无比自豪，激发他们的爱党爱国热情，凝聚奋进新征程的信心和力量。

三、开拓运用"形而下"的个性

"形而下者谓之器。"器，即有形的存在，是道之载体。在革命历史类博物馆展陈中，这个载体指的是适度体现深度和广度的展陈内容，是形式设计的地域化，是开创无限的展陈空间，是精神与文化的升华，是文创与旅游联动的扩大化。通过这些个性的载体和方法体现共性，观众不仅能接受革命传统教育，还能得到获取知识的愉悦、文化与美的享受、精神上的自由畅想、与革命先辈沉浸式的感同身受。

（一）展陈内容展现适度的深度和广度

展陈内容若能够诠释展览的主题、框定展览的范围和体现展览的中心思想，就能达到展览的目的。展览的内容一般不求广，但求完整。在确定主题后，需在框架完整的基础上进行逻辑的编排设定。在具体内容上进行深入研究，扎实的研究内容能体现展览的深度和广度，呈现出来的内容一定是普通观众能看得懂的内容，达到深入浅出的目的。在介绍文物、人物、事件时，延伸到当时的历史背景，与全国、全世界甚至是人类文明进程的历史洪流进行对比，展示出人虽渺小，但人的精神、信仰是强大有力的，而信仰的来源是拯救和解放处于水深火热的广大人民。因为有这样的信仰，渺小的个人也能展现出伟大的精神，他们向死而生的坚毅抉择是永恒的丰碑。例如，广西革命纪念馆的展陈中有三位广西籍烈士的皮箱和衣物，这三位烈士分别是广西省工委副书记苏蔓、其妻罗文坤及中共南方工作委员会驻桂林交通员张海萍，他们在1942年7月的危急时刻，用牺牲自我的方式向党报警，拯救了广西地下党组织和其他同志。

全面抗战期间，广西的反顽斗争是当时的历史特点。在设计展陈时，应该挖掘广西为中国全面抗日战争的胜利作出贡献的事迹，拓宽展览的广度。

（二）表现地域化、民族化、艺术化

革命历史类博物馆展陈的地域化是指展馆内容的独特性，表现这个区域特有的历史史实。例如，自治区级的革命历史类博物馆重点突出百色起义、龙州起义、湘江战役等重大历史事件，而梧州的革命历史类博物馆展现中共广西党组织的建立和开展的活动与斗争，百色、河池的革命历史类博物馆则主要展现农民运动和斗争，桂林的革命历史类博物馆则以介绍湘江战役为主。放眼全国，如陕西革命历史类博物馆主要展现红军长征后在延安创建革命根据地、开展抗日斗争和解放战争、整风运动、大生产运动、中共七大等一系列重大事件。

广西作为民族聚居地区，可将民族的革命斗争作为展示特点。中国共产党在大革命时期就善于团结壮族、瑶族群众进行革命斗争。红军长征过广西时，尊重各族群众的风俗习惯，严格执行红军纪律和民族政策，真诚团结各族同胞，支持少数民族的革命斗争。一些地域化民族化的内容展现出革命历史类博物馆的"个性"。

此外，合理运用艺术化形式的创新展陈方式，也是避免"千馆一面"的有效途径。在内容史实的基础上，通过艺术化的方式进行编排和升华，给观众以更大的冲击力和吸引力，让观众迅速进入情景，感受展陈的历史内容，实现展陈的目的。龙华烈士陵园纪念馆的基本陈列包括油画、国画、螺钿、版画、漆堆、玻璃刻画等各种精美艺术品百余件，展示了 250 多位英雄人物的生平事迹。在这些艺术品中最值得一提的是该纪念馆为每位展出的烈士都特别创作了一幅螺钿画。这种艺术创作形式在革命历史类博物馆展陈中极少见到，且创作结合烈士的事迹，巧妙地运用故事和材质，以艺术的方式讲述故事。例如，为讲述郭纲琳烈士"永是勇士"的故事，在黑白的版画中运用螺钿材料塑造了闪闪发光的铜钱，表示这是烈士的信仰之光、信念之石。艺术可以是静态的美术表现形式，也可以是动态的舞蹈表现形式。龙华烈士陵园还将烈士的故事改编成现代舞，运用多媒体技术，结合雕塑、实景、舞美、音乐、旁白等艺术手段，将舞蹈循环展示。舞蹈以龙华烈士陵园的桃花为介质，引出一位位烈士的故事。他们有的是著名的文化人士；有的是工人阶级；有的是革命伴侣，约定在刑场的最后一刻举行婚礼；有的牺牲时年仅 14 岁……他们依次出现，之后化作桃花的花瓣渐渐消失。烈士们为了让人民不受压迫，为了让人民能够过上自由幸福的生活，展现出视死如归、同仇敌忾的精神。

（三）以"物"为载体展现本馆化

历史是最好的教科书，文物是最好的"讲述者"。文物是历史的见证者，是沟通现实与历史的桥梁，也是最能打动观众的有力武器。多少语言的描述，在文物面前都显得苍白无力。文物使故事变得鲜活，故事里人的情感因文物得到升华和传递。现藏于福建省博物院的《与妻书》方巾是在广州起义的前3天林觉民写给妻子的一封遗书。在信中林觉民表达了自己"为天下人谋永福"的志向，回忆了与妻子的幸福过往，对孩子们教导"以父志为志"，表达了对妻子的思念和愧疚。中国人民大学教授赵景云在《英雄本色　儿女情长——林觉民〈与妻书〉赏析》中写道："以质朴流畅的语言，直抒胸臆，既充分显现了英雄本色，又充满了儿女情长！"此封书信作为著名英烈的遗物展出，以"物"为故事的载体，生动讲述"物"背后的感人故事。

"物"的陈列能够给予观众最直观的感受。各馆馆藏的文物（实物）都不尽相同，"物"是展现各馆特色的最好材料。通过"物"的展现，能讲述不同人物的英雄事迹。例如，广西革命纪念馆展出的"用生命报警"的苏蔓、罗文坤、张海萍三位烈士遗物——苏蔓、罗文坤使用过的皮箱和张海萍穿过的短裙，文物展现了三位烈士以教师身份作为掩护，在桂林市逸仙中学开展地下斗争的经历。由于叛徒出卖，三位烈士被捕入狱，受尽国民党桂系军阀的严刑拷打，但他们依然没有泄露党的秘密。敌人无计可施后，便放他们回学校，并派人严密监视，想引诱出更多的共产党员。为了挽救地下党的同志，让地下党组织不被发现和破坏，他们集体在宿舍自缢，舍生取义。

（四）创造展陈的延展空间

线下的展陈空间是特定和有限的，许多展陈内容设计和形式设计必须基于实际空间的考虑，总体展陈效果受到空间束缚。例如，展陈总体内容的框架、展陈场景形式设计的选取和设计等都受到展陈空间影响。但随着科学技术的发展，多媒体设备、数字化、智慧化的广泛推进，博物馆的展陈形式越来越多，也越来越新颖，在有限的空间和当下的时间里，能够创造出无限可能的更广阔的空间，甚至能够创造另外一个时空。如今的场馆多运用多媒体空间储存、云端和线上链接等形式展示，例如现在许多场馆都有使用图片、音视频等多媒体互动的"魔墙"，就是可容纳非常大体量的知识内容的载体。

结合场景设计，复原场景再现，让观众更有代入感也是常见的表现形式。近几年，AI、VR（虚拟现实）、AR（增强现实）等技术的运用加快了虚拟世界和现实世界信息"无缝衔接"的速度，两个世界（空间）的差异逐渐缩小。基于对历史的研究，有语言的描述和图画、影像的记录，过去的人、事、物相对容易复原。但怎么才能展示远古时代的历史或是对未来的遐想呢？将"元宇宙"的概念运用到博物馆展陈是一个新形式的探索。这不仅是拓展展陈空间，还开拓创新了无限的时间、空间、思维和想象力。虽然元宇宙目前更多运用于游戏行业，但是旅游和文博行业也在做更多的创新和尝试。比如，2022 年 3 月，"行走河南，读懂中国"智慧旅游大会打造了国内首个规模最大、场景最丰富、持续时间最长的文旅元宇宙会议平台。革命类纪念馆对于此类情况涉及较少，现在的 VR、AR 等线上线下的尝试以及文化数字化就是元宇宙的尝试和基础搭建。未来可以探索更多渠道和方法，借鉴其他行业运用元宇宙概念的相关经验和做法，通过这种形式吸引年轻人，让他们深入了解内容，达到展览的最终目的和意义。

（五）探索文化创意的多样化

文化创意的范畴包括创意产品、特别展览、社会教育活动、出版物、数字产品、科研成果转化、全媒体产品等。根据文创的广泛概念，除了互相模仿，各地博物馆还结合本馆的馆藏和地方特色开发文创产品。此外，还有更加开拓创新的，就是将展览本身做成文创产品。由浙江省博物馆主办的"丽人行——中国古代女性图像展"是国内博物馆行业将展览本身做成产品的成功案例。展览策划人浙江省博物馆馆长蔡琴利用借展、联展等方式，通过中国古代美人图探寻古代女性的生活故事。该展览在线下展出，并在安徽博物院、苏州博物馆等巡展。苏州博物馆馆址就在苏州园林旁，区位优势结合新的展陈，加上古代富家女性的生活范围大多是在"园内"，十分符合该展览的情境设定与户外延伸，这就是展览与旅游的有效结合，园林与博物馆互利共赢，形成更长的产业链。"丽人行——中国古代女性图像展"线下展已经在国内外多个地区展出，并结合当地的文化理解，对展陈形式作适当的调整。例如，在俄罗斯展出时，考虑到外国观众对中国文化的了解程度不高，不对江南文化做更多设计，而是以"中国红"作为主要基调，以大的概念进行形式设计；在中国台湾展出时，结合当地实际，摆放茶器，创造茶空间、生活装置空间等，并由工作人员现场写书法、泡茶、弹古琴等，在简单的展厅将古代江南女子的生活情境与现当代中国台湾的生活美学巧妙结合，同时开发相关的文创产品出售。该展览还推出了线上"云展览"，并持续进行内容更新、形式优化、功能提升，以充分发挥云展览可以动态更新的优势和特点，使云展览真正实现常看常新，永不落幕。

四、共性与个性的关系和转化路径

哲学上普遍认为，矛盾的共性为矛盾的普遍性，是绝对的、无条件的；矛盾的个性为矛盾的特殊性，是相对的、有条件的。矛盾共性与个性的辩证关系为共性寓于个性之中，个性又受共性的制约，共性和个性在一定条件下相互转化。结合这个理论，在革命历史类博物馆展陈中，"形而上"的理论原则和"形而下"的表现形式对立，也有包含和被包含的关系，且在一定范畴内或一定条件下也可以相互转化。

（一）共性与个性客观存在，且可以相互转化

辩证统一是唯物主义辩证法的基本观点，指人们在认识事物的时候，既要看到事物相互区别的一面，又要看到事物相互联系的一面，以坚持全面发展的高度为前提，把二者有机统一起来，以实现两者和谐发展的目的。"形而上"的共性即理论原则和"形而下"的个性即表现形式是不同的介质，但两者关系密切，理论指导实践，而实践是践行和证实理论的实际。革命历史类博物馆展陈在遵循共性的原则下，应充分发挥个性的多样化，而丰富的个性形式又不断地印证和展现共性理论。

在革命历史类博物馆展陈中，共性与个性在一定条件下也可以相互转化。例如，中国共产党历史展览馆拥有所有革命历史类展馆的共性，具有较强的专业性和权威性是它的个性。"形而下"的丰富表现形式中也有革命历史类博物馆应该遵循的一般原则，如内容的逻辑设计一般为时间顺序、主题或者"时间＋主题"，展览线路一般为顺时针，表现人物一般用图片结合雕塑或画作等的形式，展现会议一般用场景和人物塑像进行现场还原，讲述战争一般结合作战图（数字沙盘）还原战争的景象和画面，等等。

（二）共性原则下的个性及关系

探寻共性下的不同特点主要考虑在相同的指导思想、目的意义和时代背景下，个体的特点和亮点。例如，中共广西党组织在 1925 年 10 月成立，是中国最早建立共产党组织的少数民族地区之一。这个时期的亮点是中共广西党组织领导的农民运动创建了广西农民运动讲习所，并出现了在全国都有巨大影响力的农民运动领袖韦拔群，他

被称为"海陆丰之彭湃，极得农民信仰"；土地革命时期，中共广西党组织在八七会议精神指导下，发动多次武装起义和暴动，并且审时度势，派中共党员到广西各地开展统战工作，发展壮大党组织，并组织发动了百色起义和龙州起义，建立红七军、红八军，建立苏维埃政权，创建了左右江革命根据地。从革命历史类博物馆展览的角度解读，在简述中国共产党各个历史背景之下，体现地方跟随党中央的政策和步伐，不管是进行艰苦卓绝的斗争，还是取得重大的胜利，都是展现中国共产党的正确领导和中国共产党人的优秀品质，达到了讲述中国共产党以人民为中心的人民史观的展览目的，让观众参观后能够有冲劲和信心跟着党领导的步伐奋进和奉献。

（三）形式多样化中不可背离的共性

展览可结合本地区、本场馆的特色个性化地进行内容设计，但是不可背离指导思想的定位，即政治站位要明确，政治导向要正确，自身定位要准确。例如，省（区）级的场馆要以全国的背景为前提来展现自身的贡献，市县级的场馆在省（区）级为贯彻落实全国的政策中为本省（区）作的贡献，同时还要注意相关内容和表述要遵循中华民族共同体意识。另外，还需要遵循规范的展览语言和现代汉语用法。

五、结语

开展革命历史类博物馆展陈的共性与个性研究，探究其规律和原则，探寻理论和方法，最终运用正确的理论指导实际，即运用其展陈"形而上"的共性，展现"形而下"的丰富形式和手段。"形而上"主要是在理论上从人民史观的角度进行策展，明确展览的意义；运用第一人称视角穿插设计作为展览的方法，使观众对自我进行定位和反思；最终达到展览的功能，让观众获得奋进和奉献的动力。"形而下"则是运用展陈的具体方式方法，一是在内容设计上要考虑展现适度的深度和广度；二是表现地域化、民族化、艺术化；三是以"物"为载体展现本馆化；四是创造展陈的延展空间，运用科学技术推进数字化；五是探索文化创意的多样化，开创广阔的思路和思维创新。本文运用共性和个性关系的对立统一与两者在一定条件下相互转化的关系进行分析，探寻革命历史类博物馆共性原则下的个性及两者之间的关系，从政治站位、展陈语言和汉语言规范等方面举例展陈中不可背离的共性。最终明确革命历史类博物馆展陈的共性与个性是有机统一的，能够和谐共存并促进事物发展，能提高展览的品质，达到展览的最终目的和实现意义。

加强藏品数字化信息管理和利用的思考

——以广西壮族自治区博物馆为例

张 磊

（广西壮族自治区博物馆馆员 广西 南宁 530022）

【摘 要】藏品数字化信息资源的整合与管理机制的完善是提高博物馆藏品数字化信息调用效率的重要基础。本文对广西壮族自治区博物馆藏品文物数字化信息管理的现状与存在的问题进行归纳和分析，探讨广西博物馆藏品数字化信息资源优化管理工作与合理利用的方向。

【关键词】藏品数字化信息 数字化资源 信息管理 信息利用

一、藏品数字化信息资源基本情况

信息数字化时代，从数字博物馆到智慧博物馆，都已经可以通过物联网、云计算、大数据、移动互联网等新型技术实现对博物馆服务、保护和管理的智能化自适应控制和优化。这些技术运用的内容基础是藏品数字化信息资源。广西壮族自治区博物馆（简称"广西博物馆"）经过 10 多年的数字化工作，藏品数字化信息资源有了一定储备，主要可以概括为以下几个方面。

（一）文物普查项目成果

通过开展 2008 年全国馆藏珍贵文物普查和 2014—2016 年全国第一次可移动文物普查，广西博物馆基本完成了馆藏文物基础信息的采集和系统录入工作。这是广西博物馆首次也是最为集中地开展的一次藏品数字化信息工作。工作成果主要包括两个部分：一是藏品数字化的文字信息，包括征集来源信息、入藏管理基本信息、出入库记录、历史展览记录、研究发表情况、出版情况、保护修复记录、信息调用情况等。文字信息的载体有电子表格、电子文档、软件数据包或是以数字图片、扫描图像文件为载体的文字内容等。二是藏品数字化影像信息，主要通过摄影的方式获取多方位的藏品照片，包括全视图、正视图、侧视图、俯视图、仰视图、局部图等不同角度的照片。影像信息的载体主要是数码照片原始文件、整理编辑好的照片、导入系统生成的压缩照片等。

（二）数字化项目成果

1.广西博物馆文物数字化保护项目。2022年，广西博物馆文物数字化保护项目（一期）完成了本馆50件文物的普通精度三维扫描建模和10件文物的高精度三维扫描建模，以及50件平面文物的高清影像采集、10幅文物的线画图和10幅文物的展开图。

2.广西博物馆老照片数字化信息项目。2020—2023年，广西博物馆已完成对革命文物、广西各地历史考古墓葬遗址、广西名胜古迹等老照片和底片共计9000多幅、实际数量约27000件的数字化扫描。

3.其他文物数字化保护项目。2021—2022年，为配合广西博物馆改扩建完成后的展陈活动，开展了外馆10件（套）碑刻的数字化扫描建模、1件（套）陶船的数字化扫描建模等工作。

（三）其他数字化成果

其他数字化成果主要指博物馆日常业务开展过程中产生的藏品数字化信息。例如，举办陈列展览对展陈藏品文物的专项照片拍摄，馆内外涉及书籍图录出版所需藏品文物影像的照片拍摄，保护修复项目藏品文物的细节影像照片拍摄和修复保护完成后藏品影像的更新拍摄，以及电视台、新闻网站等新闻媒体因制作纪录片、教育片、宣传片而拍摄的藏品视频影像。载体有直接拍摄获取的原始影像信息文件、经过压缩的影像信息文件、经过软件调整而产生的新影像信息文件，以及不同命名规则产生的重复影像信息文件等。其中，因各用途专项拍摄的各类藏品文物高清照片约19000张。

二、藏品数字化信息管理和利用存在的问题

（一）存储问题使得藏品数字化信息管理和利用不便

一是藏品的影像资料难以统一管理。由于项目不同，拍摄的时间、人员、顺序、用途、要求和格式也可能不同，且不同项目由不同的部门负责，项目成果分散存储在不同部门，加上整理标准不一、命名规则不同，很多情况下没有得到及时整合汇总。比如，常用的馆藏文物信息管理系统和国家文物局全国可移动文物信息登录平台离线采集系统虽然都采集了文物照片，但是因为各自系统对照片导入规则和命名规范的要求不一样，所以两次文物普查采用的照片的整理标准是不同的，每个系统的照片只能各自分开存放，不能合并在一个文件夹里进行管理，否则会直接影响文物照片查找利用的效率。其他如展览、出版、保护、修复、研究等不同工作需要重新拍摄的文物影像资料也有类似的情况。按项目拍摄过的藏品都是按拍摄日期和项目名称命名，不是按文物号或名称命名和排序，因此想查找的藏品会分散在不同项目的文件夹中，一旦遇到照片文件没有重新编辑命名的情况就会很难查找，对单件藏品照片的查找非常不利。

二是由于存储能力的限制，不能使用多种方式存储，只能根据项目区分存放，比较分散。这些影像信息资源本身内存就比较大，要整合起来就需要另辟更大的存储空间，按需求的规则，每增加一种存储编目就需要多一倍的存储空间。例如，所有藏品信息资源集中存放能在不清楚藏品级别的情况下，可以一目了然地按编号顺序快速查找藏品；按藏品级别存放，在明确藏品级别的情况下能更快速准确地根据级别查找；按拍摄项目存放，查找时虽然可以很快找到该项目，但是在按文物号或文物名查找时可能会看不到这些照片而造成遗漏。因此想要做到灵活查找，硬件方面的提升至关重要，在存储设备上使用大容量的同步实时存储设备能为藏品数字化信息资源的整合提供强大后盾。

（二）系统软件问题影响藏品数字化信息管理和利用的效率

2022年，广西博物馆通过数字化项目建设了新的藏品管理系统，但是此系统刚投入使用，还在不断调试当中，查询功能尚未得到最优化，具体的资料提取尚未实现，因此主要还是通过原来的两个藏品管理系统来实现藏品资料的查询调取，但是这两个

系统软件也存在很多局限和问题，影响了藏品数字化信息管理和利用的效率。

1.馆藏文物信息管理系统。馆藏文物信息管理系统这一软件不支持安装在 Windows7 以上系统的电脑，而现在大部分工作电脑都已经使用 Windows10 系统。此项目系统建设时的采集对象圈定在珍贵文物的范畴，仅采集录入了馆藏一级、二级、三级的珍贵文物，未定级文物和一般文物没有涵盖在内。此系统的查询功能存在一定局限性，主要表现为不能模糊检索、不能分类别检索、不能多条件检索、关键字检索不精准等问题。此外，调用能力也不足，表现在导出信息选取文物时不能灵活检索筛选需要导出的类别，只能人工勾选；导出表格信息时如果文字内容较多就会被挤压错位或缺项，从而导致一些信息张冠李戴；照片导入时有容量限制，必须将原图压缩至小于 1MB 的 JPG 格式文件，导致调取导出的图片也是压缩图，没有管理原始图片文件的功能。

2.国家文物局全国可移动文物信息登录平台离线采集系统。该平台设计之初是希望能让各博物馆通过网络在线查询文物信息，但终因容量、技术等因素无法实现，各馆只能使用离线采集系统。离线采集系统虽存储了馆藏全部文物藏品的基本信息，但仍有一些常用信息未能涵盖。此项目系统建设时受限于普查的进度要求，仅录入了必填项，而必填项之外的文物信息没能一并录入，包括出土信息和藏品基本描述（形态特征）等。在实际使用中，该系统还存在许多欠缺的地方，如导出相关信息会受到很多规则限制，导入导出自由度不高，转移数据量大时常导致系统错误；在查阅单件藏品概览时，藏品照片经常打不开或显示不全；导入的批量录入信息表格不能原样导出，导出时仅能按系统提供的固定项格式手动复制到 Excel 表格中保存；导出的表格格式没有具体尺寸项，仅有通长、通宽、通高项；导出的照片没有具体质量项，仅有质量范围项；导入照片时需要按规则命名，但照片文件名称导入后被系统更改成乱码而非原来的文物号命名规则，即使进入系统的文件夹查找也无法找到照片。

在开展全国第一次可移动文物普查和建设国家文物局全国可移动文物信息登录平台时，为了避免重复工作和文物安全，国家文物局考虑通过技术转换将 2008 年已完成的珍贵文物数字化信息直接批量导入其中，但是实际操作中还是出现了一些信息错误，导致信息不完整等情况发生，且大部分错误信息是在后续使用过程中逐一发现才被更正。因此，在查询藏品信息时需将馆藏文物信息管理系统和国家文物局全国可移动文物信息登录平台（离线）两个系统来回切换，颇为烦琐。且不同的藏品系统录入的信息有限，不能涵盖藏品全部的文字信息和图像信息。其中的不少内容未经数字化采集而录入系统的，只能查阅账本和藏品档案。以上的这些缺陷大大限制了藏品信息调用的自由性和完整性，加大了信息调取工作的难度，无形中增加了工作量，占用了大量时间，降低了工作效率。

此外，这两个藏品信息管理系统都无法提供一个合理的能同步备份数据的方法。在实际工作中，发现系统内的信息有错误时，需要及时更正，但只能更改电脑的本地信息，不能联网同步更改备份。为解决这一问题，通常只能定期整体备份后更新，但定期整体备份比较耗时，且数据量较大，系统常会在备份导出过程中出现报错或死机的情况。若长时间不备份，则会造成使用中的系统信息和备份的数据信息不一致，如遭遇数据丢失的事故，这一段时间的更正信息也会一并丢失。

（三）缺乏藏品数字化信息管理规范和操作流程

管理规范是加强藏品数字化信息合理保护、科学管理、灵活应用的重要保障。一些早期的藏品照片因为缺乏管理，导致处理不当、存放不善，存在拍摄完成后没有规范命名甚至没有命名的情况，导致照片后续查找困难。有些图片既没有文物号也没有文物名称，甚至没有拍摄到有文物号的角度，这对后续的查找来说较为麻烦。在调用信息的实际工作中，基本上无法查询到这些无号无名的信息资源，而这些信息资源在没得到整理之前，均会失去作用。此外，在信息处理方面缺乏流程规范亦不利于照片的储存，如馆藏文物信息管理系统在照片处理和导入时，就出现过大规模的照片原图被批量处理后所得的小图所覆盖的情况，而原图却无法找回。

广西博物馆藏品数字化信息在管理能力上有所欠缺，长期以来依靠 Windows 系统的文件建立模式，根据工作内容建立编目，按时间线存储信息。这样做有一定的好处，文件根据产生的时间顺序排列，只要明确知道具体时间，就能准确找出想要的信息。但是也有一定弊端，因为不是每个工作人员都熟悉这些信息的情况，如果换一个不熟悉信息的人来查找，可能需要花费很长的时间。如果信息的编目和关键字建立不合理或没有建立，那么查找起来会更加困难。广西博物馆亟须一个科学、合理、系统的管理规范及操作流程，需要明确文件如何分类、如何编目、如何命名、如何查找、如何共享应用等环节。

（四）缺乏固定的专业技术团队

馆藏文物信息管理系统和国家文物局全国可移动文物信息登录平台离线采集系统两个项目成果的管理主要归于保管部，一直以来主要由当时参与项目的摄影人员负责；数字化项目成果的管理主要由信息资料中心工作人员负责；其他的成果分散在各个相关部门具体的工作人员。总而言之，工作人员都是身兼多职，没有固定的专业技术团队，且这个管理需要以电脑技术和系统软件为基础，相关工作人员的专业技术能力参差不齐，对电脑技术和系统软件知识的掌握有限，在实际工作中只有应用的能力，没有技术维护的能力，造成藏品数字化信息资源的管理与操作存在风险。

三、关于加强藏品数字化信息管理和利用的建议

（一）及时整合梳理藏品所有信息并建立藏品数字化信息资源库

加强藏品数字化信息管理和利用，首先应及时汇总零散的藏品数字化信息，梳理整合建立藏品数字化信息资源库。零散的信息影响对藏品情况的快速查询，必须及时整合汇总全馆范围内各个部门的各个项目成果，梳理建立藏品文物数字化信息资源库。资源库应在藏品文物信息数字化的基础上，搜集零散的文物相关信息，整合所有信息资源，使每一件文物都有自己的专属档案。藏品数字化信息资源库应区别于一般管理系统仅录入部分文字信息和导入部分照片的模式，而是将藏品全部数字化信息内容高度整合。首先要将现有的藏品数字化信息搜集梳理，在原有两个系统已完成数字化信息采集的基础上，再将传统的纸质藏品档案卡和文物账本上记录的内容整理完备后开展数字化信息采集，完善资源库"档案夹"的所有相关信息，只要是与藏品相关的、有价值的内容都全部收入，把所有时期不同用途所拍摄的藏品照片用合理的方法编辑命名后集中存放，以便后续高效快速地查询到文物藏品的所有相关信息。

藏品数字化信息资源库与常规藏品信息管理系统是不同的概念，资源库是管理系统信息的本源，它应该做到不依附于藏品信息管理系统，也能够满足日常工作的基本需求，可以不受系统规则制约并与之形成互补关系。其特点在于同一件藏品的相关信息可以集中存放，囊括此件藏品的所有数字化信息将汇总成其专属的"档案夹"。这能将零散分布的藏品信息全部整合，优势在于能快速查找藏品的所有信息内容且易于高效调取。这对夯实藏品数字化信息基础，提高信息调用效率起到重要作用。

信息资源库的建立需要多部门的协作。可以由信息管理部门牵头，选定技术模式设计存储构架，由藏品管理部门汇总藏品信息，联合各部门收集汇总其他相关信息。制定统一的整理标准、使用规范，设置访问查询、明确调取提用的权限。最好能与新开发的管理系统相关联，当用户在查询某件藏品时，可以快速总览到与之相关的全部

内容目录。

此外，还应确俣有足够的存储空间和配套设施、合理的备份技术，以满足不断增长的藏品数字化信息内容的容量需求。

（二）积极推进系统功能的完善

加强新系统的调试，搜集用户意见，不断完善其各项功能，按实际业务需求升级改造。要吸取现有两个系统的优点，优化查询检索功能，畅通提取路径和程序，使之更便捷、更合理、更人性化。开发者和管理者及用户应定期开展座谈交流，及时反馈遇到的问题，商讨解决对策。通过技术手段，探索新系统与藏品数字化信息资源库的关联方式，在查询过程中能分权限访问资源库，查看和调取完整的藏品数字化信息。在信息存储方面，需要结合智能化管理和存储技术的支持，设计时应考虑当藏品相关信息有变更时，如何动态呈现且同步存储。数字化信息资源存储要求做到实时备份、多介质备份、多份数备份、多载体备份、多地备份，并实现定期自动数据检查；在信息查询方面，检索技术要求实现能自定义、多条件、多选项、多类型的多级查询检索功能，除藏品文物基本信息外，还能实现模糊检索、推荐检索、相关联检索、照片检索、相近类别检索等；在访问权限方面，可根据业务特点或职务级别设置多等级权限，管理员可以直接根据需求设置指派授权，查看浏览、信息下载、信息更改都需按职责明确划分；在信息调用方面，文字信息可按要求制成表格或文档，照片可跟随内容自动插入至表格或文档中，能关联选择全部原始照片作为附件并可下载。按照这些要求梳理优化工作流程，对合理性和顺畅度反复试验论证，遵循科学高效的原则规范管理。

同时，短期内还应该继续保持现有两个藏品信息管理系统的正常使用，妥善管理维护，直至新系统完善到位并能有效投入使用。

（三）制订管理规范和操作流程，提高藏品数字化信息管理能力

对数字化信息科学高效的管理，离不开完善的管理规范和操作流程。可以在参考借鉴档案馆、图书馆、信息中心等单位信息管理流程的基础上，结合广西博物馆业务需求和信息资源的特点和实际，制定一套适合本馆信息管理的规范制度，探索藏品数字化信息管理的更优方案并加以实施。

首先要确立工作原则和重心，明确工作目标。围绕数字化信息的全面采集、安全存放、快速查询、高效调用来开展，逐步完善数字化信息工作的采集、预处理、分类、编目、命名、存储、查询、调用、共享、存储、备份等环节的规范流程和标准，并细化至每一个工作步骤的规范性指导。比如，新增藏品拍摄的档案照片既要按不同系统的要求分别命名，又要为了方便查找而按藏品号和藏品名称组合命名的问题；拍摄的藏品照片导入电脑时应放在哪个文件夹目录下，不同格式的照片文件如何处理编辑，怎么命名等具体问题；因不同业务需求拍摄的工作照片，需要区分于藏品的照片另外管理，如何进行科学分类以便于快速调取，编辑时按新闻要素重命名会不会更合理的问题；博物馆不同部门之间，新信息产生后如何做到规范化的信息处理加工，各部门拍摄的工作照片，如果需要存入图片资源库，就需要一个统一的编辑命名规则，这样在汇总时才能达到规范要求，具体的操作流程就要对照片怎么处理、怎么编辑、怎么提交等问题都需要做出明确要求并进行规范性指导。

（四）加强专业领域技术人才协作，组建专业化团队

藏品数字化信息工作是一个系统工作，应集合相关专业技术人员组建专业化团队，合理分工、共同完成。首先，一个相对完整的团队建议配备三名以上专职人员负责专业技术工作，其中计算机技术人员负责项目的推进、标准和质量的把关、存储介质的维护与升级、定期备份和检查数据的可用性、提前计划扩充存储容量等工作；藏品信息管理人员负责藏品信息管理，包括新增藏品的信息录入、动态更新藏品的文字信息与影像信息、核对藏品的各项信息与更正被发现错漏的信息、配合信息的查询和调用提供馆内外业务使用等工作；摄影人员负责协助项目的推进或各类项目的藏品拍摄，以及对所拍摄照片的管理。其次，还可以根据具体任务需求组建临时工作组，协调鉴定专家、总账编登人员、藏品库管人员相互配合协作。最后，应加强培养专业技术人员的专业技能，大力支持业务骨干提升专业技术，通过线下和线上培训、与省级以上博物馆业务交流等方式，鼓励业务人员多渠道了解行业动态、关注专业资讯，交流经验，取长补短，为做好藏品数字化信息管理工作添砖加瓦。

四、结语

博物馆除了保护好藏品文物的本体，还需要保护好藏品文物的信息资源。只有信息资源得到科学高效的管理，才能得到更为广泛的传播与利用，从而更好地发挥文物所蕴含的历史价值、科学价值和艺术价值。藏品数字化信息工作是一项漫长而复杂的系统工作，是智慧博物馆发展的根基。整合文物信息资源，建立藏品数字化信息资源库是需要投入大量的人力物力去开展的基础性工作。广西博物馆经过长时间的摸索和应用，已经总结出一些经验，并逐渐探索出自身业务发展需求的方向，应根据具体的实际需求做长远规划并进行科学论证，统筹好未来的数字化信息工作布局，加强藏品信息的管理和利用，合理部署并逐步加以实施，让藏品数字化信息管理工作为建设智慧博物馆夯实基础，从而为构建完善的公共文化服务体系，推动藏品信息"活化"利用助力。

信息时代背景下博物馆文物保护措施研究

韦江胜

（来宾市博物馆副研究馆员　广西　来宾　546100）

【摘　要】让文物得到妥善保护，让文物活起来，既是新时期博物馆的主要任务，也是推进社会主义精神文明建设的必然要求。文物是不可再生的历史文化资源，它是民族文化的"金色名片"，是中华民族生生不息发展的实物见证。文物保护是一切文物工作的根本与先决条件，要以服务大众为中心。加强文物保护和利用，对于弘扬传统文化、凝聚民族精神、增强民族自信、厚植家国情怀都具有重大意义，是博物馆义不容辞的职责。

【关键词】博物馆　文物保护　措施　信息时代

中国是个古老的国家，有着悠久的历史和深厚的文化底蕴。在漫长的历史长河中，中华民族创造了丰富多彩的文化，同时也留下了许多的文化珍品。博物馆作为重要的文物保护与文化传播机构，合理引进现代信息技术，不断提升博物馆各项工作开展水平，构建全新的博物馆文物保护工作系统与模式，打破传统文物保护模式的约束，挖掘文物信息化保护的工作价值，推动文物文化传播工作的落实，体现了博物馆文化传承与文化宣扬的社会责任。

一、博物馆文物保护的重要性

了解与认识文物，是文物保护的基础。博物馆作为文化遗产保护和传承发展的主体，应当树立文物保护意识，注重文物的保存和延续。只有全面认识文物，才能根据文物不同的特点，采取不同的保护手段。博物馆所收藏的文物，以其独特的时代特征，将中华文化的瑰丽展现给大众，打破时间与空间的局限，让人们更好地了解国家的历史与中华文化。在民族自豪感的激励下，中国人民对国家信心的觉醒，将为新时代的民族文化建设注入源源不断的活力。同时，博物馆要进一步加强对文化遗产的保护、传承、发展，充分发挥博物馆的公共文化服务和社会教育功能，让更多人参与文物保护和传承，共享文物保护利用成果。

二、信息时代博物馆发展的要求

很多博物馆都存在管理不善、使用效率低下等问题，传统文化遗产的保护面临严峻的挑战，这对现代博物馆提出了改善管理队伍的要求。当前博物馆的数字化程度还不高，缺乏与之相适应的文物资料管理体系，也没有搭建相关的信息资源管理平台，资讯管理在很大程度上依赖于人力。在信息化时代，文物保护工作日益繁重，落后的管理和信息技术制约了博物馆文物保护工作的开展，必须创新与优化现代信息技术在文物保护工作中的应用。

三、信息时代背景下博物馆文物保护措施

（一）完善博物馆基础设施建设

博物馆文化遗产的保护程度主要依赖于其发展的基础设施。政府相关部门及博物馆工作人员应加强基础设施的建设与保养，了解其在文物保护中的重要作用，并通过持续的兴建与改善，完善文物的保存条件。公共博物馆作为非营利性质的公益类事业单位，承担着文物收集、整理、保护与研究的重任，开展文物保护工作所需的经费主要依靠财政拨款。要加强文物的保护，政府应当给予一定的财力支持，加大国家财政拨款力度，改善博物馆文物保存的条件，延长文物的保存期限，减少文物损害的风险。现代的博物馆文物保护不但要保证文物的安全，而且要延长文物保存时间。鉴于博物馆文物保护工作的特殊性，为确保文物安全，还可构建内部监测评估机制，对基础设施的安全性进行定期评测，及时发现安全系统的问题，并采取针对性的解决措施。

（二）构建文物保护专业化信息服务系统

强大的资讯服务平台是博物馆文物资产中不可或缺的部分。博物馆工作人员必须利用信息化和专业化的方式创新性地保存文物信息，建立文物保护专业化信息服务系统，对文物资产进行严密、完整的登记，实现文物资料数字化采集和保存。为了让工作人员快速准确地获取相关文物资料，需要加强文物数据库的建设，实现对文物的动

态监测，提高文物保护工作效率，并为今后的保护工作做好准备。另外，还需运用资讯科技搭建博物馆云服务平台。

（三）加强专业人才队伍建设

为保证博物馆文物保护工作能有效有序开展，信息化时代背景下的博物馆工作人员需要对信息技术灵活应用，熟练掌握文物保护信息化运行系统。信息技术在博物馆中的应用，对博物馆工作人员的综合能力提出了更高的要求。文物保护工作者除了掌握文物保护知识，还要与时俱进，不断提升自身的信息技术能力。只有将文物保护知识、文物保护理念与信息技术深度融合，才能推动博物馆文物保护事业更好地发展。在文物保护与利用方面，博物馆必须加强建设专业人才队伍，既要重视对文物保护、信息技术等各专业的人才的储备，又要加大对相关专业人员的培训和考核力度。通过学习专业知识、开展历史文化讲座等方式，提升文物保护工作者的专业技术水平和专业能力。要建立健全的技术人才管理体系。在招聘人才的时候，要保证从综合实力上公平地选拔人才。对现有的员工进行相关的业务培训，提高他们的工作能力。在实际工作中，建立相应的奖惩机制，通过绩效考核等手段来激发人才的工作热情，对优秀人才实行奖励。

（四）博物馆文物保护具体实践及项目实施效果

来宾市博物馆积极推进数字博物馆建设，为社会公众提供了许多便捷高效的线上文化服务。借助现代科学技术，将书法、民俗及馆藏文物等优秀传统文化资源，以及来宾地方特色文化资源、少数民族文化资源等数字化网络化，实现文化供给与用户需求的精准对接。运用大数据技术，对用户需求进行分析，从而有针对性地开发数字文化产品，以更好地满足人们的需求。

来宾市多个数字博物馆建设项目都颇有建树。来宾市智慧博物馆建设项目中的馆藏文物数字化方式是借助科技手段，采集文物图像资料和形态数据，对文物进行拍摄、建模及信息采集，并通过360度全景地图拍摄手法拍摄博物馆馆外和馆内的全景地图，再结合最新的虚拟现实技术，让观众通过手机、电脑等终端，足不出户就能全方位了解馆内的真实物理场景，浏览馆内所有展区的相关资料。微信博物馆数字化公众平台首页全方位地展现了馆内内容，通过个性化的首页提高观众的阅读兴趣。同时，用户众多的微信也是非常有效的推广平台，其投入少、效果佳，观众利用互联网设备就可以获取重要公告、馆内要闻、文博时讯，以及包括数字资源在内的博物馆新闻动态及行业动态。文博云课堂以平台为基础、以资源为支撑、以信息资源建设和信息应用系统建设为核心，集成慕课教学、人际交流互动等功能，以课程为主线，高度整合高校、研究所等机构的所有资源，充分发挥慕课平台在社会公共教育中的作用，以国家政策为导向，与博物馆战略发展目标保持高度一致，助力社会公共文化教育的发展。

数字技术的飞速发展给博物馆建设和发展带来新的契机。经过数字化方案的整体策划以及实施，来宾市博物馆的海量资源数据得到了整合，基本实现了全馆文化的全方位展示。博物馆数字化项目的实施，打开了社会力量积极参与的多元公共文化数字化建设格局，推动了来宾市文化遗产的保护与利用。来宾市博物馆不仅积极推进信息技术在博物馆中的应用，还借助互联网、移动通信等手段，将博物馆服务推送到公众工作、学习和生活之中。微信平台搭建以后，观众基本实现了"云游"博物馆以及线上看展的愿望。

四、结语

在信息化时代，要使文物活起来、传下去，就必须寻找一条有效途径，既要保证文物的安全，又要采取大众容易接受、容易理解的方式，对文物进行宣传和推广。将信息化技术融入博物馆工作中，结合自身的实际情况，进一步提高博物馆的管理水平以及对文物保护的二作能力，为博物馆的可持续发展、高质量发展提供保障。同时，运用信息技术手段，将文物所蕴含的历史信息传递给观众，为观众提供打破时间和空间界限的情感体验。这些做法在确保文物内涵的深度和广度的同时提高了博物馆的文化趣味，让博物馆的文物保护与传承步入信息化的道路，唤起人们对文物的了解和保护，推动文物保护事业的发展。

参考文献

[1] 焦奕然：信息时代背景下博物馆文物保护措施研究 [J].中文信息，2020（2）：252.

博物馆社会宣传教育工作研究

数智化发展趋势下博物馆讲解工作发展研究
——以广西壮族自治区博物馆为例

罗丽诗

（广西壮族自治区博物馆馆员　广西　南宁　530022）

【摘　要】讲解是传统博物馆教育的核心内容之一。进入新时期，云计算、人工智能、虚拟现实等数智化技术的飞速发展使得博物馆的讲解工作充满了机遇与挑战。本文基于数智化时代发展趋势下博物馆宣教讲解的现实发展情况，结合丰富的讲解实践探讨如何充分整合当下社会不同资源提升讲解服务中的沟通性、趣味性、创新性与启发性，以提高人工讲解的核心优势，进而提升博物馆的讲解服务水平，为促进新时期博物馆讲解工作的开展提供不同的实践思路。

【关键词】数智化　博物馆　讲解

数智化技术体系是基于大数据及人工智能（artificial intelligence，AI）技术解决实际问题的智能技术体系。近年来，云计算、人工智能、虚拟现实等数智化技术逐步在我国博物馆领域进行投放与使用，使我国博物馆事业在新技术的加持下迎来了新的发展机遇。数智化技术在博物馆服务中通过大数据挖掘进行精准推送，可以有效实现从"以资源为核心"到"以观众为核心"的转变，从而全面提高博物馆的服务质量。博物馆展厅中虚拟现实技术（virtual reality，VR）的使用可以打破时间和空间的局限，通过专业的设备引领，使观众置身于某一个历史时期或特定的场景中，进一步将展品更细致、全面、生动地呈现，让观众沉浸式地感受文化之美。博物馆开放服务中，人工智能技术的应用可以针对观众的情况和兴趣进行专项问题的解答和文物讲解，让观众获得丰富且个性化的游览体验。2012年，百度发起了百度百科博物馆计划，通过借助全景、VR、AR、3D建模、图像识别等技术手段，让互联网用户可以随时随地游览博物馆，感受全球文明。项目启动至今，百度百科博物馆计划已经和全球 596 家博物馆合作，收录了 25000 多件藏品的权威知识和科普内容，接待了上亿位游客。①2018 年，国家文物局与百度公司共同启动了 AI 博物馆计划，该计划融合了更多的百度产品及技术支持，包含智能搜索、智慧地图、图像识别、语音交互导览、机器翻译、AI 教育等功能模块。借助 AI 技术支持的功能，用户在游览博物馆时可以通过百度搜索、拍照识别功能，随时了解更详细、更生动的展品信息。②2022 年 7 月 22 日，适逢中国国家博物馆创建 110 周年，虚拟数智人"艾雯雯"入职中国国家博物馆。由人工智能驱动的数智人，拥有近似真人的形象以及逼真的表情动作，具备表达情感和沟通交流的能力。不仅如此，"艾雯雯"在交互智能技术的驱动下，拥有超强的自学习、自适应能力，能够不断更新、丰富自己的知识库，以中国国家博物馆 140 多万件馆藏藏品为基础，构建丰富的知识储备和互动技能。③数智化技术的运用为我国文博事业的发展注入了强劲的动力，与此同时也为博物馆的讲解工作带来新的机遇与挑战。

一、数智化时代博物馆宣教讲解发展趋势

（一）展览设计的变化趋势

博物馆人工讲解始于 1906 年美国波士顿美术馆讲解员制度的建立，伴随着博物馆向公众开放服务后出现。博物馆讲解的基本任务是在陈列展览、文物藏品与社会公众之间建立最为直接的联系。④博物馆展览陈列决定了博物馆讲解的基调、方向、内容等众多方面，因此展览陈列方式的变化对博物馆讲解影响重大。

进入 21 世纪，教育被列为博物馆目的与业务的首位。⑤博物馆职能的变化与发展也使得展览在不断地进步与创新。现今博物馆的陈列展览是基于传播学、教育学、心理学，集文化、思想及审美于一体向大众传播知识、信息、文化和艺术的载体。⑥技

①《百度 7 年建近 300 家线上博物馆，只为让你足不出户看世界》，百度网 2019 年 8 月 26 日，https://baijiahao.baidu.com/s?id=1642891728081538538&wfr=spider&for=pc。
②《国家文物局启动 AI 博物馆计划：让文物"自己开口说话"》，澎湃新闻 2018 年 5 月 18 日，https://baijiahao.baidu.com/s?id=1600814192703581296&wfr=spider&for=pc。
③刘冕：《国博首位虚拟数智人入职！"艾雯雯"实习后将串讲上下五千年》，北京日报客户端 2022 年 7 月 22 日，https://baijiahao.baidu.com/s?id=1739025695283204083&wfr=spider&for=pc。
④《博物馆学概论》编写组编《博物馆学概论》，高等教育出版社，2019，第 35 页、第 215 页。
⑤同④。
⑥张雅馨、申琳：《从博物馆展览方式的变化看博物馆职能的转变与发展——以内蒙古包头博物馆为例》，《文物鉴定与鉴赏》2020 年第 15 期。

术手段与展览理念的发展有效提升了博物馆"物"与"人"之间的直接对话。例如，通过对 VR 的应用可以增强展览的直观感受，提升人与展品之间的互动质量，帮助观众获得全新体验。伴随展览理念的更新和展览设计方式的多样化，沉浸式体验、数字化技术等方式的广泛应用使得越来越多的展览全面增强了陈列的叙事功能。生动、活化的展览可以不用借助讲解员的讲解，也能让观众达到整合知识、激发感知、丰富体验的效果。由此，传统的罗列游览式统讲的人工讲解方式已不能完全满足现代展览发展趋势的要求。

（二）服务设备的变化趋势

数智化技术建立在海量数据的基础上，以大规模数据为基础进行建模训练，使人工智能的可用性、可靠性得到极大提升。区别于传统技术，数智化技术的时效性、智慧化的优势得到显现。[①] 人工智能依托海量的数据挖掘，通过机器学习、机器视觉、语音交互等技术的应用，根据历史数据、专有模型构建分析方法，处理计算机所接收到的图片、语音等信息。由此，博物馆在数智化技术的加持下可以实现针对观众需求进行精准的信息推送，通过机器更智能化、更及时地为观众提供服务。在博物馆场馆内，可以通过如自助解答机器人、手机软件等设备或终端实现博物馆展厅导览、文物讲解、文创购物等多项服务；在博物馆场馆外，观众可以通过 AI 博物馆、融媒体平台了解更多关于博物馆的游览方式、藏品资讯、购物指南等方面的信息。数智化技术在博物馆导览讲解开放服务中的应用，相比于人工讲解可以大幅度提高游览效率。海量数据的支撑以及根据数据挖掘算法分析观众的浏览习惯，可以更准确地满足观众的喜好，提供个性化服务。由此可见，未来数智化技术的发展与应用可以全面提高博物馆对外开放的服务质量，与此同时也会带来相应的人才革命。部分人工效能被机器取代，一方面减少了人工投入，提高了服务效率；另一方面对博物馆服务人员如讲解员等的讲解业务要求与标准也相应地有所变化。

（三）观众需求的变化趋势

据《中华人民共和国文化和旅游部 2022 年文化和旅游发展统计公报》显示，2022 年，全国各类文物机构共举办陈列展览 32357 个，接待观众 63973 万人次，文物

---

① 周银凤：《"数智化时代"文旅融合发展的对策研究》，《新经济》2021 年第 12 期。

系统管理的国有博物馆接待观众 45647 万人次。[①] 随着时代发展，博物馆服务于观众的数量、认知水平、审美倾向等方面在不知不觉中发生变化。技术的进步改变了博物馆目标观众的需求、结构与关系。

数智化技术时效性、智慧化的优势推进了互联网信息推送方式的重大变革，改变了互联网用户获取信息的习惯，也进一步改变了博物馆观众对文博信息的获取方式。数智化技术依托于博物馆观众的兴趣取向、喜好审美等数据，利用相关算法进行分析，针对博物馆目标观众的既往需求和潜在需求进行文博信息的精准推送。基于丰富的信息获取条件，观众可以在参观博物馆前就对博物馆的各类资讯有所了解，在进入博物馆场馆后可根据提前了解的内容，结合自己的需求和爱好进行深度观赏与学习。信息技术的发展开拓了博物馆目标观众获取文博知识的深度与广度，促进观众游览博物馆的方式从传统的被动的引导与导览转变为主动的认识与参与，使其自主学习的意愿得到增强。

在观众需求变化的背景下，传统式浅尝辄止、蜻蜓点水的人工讲解方式已经不能满足观众对于某段历史、某类文物具有爱好倾向的深入拓展需求。2023 年暑期，我国多地博物馆迎来了参观热潮，热潮之下也出现了博物馆人工讲解服务供不应求、讲解内容千人一稿、讲解方式哗众取宠等现象。2023 年 7 月，《人民日报》针对这一现象还发表了相关文章，强调了讲解应着力挖掘文物丰富的内涵，用生动的故事吸引人、感染人；讲解需因人施讲，让观众听得懂、喜欢听、记得住。[②] 针对当前的讲解发展现状以及数智化技术在博物馆的应用，许多人对博物馆的人工讲解服务产生了质疑，尤其是在数智化技术发展趋势下，一些观点认为人工讲解极有可能会被人工智能技术所取代。

二、充分挖掘资源优势优化博物馆讲解服务质量

一个博物馆就是一所大学校，讲解是传统博物馆教育职能中的核心内容之一，讲解员便是观众在博物馆这所大学校当中启发感知、畅游学习的引路人。在云计算、人工智能、虚拟现实等数智化技术发展的浪潮中，博物馆的讲解工作也在发生着潜移默化的改变。当前大部分博物馆的讲解服务既有借助现代化技术手段推出的智能语音导

① 《中华人民共和国文化和旅游部 2022 年文化和旅游发展统计公报》，文化和旅游部网 2023 年 7 月 13 日，https://www.gov.cn/lianbo/bumen/202307/content_6891772.htm。

② 施芳：《博物馆需要什么样的讲解》，《人民日报》2023 年 7 月 21 日第 11 版。

览、二维码信息读取、虚拟讲解、云讲解等自助讲解方式，也有传统的人工讲解的服务形式。事实上，人工智能技术与人工讲解并不存在着竞争与相互取代的关系，二者相辅相成，为观众提供了多样化的讲解服务形式。而当前讲解工作中存在的核心问题是人工讲解服务水平满足不了现代观众不断增长的精神文化需求；大部分场馆讲解员同质化发展，可替代性强，缺少专家型讲解员。基于此，人工讲解可以通过整合不同资源以提升讲解服务中的创新性、趣味性、启发性及互动性，不断提升讲解员差异化发展的核心优势，以人之口作为媒介讲出机器难以表现的时代精神以及文化自信。由此，人工讲解在差异化发展的同时，应与人工智能服务技术相互配合，为观众提供更便捷多样的讲解服务，丰富观众的观展体验。本文结合广西壮族自治区博物馆近十年的讲解工作实践，探讨如何整合社会与工作中的优势资源，从个人到团队不断提升博物馆的人工讲解服务水平。

（一）提升博物馆人工讲解服务工作的互动性与趣味性

培养讲解员的稿件撰写技能可以有效提升博物馆人工讲解服务的互动性和趣味性。讲解员可以在整合利用馆藏研究资源以及社会新媒体热点的基础上开展阶段性的撰稿工作，借以文字的梳理对讲解工作进行思考、复盘、改进，不断提高人工讲解的技能。当前广西壮族自治区博物馆讲解员团队通过展厅讲解词、公众号推文等不同类型的文稿撰写工作的开展，进一步推动讲解员对专业知识的理解、对观众兴趣需求的洞察等多方面能力的提升，不断在时讲时新的讲解服务中提高讲解内容的趣味性及与观众之间的互动性。

展厅讲解词的撰写是专职讲解员撰写工作内容中较为基础的部分。广西壮族自治区博物馆针对有一定讲解实践经验的讲解员，通过单个文物讲解稿件的撰写、展厅讲解词知识拓展稿件的撰写、针对不同受众的专项讲解词的再创作等层层递进的方式来培养讲解员的撰稿能力。通过文字的再整理与强化，让讲解员深化理解展览大纲，梳理展览中的时间脉络、逻辑关系、发展演变等内容，从宏观上能更深入地把握时代特点与地域特色，从微观上能更全面地理解文物的内涵与价值。通过这一项撰写工作的整合，在促进讲解员知识理解与融会贯通的基础上，不断提高"因人施讲"的沟通能力，从而促使讲解员在不同受众群体之中能更加自如地展示展览的深度与广度，不再局限于"千人一稿"、浮光掠影的讲解方式。

与此同时，讲解员可以通过微信公众号文章的撰写工作充分整合新媒体资源，结合热点时事更新不同的讲解切入点，实时提升讲解服务的趣味性。2020 年，在新冠疫情居家办公的特殊时期，广西壮族自治区博物馆宣教部以最快速度整合现有品牌活动和数字资源，创新文化传播方式，推出了以广西文化旅游为支点的"瓯骆学堂云课堂"系列活动，通过"瓯骆人的衣食住行""舌尖上的非遗""趣探广西"三个不同主题系列的微信公众号文章的推送，让读者足不出户便可云享广西文化特色精粹。活动策划推行中，还安排了专职讲解员以个人兴趣认领的形式开展了部分文章的撰稿工作。

微信公众号文化传播类文章的撰写需要在有限的篇幅里既抓住读者的眼球，又在内容上具备一定的专业性、知识性、教育性。为此，专职讲解员在撰写微信公众号文章时，需要根据日常工作中积累的切合相关主题的材料进行整合和筛选，选取时下社会热点作为切入点，结合科普推广的主体内容，运用简洁凝练、活泼生动的语言进行文章的创作。以广西壮族自治区博物馆在 2020 年 3 月份推出的"舌尖上的非遗"系列中关于螺蛳粉的科普推文为例，文章结合新冠疫情期间螺蛳粉供不应求而登上了新浪微博热搜作为切入点，用轻松活泼的语言为大家介绍了广西米粉的由来、广西吃螺的历史及广西的酸食文化。文章推送后被南宁市文化广电和旅游局及广西文化和旅游厅官方微信公众号认可与转载，广西非遗美食文化通过不同公众号及读者的转发产生了裂变式的传播效果。

专职讲解员在撰写微信公众号文章时，在力求文章兼具可读性、趣味性、实用性的创作过程中，可以有效提升讲解员对服务群体的洞察力、对具有时效性的社会热点的敏锐度以及对文字语言的驾驭能力。通过这一项写作工作的历练，回归日常讲解工作中的讲解员可以更具象化地提高讲解内容对于观众的吸引力。人工讲解可以依据动态的时事社会热点、融媒体爆点有效结合展厅文物，使讲解内容具有时效性，产生真正意义上的"热点联动"，从而激发观众兴趣，进而推动知识的延展、审美的感知。由此，可以完善数智化机器语音导览难以覆盖的时效性热点联结的盲区，提供具有灵活性和趣味性、时讲时新的人工讲解服务。

（二）提升博物馆讲解服务工作的创新性与启发性

博物馆讲解服务工作可以结合并充分利用新媒体及社会文化活动等资源，不断提升博物馆讲解服务工作的创新性与启发性。

2020 年，突如其来的新冠疫情给世界各国带来巨大冲击，我国文博行业在疫情的影响下也发生了改变。广西壮族自治区博物馆在改扩建工程和新冠疫情双重影响下开辟了不同的宣传教育路径，从原有的展厅讲解、流动展览讲解，转向在传统媒体、新媒体等不同媒介载体上开展讲解宣传工作。2020—2021年广西壮族自治区博物馆专职讲解员全面参与了线上新媒体宣传教育工作，通过线上直播，微视频、抖音短视频拍摄和喜马拉雅音频节目录制等不同类型的宣传媒介的台前幕后工作，在讲解平台载体转化的过程中充分利用社会新媒体资源不断进行不同讲解方式的转换与创新。专职讲解员参与了"瓯骆学堂——瓯骆人的衣食住行""文化遗产周周学——神秘的青铜器"等线上直播，"馆长说宝"等视频节目的拍摄，"百年百物——广西革命文物讲述音频"的录制以及喜马拉雅文物讲解录制等不同形式的新媒体宣传教育活动。为满足新媒体的宣传需求，讲解员在不同平台的不同主题活动中进行了如主持人、科普员、播音员等不同身份的转变。通过新媒体宣教工作的开展，讲解员可以有效提升媒体活动策划能力、专题活动脚本撰写能力、线上活动场控及应变能力等方面的技能。通过幕后的材料准备和整合及台前经验的积累，有利于推动专职讲解员进行不同讲解风格的尝试，实现讲解方式的创新。由此可以有效减少当下一些博物馆讲解工作中"照本宣科"的同化讲解服务的产生，提升博物馆的讲解服务水平。

自2014年开始，广西壮族自治区博物馆一直积极鼓励讲解员参与各类讲解比赛。讲解赛事的推进性影响可以强化人工讲解的深刻性与启发性，以赛代训可以实现在短时间内快速提高讲解员的讲解水平，推动讲解员高水平地讲出我国不同时代的精彩故事，让不同的时代精神、人文风貌真正走进观众内心。广西壮族自治区博物馆在推进讲解员进行赛事性参与的过程中，要求专职讲解员独立完成讲解比赛稿件的撰写。讲解队伍共计独立撰稿的参赛稿件超过10篇，涉及不同类型的比赛和主题。文稿撰写前材料的收集、脉络的梳理，文稿撰写中基调的设立、精神的升华等撰稿过程不仅是讲解员多角度切入讲解对象并进行立体化认知的过程，更是讲解能力提升的重要过程。通过这一项撰写工作经验的积累，有利于讲解员从历史学、民族学、美学等多角度深入理解文物，打开更广阔深厚的历史格局。经过对文物和历史事件深刻的思考以及内在精神的凝练与升华，讲解员可以避免知识拓展后的堆砌式讲解，在日常讲解工作中抓住重点，着力展现展览的意图和精神，进而才能提供数智化语音导览难以取代的具有人文高度启发性的人工讲解服务。

除此之外，广西壮族自治区博物馆鼓励经验丰富的专职讲解员走出广西，在北京、上海、东盟等区外、国外平台开展讲解工作，充分利用社会文化活动优势资源打开讲解员的文化格局，增强文化宣传者的文化认同与文化自信，进而促使讲解员在更广阔的平台讲好地方故事、讲好中国故事。为此，广西壮族自治区博物馆在转化讲解平台、提高撰稿能力、推进赛事参与、鼓励区外讲解四个不同层面的讲解工作实践，不断推进讲解员个人及队伍的发展，进而不断优化博物馆的讲解服务水平，在不断夯实讲解员地域文化认同、树立文化自信的基础上为不同的观众提供具有趣味性、创新性、启发性，时讲时新的讲解服务。

三、促进讲解员差异化优势转型加强队伍的建设

2023 年 8 月 18 日，国家文物局发布了《国家文物局关于进一步提升博物馆讲解服务工作水平的指导意见》，文中提到为更好满足人民群众对高品质生活的需要，进一步提升博物馆开放服务水平和质量，对全国各有关单位就规范和加强博物馆讲解服务工作从高度重视讲解服务工作、优化馆内讲解服务供给、规范引导社会讲解服务、不断拓展讲解服务形式、加强讲解人才队伍建设等五个方面提出了指导意见。数智化发展的趋势是让社会更高效、生活更美好。在博物馆讲解服务工作的发展中，应该盘活数智化的高能效资源，一是借助现代化技术手段创新博物馆的讲解服务形式，弥补人工讲解的供给不足；二是盘活数智化资源，引导讲解员进行差异化优势转型，培养出多样化细分领域的专家型讲解员，为观众提供高质量因人施讲的人工讲解服务，弥补机器讲解形式单一的不足。与此同时，博物馆可以立足于自身优势，充分整合社会不同资源，提升讲解服务中的互动性、趣味性、创新性与启发性，提高人工讲解的核心优势。通过双向提升观众的参观兴趣与讲解员的研究兴趣，细分提高不同受众观众的互动性，深化讲解方式与讲解技巧的创新性与启发性，逐步推动讲解员向专家教育员、专项研究员、专业宣讲人等不同方向进行差异化优势转型。由此，在不断优化馆内讲解服务供给、规范引导社会讲解服务的基础上，加强讲解人才队伍建设，不断提升博物馆讲解服务水平。

四、结语

数智化技术的进步潜移默化地改变人们参观博物馆的方式，传统的讲解工作方式也在技术革新的影响下发生改变。数智化技术并不是领域发展的"拦路虎"，而是优化事业发展的助推器。面对当前博物馆人工讲解存在的"千人一稿""照本宣科"同质化发展的困局，更需要充分盘活数智化资源，并有效结合博物馆自身馆藏研究、社会文化传播等资源不断滋养培育讲解员进行专家教育员、专项研究员、专业宣讲人等

不同方向的差异化优势转型。由个人到整体不断提升博物馆人工讲解服务工作中的互动性与趣味性、创新性与启发性。用有温度、有情感的声音讲述时代的故事、地方的故事、中国的故事；以人作为媒介因人施讲，讲出机器讲解难以取代的时代精神及文化自信。在促进人工讲解服务高质量发展的同时与数智化现代服务技术相辅相成，不断提升博物馆的对外开放服务水平，在新时代的征程中不断推进我国博物馆事业蓬勃发展。

博物馆新媒体的现状问题与未来挑战

颜俊军

（云南大学历史与档案学院硕士研究生　云南　昆明　650091）

【摘　要】新媒体的平台多样性与交互即时性助推了中国博物馆的发展与传统文化的复兴，而在创造博物馆宣传教育事业新机遇的同时，其暴露出来的问题更值得关注。反思博物馆新媒体的运营，分析流量网络未来的挑战，对推动文化产业的可持续发展显得尤为重要。

【关键词】博物馆　新媒体　宣传教育　互联网

随着互联网时代的到来，跨平台信息的传递愈发便捷，民众获取信息的渠道愈发丰富，传播媒介与传播方式的革新极大程度地影响了人们思考的行为模式与价值取向。博物馆作为传承历史文化与人类文明的重要载体，同样面临着复杂的信息传播态势。如何发挥新媒体的即时交互特点，建成信息共享和链式反馈的运营模式，反思当前博物馆新媒体的运营弊病，强化其宣传教育功能以提高博物馆的社会影响力、公众认可度，迎接媒体与网络发展可能给博物馆带来的挑战，已然成为博物馆人工作日常中不可忽视的重中之重。

一、新媒体的特点和优势

媒体是人们接收讯息的重要媒介，根据其传播方式的不同，可分为以广播、电视、纸质类报纸杂志等为主的传统媒体和以微博、微信、短视频、网络直播等为主的新媒体两种类别。诚然，传统媒体的内容有经时间打磨后的逻辑性和准确性，但不可否认的是，由于其信息载体相对固定，受众接收信息的时间和地点受到一定限制，从传播者到接收者的"一对多"式的单向传播路径无法实现受众与媒体的实时互动，且传统媒体本身多由国家行政机关参与管理，内容审查的条框限制较多，市场动力不足，在互联网时代下已被较多年轻人抛弃。相较之下，"依托全新的传播技术，以改变传播形态为主要诉求，强调体验和互动，内容日趋分散和个性化的新兴媒体"①，具有数字化和即时互动性的特点，信息传播速度更快，为公众之间、媒体之间、公众与媒体之间的"点对点"实时互动的实现提供了条件。

在2021年的中央全面深化改革委员会第二十二次会议上，习近平总书记指出"要加强文物保护利用和文化遗产保护传承，提高文物研究阐释和展示传播水平，让文物真正活起来，成为加强社会主义精神文明建设的深厚滋养，成为扩大中华文化国际影响力的重要名片"。这对文物的活化利用提出了新的要求，强调利用技术手段来对文物的历史、艺术、科学价值进行创新转化。具体到媒体建设方面，2023年的政府工作报告又首次提出"扎实推进媒体深度融合"。该提议遵循新闻行业发展的客观规律，力求以技术为支撑、以内容为根本，推动传统媒体与新媒体的协同进步。由上，文博行业的向心发展与新闻媒体的纵深融合互为利好，新媒体已成为博物馆开展宣传工作依赖的重要途径之一。

（一）新媒体平台类型的多样性搭建博物馆资源的交互枢纽

因公众检索信息的方式不同，对信息的传播媒介也有不同的偏好，新媒体针对不同的受众需求开发了形式多样的交互平台。以微博、微信公众号为例，与传统媒体相比，"双微"的灵活操作空间更大，评论区的开放和日常话题的标签设置能让观众更轻松地加入博物馆日常工作的讨论当中，如观众可以通过话题"故宫的猫"，"云吸"那批皇宫帝苑内的"带刀侍卫"；可以借助话题"野生堆日记"，满足对三星堆考古的好奇心；还可以参与各纪念馆"缅怀先烈"的话题讨论，铭记丰碑功绩，传承红色基因。

而主打短视频的抖音、快手平台，则是利用文案、声音、动态视频等多重感官刺激，在短时间内迅速调动观众的情感体验，强化了媒体叙事功能的"碎片化"信息传递方式，更加契合时下人们的阅读需求，也给博物馆从业人员对馆藏文物的背景轶事、技术原理等进行多视角、轻量化的介绍带来了全新挑战；以弹幕系统为特色，实现跨越时间和空间进行广域互动的哔哩哔哩弹幕视频网，在年轻人群中颇具影响力，耕耘故事叙事、串联文物细节、复现历史情境的综艺节目《国家宝藏》在该网站上就备受好评，相信体量丰富、叙事逻辑完整的文博系列长视频能在这片"蓝海"继续发力。

---

① 宫承波主编《新媒体概论》第4版，中国广播电视出版社，2012，第3-4页。

主营听觉文化享受的喜马拉雅平台也为新媒体平台的博物馆文化传播和沉浸式文创产品的销售提供了新的途径。2020年的国际博物馆日，喜马拉雅就携手云南省博物馆、湖南省博物馆（湖南博物院）、山东博物馆等多家博物馆联合推出有声书《把国宝讲给你听》特别专辑，后续又发起了"国宝趣配音"活动增强与听众之间互动性。[①]

当下民众更多地关注人类的历史与过往，保藏有历史文化资源的博物馆更应该担起文化传播使者的责任，积极地借助新媒体平台的类型多样性来实现自身多元化叙事的现实需要，让博物馆走出"象牙塔"，向公众传递更加鲜活的文化知识，以满足各层次群众的文化需求。

（二）新媒体平台社交的即时性点燃博物馆宣传的舆情热点

据中国互联网络信息中心（CNNIC）发布的第50次《中国互联网络发展状况统计报告》显示，截至2022年6月，我国网民规模达10.51亿人，互联网普及率达74.4%，其中手机网民规模达10.47亿人，占网民整体的99.6%。[②] 可见新媒体已然成为大众信息交流的主要方式。上文已提及，相较于传统媒体，新兴媒体在信息的获取上有无可比拟的快捷性。近年来，文博行业的热点话题越来越多，如"《祭侄文稿》赴日参展""天龙山佛首回归""台北故宫博物院文物损坏"等备受关注，频频在新媒体平台上迅速发酵并成为舆论热点。文创产品的营销也顺势搭上了互联网的便车，前有朝珠耳机、国风口红等故宫文创拉开跨界"破圈"的序幕，河南博物院紧跟着首发考古盲盒引领潮流，后有"马踏飞燕"玩偶搞怪出奇，文徵明紫藤萝种子续写文人方雅，更兼"谜宫"系列创意互动解谜书籍、《法门梦影》剧本杀主打沉浸式体验，从对馆藏文物的简单复制到打造独具特色的文博IP，新媒体环境下，文物实现了从"活"起来到"玩"起来，再到"潮"起来的创意飞跃。

新媒体环境的发达为社交链的延长提供了无限可能，"粉丝可以通过评论、转载来形成自己专属的'资讯系统'，而当这些资讯系统碰撞时，便能形成独特的'资讯网络'"[③]。这要求博物馆新媒体既要有新闻话题的敏锐嗅觉，还要树牢公众角色意识，在舆情热点前引导受众做出正确的价值判断。

---

① 于俊：《国际博物馆日　喜马拉雅联合多家博物馆打造"云逛"文博大餐》，中国新闻网2020年5月18日，https://www.chinanews.com.cn/cj/2020/05-18/9188028.shtml。

② 第50次《中国互联网络发展状况统计报告》，中国互联网信息中心网2022年8月31日，https://www.cnnic.cn/NMediaFile/2023/0807/MAIN1691371428732J4U9HYW1ZL.pdf。

③ 杨朴、张文利：《自媒体与我国博物馆发展的现状与未来》，《洛阳考古》2021年第2期。

二、博物馆新媒体平台的运营现状

截至 2020 年底，全国登记备案的博物馆为 5788 家，定级的博物馆为 1224 家，非国有博物馆增至 1860 家，其中一级博物馆 204 家、二级博物馆 455 家、三级博物馆 565 家。在搜索引擎或抖音、微博等新媒体平台上以"博物馆"为关键词进行检索，不难发现，一、二级博物馆大多数已搭建起一套从官方网站到社交媒体的较为完整的新媒体运营体系。其中，一级博物馆在互联网环境下的曝光率较高，新媒体平台运营已显成效，但二、三级博物馆的新媒体平台尚在摸索或创建中。本文无意对比各级别博物馆新媒体平台的运营差异，着重讨论新媒体平台定位、粉丝社群管理和馆藏资源发挥上存在的共性问题。

（一）功能定位不明，冗余信息重复发布

博物馆借助各新媒体平台发布的信息类型多集中在三种：其一，以展陈介绍、志愿者招募、开放时间公示为主的服务类；其二，对馆藏文物进行讲解的欣赏类；其三，转发线上线下讲座、课程的学术类。此三种类型信息内容之单调无需多言，各媒体平台间信息的同质化现象则更为严重：服务类信息强调准确，学术类信息力求严谨，投放在微信、微博等社交平台便足以满足观览需要，而欣赏类信息多数是老一套的导览词汇，不过是将线下的扫码语音导览搬到了线上的短视频平台。需注意的是，线下的导览语音，能够借助实际参观时观众的主观感受来弥补电子配音语气平淡苍白的缺陷，旨在利用听觉来补充视觉方面的信息获取疏漏，以有意注意的方式来提醒观众对藏品细节加以关注；而线上的视频平台，本身已经割裂了时空联系，无法给观众提供直接参与的情感体验，再以学究式语调"授课"，而非利用诙谐的网络流行元素传递严谨的文博知识，玩味不强、趣味不足，难以达到预期的宣传效果。

受限于馆内制度和人员配备，多数博物馆新媒体平台的搭建不过是为了完成任务指标，而未充分思考不同平台意向观众的需求和影响范围。良好的传播效果需要的不仅仅是对新媒体平台的锚定客户做调查思考，还应与社会热点话题紧密联系，更离不开在文化创新方向的精确捕捉。刻意追求信息的多平台投放和高频度更新只会剥夺信息的内容属性，博物馆信息的同质化问题最终会造成观众的审美疲劳，让博物馆媒体在流量市场中失去特有的竞争力。

（二）用户黏度较差，粉丝社群组建滞后

"用户黏度"在互联网环境中一般指用户在新媒体平台中的回访频率、阅读时长、互动程度、认可程度、分享和传播的意愿等，反映了用户对于新媒体平台的品牌认可度与忠诚度。[①]社交媒体时代，博物馆作为宣传单位，需要正视人、物两方的关系，在观念上尽快实现从"以藏品为中心"到"以用户为中心"的过渡转变。虽然多数博物馆已开通了微博和微信公众号，但是仍有较多博物馆在微博平台上只做"打卡式"更新，或是在特定的节庆及纪念日发布配有简单文案的花草图片，内容机械重复，毫无趣味。属于信息源头的馆方主动隔绝了与观众的沟通互动，直接导致了媒体失语。微信公众号受限于其功能模式只能向观众做单向输出（在微信文章推送后无法留言的情况），能够弥补这一不足的微信群聊却未引起馆方的重点关注。所谓顾客不来就自己去找，市场背景的经济竞争规律同样适用于博物馆，媒体运营人员要降低身段，扭转博物馆作为参观单位的被动性心向，转而打造营销空间的主动行为，如设计文化课程并将其纳入地方中小学课程体系，尝试将文化标识穿插进街头巷尾的文娱活动之中。

虽然当代社区博物馆已逐渐摒弃"坚持回应社区需求、解决社区日常生活问题，致力于文化知识民主化和分享权力"[②]的传统观念，但是只要其塑造价值观与道德准则的指导理念没变，传承与更新社群或民族文化遗产的任务没变，扎根社区组建粉丝群聊就仍有其可能性与必要性。"从群众中来，到群众中去"，博物馆宣传平台的发展不能因媒体功能的限制而割裂与受众的联系，要明确受众作为馆藏资源的享用者，同时也能扛起知识交流与生产的担子，积极鼓励观众以多元化的解读视角进入传播场域，创设博物馆专属的粉丝社群，搭建受众与受众间、受众与馆方间的双向联系，依靠社群用户延长馆方信息链条，形成特有的资讯网络。

（三）优势资源未显，地域特色频频忽略

承续上文，建立粉丝社群意在将博物馆打造成为地方"网红"，从而实现普及科学文化知识这一重要任务，需要发掘地方优势资源，打造"常红"的媒体阵地。受马太效应的影响，县市级中小型博物馆与大型博物馆新媒体平台的开发运用在馆藏资源、传播范围上必然存在差异性，地方博物馆新媒体人不宜邯郸学步，妄图在资金、

① 黄凤凤：《论新媒体环境下博物馆如何提升"用户黏度"》，《文物鉴定与鉴赏》2021 年第 21 期。
② 黄春雨：《社区博物馆理论与实践的思考》，《中国博物馆》2011 年第 1 期。

人员均匮乏的条件限制下打造出诸如《我在故宫修文物》《如果国宝会说话》等制作精良的纪录片，而应转换本馆媒体的营销方向，克服辐射区域局限性的消极心理，将宣传的聚光灯对准地域文化的特色环节。需认识到，大型博物馆固然拥有数量庞杂的藏品，但中小型博物馆在借助故事联结地方观众情感体验上同样有着得天独厚的优势。博物馆媒体讲好地方文化故事的关键在于发掘优质内容，既要在题材选择上突出其故事性与趣味性，又要跳出物事相离的用故事讲文物的传统视角，创新文物作为历史见证者的拟人化表达，更要在场景化的内容搭建过程中进行多角度的细节展示，利用基础的群众语言、平和的口述方式，从历史发展、文化传承、与人民群众紧密相连的角度来说风采、演变迁，"设计和实施互动项目，将故事资源融入互动主题，使原本完全掌握在博物馆设计者、管理者手中的部分叙事权让渡给受众"[①]。一方水土养一方人，馆藏文物的故事发掘要在兼具受众广泛性、舆情热点性的同时观照到本乡本土的民风民情，不仅要让观众愿意看、看得懂，还要思考怎么让观众参与其中、演在其中。

三、博物馆新媒体的未来挑战

得益于新媒体的即时性与交互性，新时代博物馆的宣传教育拓展出了更为丰富的形式，为公众参与博物馆的日常工作提供了更加多样的渠道。然而，不同于传统媒体的泛化营销，新媒体平台为争夺用户资源推出个性化定制服务，精准营销的战略无疑会将新媒体导向"信息茧房"的极端，"流量为王"的运营潜规则也向博物馆未来的宣传教育事业提出了新的挑战。

（一）媒体的娱乐性弱化文化传播的精神价值

博物馆数字化技术的推广使用和新媒体平台的建立让原本束之高阁的文物知识快速落地，互联网时代下，参与博物馆话题讨论的观众也从以往的相关从业者和文化爱好者扩大到了社会生活的各个群体。来自不同地区、不同年龄层次、不同教育水平、不同工作背景的信息传播主体，为解读藏品和展览提供了多元化的视角，他们或关注藏品的历史意义和文化信息，或讨论展览的叙事结构与情感体验，不论初衷是旅游打卡还是学习交流，当观众在新媒体平台向社交群体分享之时即拓宽了博物馆潜在观众圈。

---

① 秦宗财、陈萱：《融媒体环境下的现代博物馆文化传播》，《东南学术》2022 年第 4 期。

不同于传统媒体的专业审核，失去了记者、编辑等"把关人"的新媒体平台，在发布信息时由于没有严格的审核标准，频频出现受利益驱使而杜撰的低级趣味内容和低俗黄暴、违背公序良俗的信息。泛娱乐化的时代，新媒体写手往往会为获取流量和关注，以满足读者好奇心理为由，或用不实的文字和夸大的情境，肆意歪曲史实，比如坚称玛雅人是商人后裔，利用读者感慨中华文化之源远流长来包装其"泛传播论"的错误观点；或过分强调文物"身价"，将沉船、玉玺、元青花、铜兽首等文物，配上诸如"你不知道的天价文物"的标题，冠以千万元甚至上亿元的身价博人眼球。许多涉及考古文博行业的文章不仅在内容上刻意回避学术的严谨性，还于标题处高亮注明"宝藏""珍品"等字眼，预先将文物与物质价值的标签捆绑，把宣传的笔头停留在器物表面，继而略过背后的专业知识，此举既剥离了文物本身潜藏的丰富文化内涵，又无法赋予观众情感体验以启发他们的哲学思考。学术的严谨与科普的幽默并不相悖，以无穷小亮的科普日常、思维实验室等为代表的一批自媒体工作者就很好地诠释了这一点。而上述那些误导读者价值取向的所谓科普文章，其写作和传播的危害之大，已不单单是对行业尊严的亵渎，更是对文化精神价值的抹杀。

（二）热点的更新率阻碍展览营销的长尾效应

长尾效应由克里斯·安德森提出，该理论认为，互联网等新媒体技术的发展为非主流的信息传播提供了有效的平台，因此，非主流、关注度比较小的新闻信息可以与主流、关注度比较大的主流信息相抗衡，当然如果没有足够的受众需要，新闻信息传播中的长尾效应就会消失。[1] 新媒体时代，信息传播的速度快、更新频度高，多数舆论话题的持续时间不过 3 ～ 5 天，信息热点快速更替往往让博物馆展览营销出现"高开低走"的窘迫境遇。

博物馆展览即便是形式灵活多变的临时展览，多数只在开展前有数日的轰动效应，开展后则因话题关注度的回落而逐渐静默，究其原因在于两个方面。第一，从展览角度来说，博物馆展览多处于一种稳定、可控的情况之下，极少出现临时的突发性事件，展陈期间缺乏舆情爆点就成为不争的事实。第二，就观众视角而言，不论是线上或线下，观展始终多是以视觉器官为主的主动的信息获取过程，面对庞杂的文物藏品和文字内容，单一的感官体验必然会在短时间内消磨观众的热情，如何利用灯光、

---

① 杨超：《新媒体新闻传播长尾效应研究》，《中国报业》2014 年第 24 期。

音乐、环境布置等来丰富情感体验也是困扰策展团队的主要问题。不过，如今博物馆新媒体人各出奇招为展陈宣传的长尾效应提供了新的破题思路：转发抽奖、直播卖货、视频二创、配音打卡，开放夜场获取全新的参与体验，搞怪文物延伸展览的话题热度，创设活动调动公众的观展情绪，以及举办"围炉夜活"活动，让公众与行业的专家进行研讨。

四、结语

互联网环境下，作为宣传单位的博物馆与新媒体的联系日益紧密，博物馆官方账号应紧跟时代潮流，进驻社交软件平台，开发应用直播、短视频、虚拟现实等新媒体形式，选择合适的传播路径和推广模式来展现馆藏的文化与艺术，紧跟时代热度，挖掘内涵深度，为观众带来多元化的观览体验，促成观众与博物馆的双向互动，从而形成地域认同、文化认同乃至民族认同、国家认同。

广西民族博物馆"红石榴民族文化进基层"活动的回顾与思考

李　娅

（广西民族博物馆馆员　广西　南宁　530022）

【摘　要】广西民族博物馆利用丰富的民族文化资源，积极策划开展了一系列形式新颖、内容丰富、受到广大受众欢迎认可的宣传教育活动，其中"红石榴民族文化进基层"活动内容丰富、辐射范围广、自主创新、团队力量强大，成为广西民族博物馆品牌活动之一。本文提出通过精化创新内容、建立合作伙伴、加强信息共享等手段，进一步提高活动品质，促进各地区文化交流融合，实现文化惠民、文化悦民。

【关键词】宣传教育　民族文化　基层

博物馆是为社会服务的非营利性常设机构，它研究、收藏、保护、阐释和展示物质与非物质文化遗产。宣传教育是人类社会生活的重要手段，是博物馆的一项重要职能工作，各家博物馆纷纷通过开展进学校、进社区、进乡村等主题活动，宣传人类遗产文化、博物馆文化，使灿烂悠久的中华传统文化走进千家万户，也借此打造出独具特色的博物馆品牌活动。广西民族博物馆是国家一级博物馆、全国文明单位、全国民族团结进步教育基地、全国爱国主义教育示范基地、全国中小学生研学实践教育基地、全国关心下一代党史国史教育基地，以保护、研究和传承广西民族文化为己任，集中展示广西世居民族的传统文化、各民族交往交流交融的历史故事等，是传播中华优秀传统民族文化、树立中华民族多元一体格局观与铸牢中华民族共同体意识的重要窗口。广西民族博物馆如何利用自身的民族文化资源优势开展"红石榴民族文化进基层"这一惠民活动，将其打造成为博物馆的品牌活动，并根据现状联系实际，提出提升活动效果办法，从而有效提高活动品质，推进基层文化建设，丰富百姓精神生活，是本文主要讨论的内容。

一、广西民族博物馆"红石榴民族文化进基层"活动概况

（一）"红石榴民族文化进基层"活动回顾

广西民族博物馆"红石榴民族文化进基层"活动从 2012 年开始实施，已持续开展 12 年。广西是多民族聚居地区，各民族同胞团结互助、勇敢勤劳，共同建设了一个山清水秀的壮美广西，又因习近平总书记指出各族"要像石榴籽那样紧紧抱在一起"，由此将民族文化进基层活动定名为"红石榴民族文化进基层"，希望通过开展丰富多彩的民族文化活动共同维护和巩固民族团结果实，让民族团结之花在八桂大地上永开不败。

经统计，2012—2022 年民族文化进基层活动共举办近百场，活动覆盖南宁市各高校、中小学校、幼儿园、社区、企业、单位等，从市区走进山村，从广西区内走向区外，为大约 6 万名基层群众带去了丰富多彩的民族文化体验，用文化服务民生、服务乡村振兴（表 1）。

表 1 "红石榴民族文化进基层"活动记录表

区域	学校	社区	单位、企业	乡村
广西南宁市内	中共广西壮族自治区委员会机关保育院、广西壮族自治区区直文化系统幼儿园、沛鸿小学、滨湖路小学、秀田小学、民主路小学、云景路小学、官桥小学、壮志路小学、新阳路小学、华衡小学、江南路小学、虎邱小学、南宁市师范学校附属小学、凤翔路小学景晖校区、越秀路小学、新兴民族学校、广西大学附属中学、南宁二中初中部、南宁三中初中部、南宁二中、沛鸿民族中学、广西国际商务职业技术学院、邕江大学（今南宁学院）、南宁市盲聋哑学校（今南宁市特殊教育学校）、南宁市明天学校等	民族气象小区、南宁广发重工集团有限公司城北生活区、北湖中社区、新竹小区、兴宁社区、蓉茉社区、凤岭北社区、中华中路社区、银海社区、文华园小区等	广西皇氏甲天下乳业股份有限公司、南宁市锦虹棉纺织有限责任公司、广西万寿堂药业有限公司、南宁金禾宫大酒店有限公司、南宁市女子监狱、中国电信南宁客服中心、南部战区陆军某部、肯德基广西民族文化主题餐厅等	—

续表

区域	学校	社区	单位、企业	乡村
广西区内（除南宁市）	玉林市玉东新区实验小学、玉林市玉州区环南学校、玉林市玉州区分界小学、玉林市玉州区太阳小学、玉林市玉东新区第四小学、百色市那坡县仁合村完全小学、桂林市回民小学、桂林市龙胜各族自治县龙脊镇小学、柳州市三江侗族自治县民族实验学校、柳州市三江侗族自治县高安光彩小学、柳州市三江侗族自治县高定村小学、柳州市三江侗族自治县平岩小学、柳州市三江侗族自治县和里小学、贺州市昭平县白山村小学、贺州市八步区黄石小学、贺州市昭平县篁竹村小学、百色市隆林各族自治县民族实验小学、崇左市龙州县新华中心小学、崇左市天等县天等镇盛典小学等	—	崇左市壮族博物馆、玉林市博物馆等	桂林市龙胜各族自治县龙脊古壮寨、柳州市三江侗族自治县独峒镇高定村、百色市那坡县龙合镇共和村、贺州市昭平县黄姚镇白山村、贺州市八步区莲塘镇仁冲村、贺州市钟山县清塘镇英家村、贺州市昭平县黄姚镇篁竹村、河池市巴马瑶族自治县巴马镇、百色市隆林各族自治县新州镇等
广西区外	江西省南昌市珠市学校等	—	江西省博物馆、中国丝绸博物馆、上海纺织博物馆、贵州省遵义市绥阳县十二背后研学实践教育基地、云南省红河哈尼族彝族自治州屏边苗族自治县苗文化研究中心等	—

（二）"红石榴民族文化进基层"活动特点

笔者多次担任"红石榴民族文化进基层"活动的策划者和执行者，总结并发现了活动的以下特点。

1. 活动内容丰富。近年来，活动实施团队结合馆内展览资源和文化内容，并且紧跟新时代要求，通过对活动对象的研究、满意度的调查、活动场地适应性的考量等方式，制定了丰富多彩的活动内容，以"4+2"的活动菜单形式，合理搭配、灵活调整。"4"指的是文化欣赏、专题课程、动手实践、流动展览等四项固定项目。其中，文化欣赏指的是欣赏民族服饰走秀展示或民族文化情景剧表演，专题课程指的是"五彩八桂——广西民族文化系列大讲堂"，动手实践指的是专题课程配套的美术绘画、音乐唱作、体育运动、手工体验等，流动展览指的是展出广西世居民族文化展览。"2"指的是民族志纪录片放映、文化创意产品展示等机动项目。活动内容集社会教育、陈列展览、民族志专题观影和文创宣传于一体，为基层群众送去全方位的广西民族文化体验。

2. 活动辐射范围广。活动开展之初以服务广西区内的各大中小学校以及社区、企事业单位、山村为主，后来随着活动的交流和发展，逐渐辐射至区外多个省区。经统计，活动先后走进广西区内的南宁市、桂林市、柳州市、贺州市、百色市、河池市、崇左市，以及区外的上海市、浙江省杭州市、江西省南昌市、贵州省遵义市、云南省红河哈尼族彝族自治州等地的学校、社区、企事业单位及乡村，将广西多姿多彩的民族文化输送给各地区的基层群众。

3. 拥有自主研发设计的活动教具教材。2014 年，广西民族博物馆联合南宁市民族事务委员会（今南宁市民族宗教事务委员会）联合编撰《传统体育项目手册》，围绕传统体育项目的历史起源、项目简介、器材、比赛规则、注意事项等内容，详细介绍了板鞋竞速、打陀螺、背篓投绣球、对顶木杠、滚铁环等广西少数民族传统体育项目。2019 年起，广西民族博物馆结合陈列展览和民族特色，成功设计生产了"'博物匠心'系列手工文创"活动材料包，材料包包括"壮族干栏式建筑"搭建、壮族拼布体验、侗族农民画绘制等。2020 年，广西民族博物馆联合广西科学技术出版社出版了《涂绘壮美广西·八桂霓裳》有声绘本，该绘本以广西 12 个世居民族服饰为主题，是一本看、绘、听三者结合的科普读物。此后，这些手册、手工材料包、绘本直接用于"红石榴民族文化进基层"活动中，让基层群众不仅可以聆听、欣赏广西民族文化，还能动手体验制作，感受传统体育运动和服装艺术的魅力。自主研发教具教材，不仅让活动更具特色，也使文化教育与民族文化传播结合得更紧密。

4. 团队成员综合素质过硬，热情度、忠诚度高。组织活动的团队主要由馆内社会教育部工作人员和志愿者构成。社会教育部工作人员包括专职讲解员和社教专员，人员专业背景丰富，覆盖教育学、民族学、旅游管理、对外汉语、音乐学、播音与主持艺术、艺术设计、绘画等专业，拥有较强的专业能力、创新意识和综合素养，为活动的设计发展打下坚实基础。而志愿者则来自社会的各行各业，有教授、画家、歌手、导游、医生、自媒体人、手工达人等，他们全心全意提供志愿服务，普遍在馆志愿服务时长 3 ～ 10 年，致力于将广西优秀民族文化传承下去、传播更远，参与并见证了"红石榴民族文化进基层"活动的成长进步。

（三）"红石榴民族文化进基层"活动不足之处

"红石榴民族文化进基层"活动中存在以下几点局限性，影响了活动效果。

1. 前期调研不够深入。因部分活动场地设在市外甚至是区外，为节约活动成本无法深入开展前期调研工作，缺少整体筹划和部署，对部分基层发展的现状和趋势了解不全。

2. 场地规模和条件受限。有些较为贫困的山区和教学条件相对落后的校区无法提供音响、投影仪、电脑等设备设施支持，偶然遭遇临时停电等突发状况，使得活动过程中缺少教学视频或音乐的配合。

3. 持续时间较短。活动一般持续时长 4 ～ 5 小时，结束后时间紧迫，缺少与受众地负责人充分沟通的复盘总结环节，导致后续无法针对性地改进、完善活动内容和形式。

4. 缺乏联合性。绝大部分活动都是自发组织、自主开展、自行管理，活动所需的道具、服装、音响等设备及交通费、运费等均由广西民族博物馆自行添置承担，缺少资源资金支持，制约了活动高质量发展。

二、广西民族博物馆"红石榴民族文化进基层"活动提升方法

（一）精化内容，拓展创新

"红石榴民族文化进基层"活动的"4+2"菜单已在实践中磨炼得较为成熟。可在原有活动菜单基础上分解细化、新建分支，按照课程内容细分，打造成系列精品专题课程，包括民族节庆、民族技艺、民族建筑、民族医药、民族服饰、民族器具、民族美术、民族音乐、民族舞蹈、民族饮食、民族产业等分类。继续研发设计寓教于乐的活动教材教具，如继续编撰出版介绍广西的民族文化类系列丛书、绘本等；在广西地图或市区地图基础上结合系列精品专题课程设计文创地图和文物展品卡片，如文物地图、非遗地图、美食地图、生产生活用具地图等，进一步深化研究民族文化课程、拓展配套教材教具，为提升教学质量提供充分保障。

郑奕在《博物馆教育活动研究》中提到，博物馆通过三维空间的实物造景、情境

塑造、遗址复原，使遥远时空的人类历史或自然风貌得以重现，让观众如身历其境般受到震撼与感动。[①] 博物馆的实物遗址很难在异地全面再现，可利用"大篷车"流动博物馆打造新颖的"流动剧场"，生动还原民族文化情景剧表演的情境造景，让受众切实感受博物馆的活力与张力，同时为城市、乡村等增加一道亮丽的文化风景线。

现代博物馆的展示与教育，不只探讨过去发生的事件，亦关切参与者的认知与经验形成方式。故所涉及的活动多以生活化为取向，结合观众有经验或熟悉、感兴趣的事情，以加深他们的印象并提高其学习效果。[②] 在以往的活动中，"民族文化情景剧表演"这一环节通常由工作人员扮演剧中角色，受众对象仅仅在台下观看，并没有全程参与其中。如让受众对象提前拿到情景剧剧本，了解故事大纲、情节发展走向和历史人物特性，由他们亲自上台演出，或许更能让他们身临其境，加深理解记忆并且收获在活动中扮演各种角色的乐趣。

（二）建立伙伴关系，打造合作共赢

"红石榴民族文化进基层"活动长期以来"单打独斗"，意味着自负盈亏，很难不陷入尴尬的瓶颈，要想突破现状，谋取更大的发展，资源整合共同合作势在必行。蒂莫西·阿姆布罗斯和克里斯平·佩恩在《博物馆基础》中提到，博物馆通过创建各种活动项目，达到不断改善核心服务、满足特殊目标群体或市场分区需求的目的。在博物馆现场办活动或开展线上活动是达到以上目的的一种方式。另一种方式则是博物馆在其他地方组织活动，或是与其他公共机构合作，为博物馆及其工作带来新的受众。[③] 任何博物馆都不是一座孤岛，都需要以各种各样的方式与其他机构合作。与其他机构合作，建立并维护好合作关系是博物馆工作的重要组成部分。[④] 正式的合作关系更具有价值，它让大规模的资源共享成为可能，并有效节约成本。[⑤] 博物馆经费和资源都极其有限，可以通过联合其他博物馆、群众艺术馆、美术馆、展览馆等各大场馆，以及学校学院、旅游协会、传媒公司、企业集团、餐饮品牌、慈善机构甚至是当地政府机关部门等，整合有利资源，建立合作关系，达到互利共赢（图1）。其中，慈善家是在众多领域中能依靠的重要力量之一，是吸纳博物馆之友的重点对象，并可发展其加

① 郑奕：《博物馆教育活动研究》，复旦大学出版社，2015，第29页。
② 同①，第30页。
③ 蒂莫西·阿姆布罗斯、克里斯平·佩恩：《博物馆基础》第3版，郭卉译，译林出版社，2016，第70页。
④ 同①，第109页。
⑤ 同①，第336页。

入博物馆志愿者队伍。通过慈善家发起活动资金募捐，用于开展相关活动、生产教材教具或者筹办主题展览等，可吸引更多慈善家加入走进基层开展惠民活动的行列。

再如宋娴在《博物馆与学校的合作机制研究》中提到，荷兰 NEMO 科学中心正是基于建立良好的沟通渠道的目的，与学校一起成立了项目小组，定期举行研讨会。在会上，博物馆工作人员介绍博物馆新展品，教师给出关于展览计划和参观项目的建议，在开放的沟通环境中，合作者围绕展览主题，研究和制作课堂教学资源。[1] 因此，当博物馆与学校等建立起伙伴关系后，应尽早邀请对方加入合作的活动项目中，进一步激发双方创新潜能，为活动项目顺利实施打下坚实的基础，这样合作关系将更加牢固，产出内容也会更加丰富多彩。

（三）加强信息共享，提升职业素质

张昱在《中国博物馆职业资格认证制度研究》中根据研究成果和博物馆招聘信息，总结出各国博物馆认为作为博物馆教育人员最应具备的素养和能力包括口头和笔头沟通能力、公共展示和演说能力、组织和管理能力、应变能力、创新能力、教学能力、培训能力、评估能力等。[2] 他还提到，博物馆教育人员需要为博物馆教育项目的更好实施而对相关人员进行讲解、教学和引导等方面的培训。[3] 当博物馆与政府、学校、社区、企业、乡村等达成合作意向后，彼此的相关工作人员都应属于活动项目的成员，应建立起交流中心、工作坊等，培养核心成员着手整合活动资源、计划活动内容等。但博物馆与政府、学校、社区、企业、乡村的组织架构、制度文化等方面不同，博物馆活动时间安排较为灵活，而学校、社区、企业等则受到严格的课程进度或者工作框架的限制。博物馆要理解适应各合作方的目标使命，才能获得高质量信息，有利于推进合作。同样，各合作方也要了解熟悉博物馆的组织文化和发展方向，才能创造更多机会，最大限度利用彼此能提供的资源信息。

因此，可以通过开展"跟班式"的交流学习，定期将政府部门宣传口人员、学校老师、社区工作人员选送到博物馆挂职锻炼。博物馆宣教人员也有机会前往合作方交流学习，深入了解彼此所需，及时、全面加强信息共享，进一步提升职业素养，以便设计出更适合基层群众的活动项目。

---

[1] 宋娴：《博物馆与学校的合作机制研究》，复旦大学出版社，2019，第57页。
[2] 张星：《中国博物馆职业资格认证制度研究》，上海社会科学院出版社，2020，第304-305页。
[3] 同[2]，第294页。

三、广西民族博物馆"红石榴民族文化进基层"活动意义

广西具有沿边沿江沿海的区位优势，近年来广西多措并举全力守护边疆安宁，努力维护国家安全，筑牢南方生态屏障，促进民族团结进步。广西作为多民族聚居地区，长期以来各民族之间广泛交往、全面交流、深度交融。民族文化是民族的根、民族的魂，起源于民、扎根于民。作为宣传党的民族政策、讲好中华民族团结进步故事的重要窗口，广西民族博物馆致力于保护利用好民族文化遗产，传承弘扬中华优秀传统文化，依托丰富的馆藏资源精心打造品牌教育活动，以"红石榴民族文化进基层"活动为载体，深入基层文化生活。此活动开展十年来，坚守初心、开疆拓土，在基层中不仅发挥文化援助的作用，加强广西与各地区文化交流，同时把逐渐被人遗忘和日益淡化的传统民族文化以形式多样、喜闻乐见的方式重新带回人们视野，让广大基层群众感受中华民族坚忍不拔的生命力、独具匠心的创造力，激发群众对民族、对家乡、对祖国的深情热爱，为基层文化建设开创新气象新风尚。

四、结语

综上所述，开展宣传教育活动是博物馆的重要职能工作，也是吸引更多观众关注、了解和走进博物馆的一个重要环节。广西民族博物馆"红石榴民族文化进基层"活动应该引起更多的重视和关注，在活动内容、形式上不断拓展深化，在传播中华优秀传统民族文化、铸牢中华民族共同体意识的同时，还要重视在基层地区树立博物馆宣传教育活动的品牌和形象，将物质文明和精神文明紧密结合，在基层地区打造博物馆文化阵地，在新时代基层精神文明建设中发挥博物馆的力量，滋润人心、凝聚人心，提高全社会文明程度，铸就社会主义文化新辉煌。

归化翻译策略在博物馆英文讲解中的应用研究

李　翔

（广西壮族自治区博物馆馆员　广西　南宁　530022）

【摘　要】英文是全世界各类型博物馆接待国际游客的主要讲解语言，这使得英文讲解成为现阶段我国博物馆开展国际传播的主要载体与实现形式。英文讲解是博物馆做好对外文化交流接待工作的具体实施手段，对于实施国家文化战略，向世界展示真实、立体、全面的中国形象具有重要意义。基于这一工作属性，本文从归化翻译理论的角度，阐释博物馆英文讲解的内容不宜机械翻译或是过于强调忠实还原中文讲解，应从双方的文化背景出发，先理解再翻译，不能望文生义。本文从讲解内容选择、讲解文本翻译和讲解风格转换三个方面分析归化翻译策略的适用性，提倡"归化式讲解"的理念，探析开展英文讲解的最佳方式。

【关键词】归化翻译策略　博物馆　英文讲解　应用

一、引言

归化翻译要求译者以目标语读者为中心，将源文化中观众不熟悉的内容转化为目标文化中较为熟悉的内容，使译文尽可能地道，减少突兀感。就单个译本而言，异化和归化都不可能是唯一的翻译策略，二者往往交织在一起，互为补充，各显优势。本文仅从归化翻译策略的角度来探析其在英文讲解中的优势，希望对相关从业人员提升英文讲解能力有所助益。

人们在国外的博物馆会更青睐选择自己的母语作为讲解语言，更喜欢与自己母语语境相近的讲解。因此，在开展英文讲解时，讲解员会倾向于将国际观众放在熟悉的母语文化环境中。为了使博物馆英文讲解尽量向以英语为母语的观众的语言习惯和审美标准靠拢，最大限度地拉近讲解内容与观众的距离，应以高度归化的翻译策略作为整体指导思想。

著名翻译家、北京大学原新闻与传播学院教授许渊冲认为，译者"要发挥译语优势"，将读者放在熟悉的母语文化环境中，尽量减少读者的陌生感与不适感。博物馆英文讲解与英译唐诗宋词异曲同工，同样面临着对跨文化语境的处理。但是与翻译文学作品不同的是，博物馆英文讲解是一门语言艺术，不能直接将中文讲解词进行英译，因此就涉及讲解内容、讲解文本和讲解风格该如何选择的问题。笔者也由此提出并倡导"归化式讲解"的理念，即将上述三个方面进行归化为主的处理。

下文以博物馆英文讲解的难点之一——中国书画作为切入点，以美国纽约大都会艺术博物馆中国书画展"幽居有伴：中国画中的隐逸与交游"中的文物说明及系列专题片《大都会博物馆中国山水画展·如果山能说话》（简称《如果山能说话》）中的书画讲解为参考样本，围绕"归化式讲解"展开探讨，通过对比分析归化翻译策略对译文和讲解呈现效果的影响，探析开展英文讲解的最佳方式。

二、讲解内容的归化

通常认为，做好英文讲解工作只需要关注现有中文讲解词的英文翻译是否到位，主要研究内容是翻译的过程中使用的翻译方式、方法是否恰当，其实不然。对于英文讲解员来说，讲好内容的首要前提是对讲解内容的选择。讲解不是阅读，阅读文章时，读者可以反复推敲、品味词句，即使是异化的翻译文本，也可以为读者读懂和接受。但讲解时，信息稍纵即逝，如果讲解员所选择的切入点或观点不为观众所熟悉，为使观众明白还要进行烦琐的解释，观众则容易失去兴趣；但如果解释不到位，则不能使观众理解讲解员想传达的信息，导致观众还没消化刚才讲解的内容，注意力又被下一件文物吸引了。因此，为了避免出现上述情况，在开展文本翻译工作前，讲解员就应该对讲解内容进行筛选。

文物讲解具有高度灵活性，由讲解员自主掌握和把控讲解内容。讲述一件文物可以有不同的角度和层次，讲解员应该更多地考虑目标观众，从海量的文物信息里提取其中容易为目标文化所适应和接受的部分作为讲解的侧重点。

（一）内容以"简"为主，以"繁"为辅

当源语言与目标语言文化差异较大时，应以简约精练、忠实清晰的词句为首要选择。

【例1】以下是《如果山能说话》中亚洲馆馆长对中国画的一段解说："This is a long landscape hand scroll...Actually looking at it, unrolling it, piece by piece, for the viewer him or herself is a kind of a journey and so you begin in this little Moutain Hamlet here, you can see that the season is springtime. There are little figures here that we can follow throughout the landscape and sort of travel with them. Here we have two guys crossing a bridge...and as you move through the landscape...Something really interesting happens, the season actually change from...This painting is particularly fun. Here we see a guy sitting here at the water's edge and then up here we see..."

【探析】与"略欠火候"的"中翻英"式讲解对比，这段介绍可以参考借鉴的方面体现在以下三点：

①省去术语，使用简单的描述。在长达10分钟的介绍中，讲述者采用的单词和描述都非常简单，如"This is a long landscape hand scroll（这是一幅长卷）""Here we have two guys crossing a bridge（这里我们能看到两个人正在过桥）"，全文没有任何一个在类似的中文书画讲解中会出现的高频词汇，如雅、逸、归隐、笔锋、墨法、浓淡等专业术语，因为这些专业术语对于没有中国文化背景的观众来说是抽象、晦涩的，可见讲解中国书画时应该改变固定思维，以观众从画作上能看到的内容为侧重点。

②省去冗长的开头。介绍者经常以"Something really interesting happens""This painting is particularly fun"等开头引出下文，吸引观众的注意。"Here we have two guys"中的"guys"等非常口语化的表达方法更生动，也更符合西方观众的听说习惯。

③省去复杂的描述。比如这段介绍中，讲解员将画卷比喻为一段旅程，包括"unrolling it, piece by piece, for the viewer him or herself is a kind of a journey（随着画卷一点点地展开，对观众来说就如同展开了一段旅程）""There are little figures here that we can follow throughout the landscape and sort of travel with them（这里有一些小的人物形象，我们可以跟随着他们开展这段山水之旅）"等。

【例2】董其昌《荆溪招隐图》（Invitation to Reclusion）的文物说明："...By 1611, Wu had served in a series of demeaning provincial posts and was considering retiring from government service..."

【探析】省去不重要的信息。《荆溪招隐图》的作品名字是根据画作上的题引"荆溪招隐图"而命名的。从美国纽约大都会艺术博物馆的翻译中可以看出，"荆溪"二字被略去，只译了"招隐"二字——"invitation to reclusion"，因为"招隐"才是信息传递的核心内容。讲解员可以在讲解文本的编写中借鉴以传递作品主旨内涵为主的思路，作品题名中的地名如非重要内容，可以在口头上进行精简。

（二）尽量具象，避免抽象

纵观国外的科普短片、博物馆专题片或导游导览词，最常见的一种方式就是对故事感和画面感的营造。

【例3】王冕《墨梅图》（Fragrant Snow at Broken Bridge）的文物说明："Life under the Yuan dynasty was not easy for men such as Wang Mian, who had been educated for government office but were given limited opportunities to serve."

【探析】"Life under the Yuan dynasty was not easy for men such as Wang Mian"，开场白简明直接地交代了画家的创作背景，不论观众对元朝有多少了解，他们都能明白至少在画家创作这幅画时，画家的生活是不太如意的——"was not easy...had been educated for government office but were given limited opportunities to serve"，这样的表达方式瞬间减少观众对画家的陌生感，拉近画作和观众之间的距离，将画家的世界代入讲述中。而中文讲解习惯于首先介绍画家的身份、地位等信息，如："王冕，元末著名画家、诗人、篆刻家……"这样的讲述方式对不了解中国文化背景的观众来说虽然准确，但是比较枯燥。观众希望了解画家是什么"家"吗？答案显然是否定的。因此在讲解时，英文讲解员可以借鉴这样的表达方式，将观众带入画家和文物的世界中。

【例4】石涛《山水人物图》（Landscape with Solitary Figure）的文物说明："Shitao used dry, charcoal-like ink to texture the rock and tree surfaces of this small scene, imparting a rough, tactile quality. Only the tiny figure, his back turned to us as he contemplates the forces of nature, is painted with pinpoint sharp lines."

【探析】中国对于书画展品的说明一般侧重于描述画家的客观意识，表达较抽象，描述中运用"用笔恣肆""寄巧于拙""不失法度"等抽象的描写和叙述方式。如广西壮族自治区博物馆《清闵贞人物图轴》的官方网站说明："图中所绘人物用笔恣肆且不失法度，寄巧于拙，独具特色。"而上述这段描述注重画面的故事感，并运用了较多的比喻，如"dry, charcoal-like ink""the tiny figure"等。做英文讲解时可以借鉴和学习，酌情删减中文讲解中的抽象描述，紧扣观众所看到的内容，如展品的质感、内容、纹饰，以及所描绘的故事等。

三、文本翻译的归化

博物馆讲解文本翻译主要有两方面的重点：一是讲解中出现的高频词汇，包括大量文化负载词、人名和年代，这些内容在介绍每一件展品时都不可避免，甚至是讲解的主要内容；二是句型的运用。本文将围绕这两方面进行探讨。

（一）文化负载词

作为翻译最基础的一步，选词是译本文学特征最为直观的表现形式。翻译中通常以"对等"作为目标和评判译文好坏的标准。但是在翻译过程中，译者很难找到与文化负载词完全对等的表达。对于讲解来说，主要目的其实是传播中华文化。因此，译者不应该单纯地强调单词、句法上的对等，而是实现文化上的对等。翻译的最终目的不应仅是传递原文的信息，更应是实现原语文化和译语文化之间的交流，进一步实现文化的传播。

【例5】石涛《山水人物图》（Landscape with Solitary Figure）的文物说明："A gentleman pauses on a mountain path to gaze into a misty void."

【探析】"gentleman"一词更符合英文表达习惯，在理雅各（James Legge）、辜鸿铭等早期翻译家的笔下，"君子"都翻译成"gentleman"。以"gentleman"体现君子或文人雅士的形象，减少了烦冗的解释，如果译为"virtue"，有接近的意思，但不能完全概括"君子"。在进行中文讲解时，讲解员通常会采用"画面中的人物"等泛指的表述，因为这样的表述广泛、通用，不容易引起疑义，并且中国的观众即便不通过讲解员的解说，也能从人物的衣着风姿中补充人物信息：这是一个文人。在面对国际观众时，由于对方没有相关文化背景，如果采用"中庸"的词汇，在讲解上可能需要花大量的篇幅去解释"文人"的含义。因此，讲解员在进行文本翻译时，若遇到涉及文化差异较大的内容，可以选择转换词汇，删减原文中文化负载过重的内容，代之以更加通俗易懂的内容。

【例6】董其昌《荆溪招隐图》（Invitation to Reclusion）的文物说明："...By 1611, Wu had served in a series of demeaning provincial posts and was considering retiring from government service..."

【探析】"被贬（职）"的翻译在中文通常使用的是被动语态，英文里对应的降级应该是"demote"。但是古代官场中被贬职，带有极强的侮辱性。因此，在上述文物说明中，可看到另一更地道的描述方式："Wu had served in a series of demeaning provincial posts." "demean" 意为"降低身份的；有损人格的"，用在此处更为贴切。

【例7】美国纽约大都会艺术博物馆"幽居有伴：中国画中的隐逸与交游"展览前言："reclusion...has been presented as the ideal condition for mental cultivation and transcending worldly troubles."

【探析】中国儒家文化负载词翻译。

① "修身养性"的翻译是"mental cultivation"。

② "超脱世俗烦恼"译为"transcending worldly troubles"。

（二）人名

【例8】董其昌《荆溪招隐图》（Invitation to Reclusion）的文物说明："Dong and Wu passed the imperial examinations together in 1589...By 1611, Wu had..."

【探析】提及人名时，除了第一次可以介绍画家或相关人物的全名，后续提及的时候使用姓的拼音即可。

（三）年代

讲解文物时，年代是出现频率最高的内容之一。从归化的角度出发，英文讲解员要注意使用公元纪年，可以先介绍这是中国的什么朝代，再补充公元纪年，但不能忽略公元纪年。只要英文讲解不违背译语语言规范、不引起对方错误联想或误解，就应该尽量向目标观众的听说习惯靠拢，使观众在不费劲的情况下"听懂"讲解。

【例9】美国纽约大都会艺术博物馆官方网站上对中国文物年代的表述均使用公元纪年。

【例10】王冕《墨梅图》（Fragrant Snow at Broken Bridge）的文物说明："Life under the Mongol Yuan dynasty was not easy for men such as Wang Mian."

【探析】对于文物的说明，也可以使用中国的朝代纪年，如"Mongol Yuan dynasty"，也可用"Yuan Dynasty（元代）"来表述，但不能忽略公元纪年的标注。

（四）句型

翻译中意义和风格缺一不可，保证字词翻译准确的基础上，可以进一步通过句型来完善讲解词的译本。

【例11】美国纽约大都会艺术博物馆官方网站上对文徵明《蕖桂斋图》(The Cassia Grove Studio) 的文物说明："Wen Zhengming painted The Cassia Grove Studio to celebrate the success of a fellow scholar, Zheng Zichong, in passing the civil-service examination. The cassia is a fall flower associated with the provincial examinations traditionally held in the autumn."

【探析】将这段说明进行中英互译后，可以看出，为了符合受众人群的听说习惯，在英文讲解文本的翻译中，句子可以酌情采用主宾互换翻译方式。

①第一句"Wen Zhengming painted The Cassia Grove Studio..."译为中文为"这幅画卷乃文徵明为祝贺同乡郑子充考中进士而作"。同理，进行中译英时，也可以参考主宾转换的方式，开头以画家作为主语。

②第二句"The cassia is a fall flower associated with the provincial examinations"译为中文应为"古时，科考多在八月桂花盛开之时举行"。如果不将二者调换主宾而直译，则第二句原文译为"桂花与殿试有关"，"古时，科考多在八月桂花盛开之时举行"则译为"In ancient times, the civil-service examination was held in August when cassia were in full bloom"。

综上所述，当讲述观众陌生的内容时，可将陌生的信息作为主语，如第一句的主语是"文徵明"，第二句的主语是"桂花"。

总的来说，就单个译本而言，异化和归化都不可能是唯一的翻译策略，二者往往交织在一起，互为补充，各显优势。外译中的目标读者是中国人，中译外的目标读者是外国人，这意味着英文讲解词的译文要符合以英文为母语的观众的语言习惯。做讲解词翻译的目的不是炫耀译者的文化水平，而是帮助观众理解展览的内容，听懂文物所包含的历史文化内容，感受中华传统文化的魅力。

四、讲解风格的归化

在讲解过程中，如果讲解员将归化的翻译思维运用到语言风格上，突出讲解亮点，可以提升观众的参观体验感，让一场讲解有更生动的呈现。

（一）增加互动环节

由于国外观众对我国博物馆的文物不太了解，因此在讲解一件文物时，可从几个有趣的问题开始，吸引观众的注意力。比如在讲解墓葬的时候，可以采用这样的开头："What happen after death? Is there a restful paradise? Or a rebirth?"（死后的世界是什么样的？真的有宁静的天堂吗？还是可以重生呢？）这样既可以提示观众待会讲解的重点内容，又可以引起观众的兴趣，让他们在参观的过程中注意聆听讲解员的讲解。在讲解过程中，讲解员还可以通过提问的方式与观众互动，比如"This is a broze knife. Can you guess what it was used for?"（这件铜刀，大家能猜到它是做什么用的吗？）；或者在一段介绍结束后，向观众提问"What do you think so?"（大家觉得是这样吗？），或者"What do you think?"（大家觉得怎么样呢？）等。讲解员可以根据观众的反馈对接下来的讲解进行调整，有的放矢地输出讲解的内容。

（二）突出内容亮点

善于运用 the most、only、so far 等词汇，例如"This is one of my favorourite bronze lamp."（这是我最喜欢的一件铜灯。）这些词汇能向观众强调文物的特殊之处，让观众的目光瞬间集中到文物上来。毕竟国际观众对中国文物的了解还比较少，讲解员主动强调文物的与众不同，可以使观众对某一件或几件文物留下较为深刻的印象，达到较好的讲解效果。

（三）善用修辞手法

比喻能使深厚的历史文化背景变得浅显易懂，也能使表达简明生动；夸张修辞可以达到强调或滑稽效果，突出文物的特征，更容易引起与观众的情感共鸣；拟人手法可以让文物活起来，更加生动逼真，也能更好地烘托气氛。以广西壮族自治区博物馆馆藏文物铁足铜鼎的一段讲解为例，"这件铜鼎的特征是体积小巧，和大家熟悉的高大厚重的铜鼎不同"，讲解内容可以这样表达："Ding of Chu-style centre plains is ten even twenty times as big as the Ding of Yue-style. Is it becauce their stmomach is much bigger? ...Do you think this bronze Ding is like a small hot pot?"（楚式鼎比越式鼎要大上 10 倍甚至 20 倍。难道是因为楚人的胃比较大吗？……大家觉不觉得这樽铜鼎像一口小火锅呢？）修辞手法的合理运用能让讲解的内容更易被观众吸收，也能增强讲解的趣味性与生动性。

五、结语

绝大多数的英文讲解员在一定程度上从事着对外宣传翻译方面的实践工作，但是针对英文讲解的研究数量非常少，并且研究内容过于单一且宽泛，所以加强对英文讲解内容和方式的研究重要且必要，需要更多的学者通过不懈的努力不断地完善我国英文讲解方面的研究工作。

博物馆的英文讲解工作是输出中国文化的有效手段，也是传播中国本土文化的一个快速有效的途径。在国家文化软实力和中华文化影响力大幅提升的今天，国际对中国的关注达到了前所未有的高度。英文讲解员可以通过更贴切的语言向世界积极传递真实、全面、良好的中国形象，让中华文化传播得更远。

考古与文物研究

岭南及中南半岛地区
新石器时代早中期原始农业形态初探

王 然

（广西师范大学历史文化与旅游学院教师　广西　桂林　541000）

【摘　要】岭南及中南半岛地区相似的地理环境和气候使该地区的史前人类拥有共同的文化特征。大量考古发现表明，岭南及中南半岛地区出土的植物组合与工具组合明显体现出该地区植物利用逐步发展的迹象。基于该地区植物遗存和农业性质的特殊性，本文对该地区的原始农业形态提出了一种可能，希望对早期农业的探索有所启示。

【关键词】岭南地区　中南半岛　原始农业　新石器时代

一、岭南及中南半岛地区新时代早中期原始农业形态考古概述

岭南及中南半岛地区具有相似的地理生态环境和气候。从纬度上来看，北回归线横穿这一地区。这里属于温暖湿润的热带、亚热带气候区域，全年几乎没有霜冻日，河流纵横，植被茂盛，植物终年生长，是人们可以全年采集的重要食物资源区域。该地地形主要由丘陵、山地组成，广泛分布着石灰岩溶洞。同时，陆地和水生动物资源非常丰富。这样的地理环境为古代人类的狩猎采集活动提供了丰富的自然食物资源。已有考古发现表明，在新石器时代早中期，现代智人已密布于今我国广西、广东两省区及中南半岛的越南、老挝、柬埔寨、泰国诸国所在区域。最后一次大理冰期后，岭南及中南半岛地区气温逐步回升，自然资源进一步充裕，而古代人类继续保持着由旧石器时代晚期延续而来的生活方式。在这种延续中，古代人类扩大了植物种类的需求，并拓展了使用工具的范围。这里是新石器时代文化出现最早的地区。

磨制石器、陶器及农业的出现向来被认为是文化发展进入新石器时代阶段的三

大标志。从上述三大指标来看，岭南与中南半岛地区的文化表现出联系紧密、复杂多样的特点。从石器方面来说，岭南以砾石工业为主要特征，即由砾石石核打制成的石器，与岭南以北地区的石核－石片工业传统相区别。中南半岛在这个时期也以和平文化（Hoabinhian）石器工业为代表性的砾石工业为主要特征，这是 20 世纪 30 年代法国远东学者科拉尼发现并定义的一套石器工业，其典型器物是一种单面打制的砾石工具——苏门答腊式石器。这个地区磨制石器的出现晚于陶器，通常在本地区洞穴遗址的晚期文化层、贝丘遗址各期文化层有所发现。从陶器方面来说，岭南的甑皮岩、大岩、庙岩等遗址出土了早期陶器遗存，是制陶技术的重要起源地之一。从农业方面来说，岭南、中南半岛地区与稻作农业的起源没有关联，即使当地文化已经发展到新石器时代中期，仍然没有出现与稻作农业相关的生产活动。直到新石器时代晚期的顶蛳山文化第四期和石峡文化时期（距今约 5000 年），长江流域建立的稻作农业生产体系才向南传播到岭南地区，成为当地的主要生产经营方式。在距今 4500—4100 年，稻作农业继续传入中南半岛地区[1]，这样的发展序列与周边或世界其他地区明显不同。这些共同的文化特征反映了岭南及中南半岛地区史前人类对于相似的生态环境选择的相似的适应方式。正因如此，这个地区在原始农业的形态上存在若干共同的规律，不同地点的考古发现能够互相补充、互相启发。

一般来说，考古学界把岭南及中南半岛地区在新石器时代早中期的生业模式定义为"广谱的狩猎采集模式"，其内涵为本地区自然条件优越，野生食物资源即可满足人类的生存需求。然而，根据各类考古研究发现，在此时期各遗址的植物组合愈加复杂与成熟，以石器和陶器为代表的器物组合明显体现出本地区植物利用逐步发展的迹象。一些学者认为，在这一时期，狩猎采集者已经开始初步驯化一些野生植物物种，并把其称为"野生植物性食物生产"（wild plant food production）或"初期的园艺农业系统"（systems of incipient of horticulture）[2]。这表明人们开始有意识地培育和利用一些野生植物，使其更适合人类的使用需求。这种原始农业可能涉及种植、收割、加工等活动，超越了单纯利用野生植物的采集工作范畴。因此，在稻作农业传入之前，岭南及中南半岛地区很可能存在其他类型的原始农业。

---

① C.Higham, "Language and farming dispersals Austro-Asiatic languages and rice cultivation, " in P Bellwood and C Renfrew（eds）, *Examining the Language Farming Dispersal Hypothesis*（Cambridge: McDonald Institute for Archaeological Research, 2002）.

② Harris D., Introduction: Themes and concepts in the study of early agriculture. In Harris. D, ed. *The Origins and Spread of Agriculture and Pastoralism in Eurasia*（Washington D.C: Smithsonian Institution Press, 1996）, pp.1–11.

近年来，关于此地区的原始农业起源研究日益深入，各种不同的概念被国内外学者提出。罗杰·布兰奇在 2005 年提出了"树木栽培"的概念，强调东南亚地区树木驯化后果实和花的利用。① 之后，凯尔·兰提尼斯发展了"树木栽培"的概念，强调在进行树木栽培后，除了从树木本身获得资源，从其环境获得的资源也是树木栽培的一部分。② B.D. 史密斯则提出了"低水平食物生产"的概念，他将利用植物资源的过程分为三个阶段：食物获取、低水平食物生产和农业。③ 该概念为驯化作物的过程提供了一个中间阶段。我国农业起源的研究一直以稻作农业为核心，也有部分学者提出了非稻作原始农业的观点。1989 年，童恩正提出，岭南地区非常可能有一个栽培无性繁殖作物的时代。④ 陈淳曾经认为探索岭南的原始农业意义并不亚于探索稻作农业的原生起源，"岭南地区大量的园艺作物，如水果、蔬菜、坚果、茶叶根茎作物和调味品种类是本地特有的，探索这些农作物和园艺作物的驯化过程也非常重要，应被看做是农业起源研究的一个重要组成部分"⑤。2005 年，赵志军通过研究甑皮岩遗址出土的各项考古证据，提出华南地区存在着以芋为代表的块茎作物原始农业。⑥ 由此可见，有关岭南及中南半岛地区原始农业的观点一直有不同的观点。本文将围绕植物遗存和工具组合两方面来展开该地区原始农业的论述。

二、岭南及中南半岛地区新石器时代早中期的植物利用情况

考古学家在这个地区的遗址中发现了大量孢粉和植硅体的植物遗存，这反映了当时的生态环境。我们关注的重点是能够反映史前人类原始农业行为的植物遗存，比如果实和种子。然而，由于这些植物遗存在漫长的时间内难以保存，并且不容易被考古学家发现，鉴于此，笔者选择了几个代表性的考古遗址（桂林甑皮岩遗址、邕宁顶蛳山遗址、泰国仙人洞遗址）进行研究。这些遗址在该地区的考古发掘中提供了相对丰富的资料信息，也经过深入的科学研究，并且在学界引起了较高的关注。通过对这些遗址出土的植物遗存（表 1）进行分析和探讨，我们可以获得各种重要线索，以探究

① Roger Blench, "Fruits and arboriculture in the Indo-Pacific," *Bulletin of the Indo-Pacific Prehistory Association*（2005）.

② D.Kyle Latinis, "The development of subsistence system models for Island Southeast Asia and Near Oceania: the nature and role of arboriculture and arboreal-based economies," *World Archaeology*, No.1（2000）: 41-67.

③ Smith B.D., "Low-level food production," *Journal of Archaeological Research*, No.1（2001）: 1-43.

④ 童恩正：《中国南方农业的起源及其特征》，《农业考古》1989 年第 2 期。

⑤ 陈淳：《考古学的理论与研究》，学林出版社，2003。

⑥ 赵志军：《对华南地区原始农业的再认识》，载中国社会科学院考古研究所编《华南及东南亚地区史前考古——纪念甑皮岩遗址发掘 30 周年国际学术研讨会论文集》，文物出版社，2006。

史前人类在植物利用上的原始农业行为。

表 1　新石器时代早中期代表性遗址出土的植物遗存

遗址	出土的植物遗存
甑皮岩遗址	蕨类，菊科、豆科、禾本科、朴树、山黄皮、水翁、畏芝、芜妥、米碎木、桑属、大戟科、苦楝、笔罗子、粗糠柴、桂花、梅、毛楝，松柏属、珍珠茅属、山矾属、葡萄属、山核桃属及块茎类植物等[1]
顶蛳山遗址	该遗址第一期至第三期出现了禾本科、棕榈科、葫芦科、番荔枝科等植物遗存，第四期发现了数量可观的稻谷遗存[2]
仙人洞遗址	在第一次发掘中，遗址出土了胡椒、槟榔、荸荠、杏仁、黄瓜、油榄、菜豆、大豆、豌豆、葫芦、油核桃、蚕豆等植物遗存；在 1973—1974 年的第二次发掘中，研究人员又在早期地层中新发现了丝瓜属、蓖麻属，晚期地层中发现了苦瓜、莲属、朴属，大戟科和竹类植物[3]

由表 1 可知，岭南及中南半岛地区新石器时代早期人类利用的植物遗存大致可以划分为三类：一类是毛茛科、豆科、木樨属、大戟科、山核桃、漆树科、棕榈科、楝木及松柏属等油料植物；一类是水翁、畏芝、扁担杆属，五加科、山茱萸科、葡萄科、大戟科和一些蕨类等药用植物；一类是山黄皮、梅、葡萄、猕猴桃、山核桃和根块茎类等食用植物。其中，豆类植物遗存、块茎类植物遗存和葫芦科类植物遗存尤为重要，可能是该地区史前人类产生栽培行为的对象，原因如下。

第一，在泰国仙人洞遗址出土的豆类植物种子是该地区较早发现史前人类栽培的重要证据之一。1966 年，索尔海姆二世的学生切斯特·戈尔曼负责对泰国西北部的夜丰颂府空河西岸的仙人洞遗址进行考古发掘。此次发掘共揭露两个考古文化层。根据碳十四测年数据结果，第一文化层年代最早为距今 11690 ± 560 年，第二文化层年代最早为距今 8806 ± 200 年。根据发掘者的推断，此遗址的年代为距今 12000—7500 年，其中驯化植物遗存年代早于公元前 9700 年[4]，可以将其视为一处典型的新石器时代早期遗址。1973—1974 年，切斯特·戈尔曼再次对仙人洞遗址进行发掘，发现了更

---

① 中国社会科学院考古研究所、广西壮族自治区文物工作队、桂林甑皮岩遗址博物馆等编《桂林甑皮岩》，文物出版社，2003，第286-296页。

② 赵志军、傅宪国、吕烈丹：《广西邕宁县顶蛳山遗址出土植硅石的分析与研究》，《考古》2005年第11期。

③ Solheim, W.G., "*Southeast Asia and the West*: Prehistoric and early historic relations between these areas evident but not yet specific," *Science* 157, No. 3791（1967）: 896-902. Yen, D.E., "Hoabinhian horticulture: the evidence and the questions from Northwest Thailand," *Sunda and Sahul: Prehistoric studies in Southeast Asia, Melanesia and Australia*, edited by J. Allen, J.Golson and R.Jones,（London: Academic Press, 1977）, pp.567-599.

④ Solheim, W.G., "Northern Thailand, Southeast Asia, and World Prehistory," *Asian Perspectives*, No.13（1970）: 145-162.

多的植物遗存。根据这些植物遗存的组合，再结合本地区现代人的民族学类比[①]，可以推测本地的植物利用模式：如油橄可用于照明，胡椒作为调味品，槟榔作为兴奋剂，葫芦、黄瓜、荸荠及各类豆科植物构成食用植物的组合，这种植物组合指示着该遗址早期人类的生活超过了简单的食物采集阶段。[②] 仙人洞出土的植物遗存组合对研究东南亚大陆植物的驯化具有重要意义。植物学家卡普兰·劳伦斯根据现今植物学数据及植物学和遗传学的方法研究认为，在子叶与分体胚胎体积大小比例不变的情况下，豆科植物的种子体积增大是人类对其进行驯化行为的主要表现。[③] 由于仙人洞遗址出土的种子较大，切斯特·戈尔曼将出土的种子与不同地区现代栽培豆科植物及野生豆科植物的体积进行对比，判定其为早期人工培植作物。这一发现说明在谷类作物栽培之前，中南半岛已经在距今约 1 万年开始出现早期园艺形式的植物种植。切斯特·戈尔曼也指出，关于仙人洞遗址出土的种子是否被视为栽培作物还需要进一步的研究[④]，因此这一结论仍需更多原始材料的佐证。

第二，在桂林甑皮岩遗址发现了较多关于块茎类植物栽培的证据。1973 年，广西壮族自治区文物工作队和桂林市文物管理委员会对遗址进行了首次发掘，出土了包含从旧石器时代末期到新石器时代早期的连续文化堆积，此次发掘引起了国内外学界对于该地区原始农业行为的长期讨论。为核实和再认识这些存疑问题，2001 年，以中国社会科学院考古研究所为代表的联合考古队对甑皮岩遗址进行了第二次发掘。这两次发掘和历次调查中出土的遗迹、遗物可划分为五期，年代跨度为距今 12000—7000 年。在甑皮岩遗址文化堆积土壤的浮选中，发现了炭化木、块茎、硬果壳和植物种子等炭化植物遗存。[⑤] 香港中文大学吕烈丹博士选取了 80 件 2001 年甑皮岩遗址出土的石器与骨器，对其不同部位的表面残余物提取了 208 个样品，并运用淀粉颗粒分析的方法对样品进行显微镜观察。结果显示，在这些器物的刃部残余物中含有芋类淀粉颗粒，这与浮选结果相互印证，即在甑皮岩出土的炭化块茎残块中应该包含有芋类植物

① Burkill, I.H., "A Dictionary of the Economic Products of the Malay Peninsula," Published on behalf of the governments of the Straits Settlements of Federated Malay States by the crown agents for the colonies（London, 1935）.

② Gorman, C.F., "Excavations at Spirit Cave, North Thailand: Some InterimInterpretations," *Asian Perspectives*, No.13（1970）: 79-107.

③ Kaplan Lawrence, "Archaeology and domestication in American Phaseolus（beans）," *Economic Botany*, No.4（1965）: 358-368.

④ Gorman, C.F., "Hoabinhian and After: Subsistence Patterns in Southeast Asia during the Late Pleistocene and Early Recent Periods," *World Archaeology*, No.2（1970）: 300-320.

⑤ 中国社会科学院考古研究所、广西壮族自治区文物工作队、桂林甑皮岩遗址博物馆等编《桂林甑皮岩》，文物出版社，2003，第 286-296 页。

的遗存。① 此外，对甑皮岩遗址 74 枚残存的牙齿化石进行研究发现，甑皮岩人的龋齿率高达 47.3%，接近现代人的龋齿率。多数龋齿发生在臼齿和前臼齿上，几乎未见犬齿和门齿的患病情况。② 通常认为，龋齿是由于食用大量富含淀粉的食物而造成的，但浮选中未发现与稻作农业相关的种子，这意味着甑皮岩史前人类的淀粉类食物来源只能是块茎类食物。根据上述考古发现，赵志军提出了岭南地区在距今约 6500 年的稻作农业传入之前，就存在着以芋为代表的块茎作物原始农业的观点。③ 然而，由于炭化块茎呈不规则的杂块状，块茎植物本身也不产生植硅体，很难开展进一步的植物考古学研究。

第三，在南宁市邕宁区蒲庙镇南边的顶蛳山遗址，考古学家发现了一些关于原始农业发展的证据。该遗址是岭南地区一处保存较好的新石器时代贝丘遗址。1997—1999 年，中国社会科学院考古研究所、广西壮族自治区文物工作队和南宁市博物馆对该遗址进行了三次发掘，根据发掘结果，其文化堆积可分为四期。第一至第三期属新石器时代早中期，年代为距今 10000—7000 年；第四期的文化面貌与前面几期明显不同，年代为距今 6000 年。④ 首先，中国科学院古脊椎动物与古人类研究所等单位对顶蛳山遗址第二、第三期文化的牙齿遗存进行了病理学观察和分析，得到了和甑皮岩遗址相近的牙齿患龋率，表明这一区域人群的饮食中可能含有大量碳水化合物⑤，进一步支持了块茎植物原始农业的观点。接着，在对顶蛳山遗址出土的植硅体进行提取与鉴定后，研究人员发现，在遗址的前三期文化堆积中并没有发现任何稻属植硅体，而在第四期的文化堆积中突然出现了数量可观的稻属植硅体。⑥ 这一反差表明，在顶蛳山遗址第四期的时候，稻作农业突然成为该地区的主要生产方式，前三期文化堆积显示与稻作农业无关。农业经济的形成过程应该是一个漫长的由量变到质变的过程，这种突变只能表明在这个时期长江流域的稻作文化传入了岭南地区。⑦ 另外，在对顶蛳山遗址的植硅体鉴定中还有一项有趣的发现，葫芦科植硅体在前三期文化层的植硅体数量中占比达到 92.5%，在第四期稻作农业出现后其数量却呈断崖式下降。此次发现的

① 中国社会科学院考古研究所、广西壮族自治区文物工作队、桂林甑皮岩遗址博物馆等编《桂林甑皮岩》，文物出版社，2003，第 646-651 页。
② 岳松龄主编《现代龋病学》，科学技术文献出版社，2009。
③ 赵志军：《对华南地区原始农业的再认识》，载中国社会科学院考古研究所编《华南及东南亚地区史前考古——纪念甑皮岩遗址发掘 30 周年国际学术研讨会论文集》，文物出版社，2006。
④ 傅宪国、李新伟、李珍等：《广西邕宁县顶蛳山遗址的发掘》，《考古》1998 年第 11 期。
⑤ 张佩琪、李法军、王明辉：《广西顶蛳山遗址人骨的龋齿病理观察》，《人类学学报》2018 年第 3 期。
⑥ 赵志军、傅宪国、吕烈丹：《广西邕宁县顶蛳山遗址出土植硅石的分析与研究》，《考古》2005 年第 11 期。
⑦ 张弛、洪晓纯：《华南和西南地区农业出现的时间及相关问题》，《南方文物》2009 年第 3 期。

葫芦科植硅体都是果皮类型，而在人类居住地存在自然生长的成熟葫芦科植物的可能性很小，因此葫芦科植物很可能与人类的活动直接相关。虽然植硅体数量较少，但是结合后一观点，在统计学上该区域确实存在原始农业栽培的可能性。

三、岭南及中南半岛地区新石器时代早中期的工具组合

工具所能提供的原始农业信息一方面可以与植物遗存相互印证，另一方面可以补充植物遗存信息的不足。新石器时代的工具可分为种植工具、收割工具和加工工具三种类型（图1）。值得注意的是，这个时期的遗址中，狩猎、捕捞和采集等活动与原始农业同时存在，因此工具的用途是多重性的。这里主要讨论工具在植物方面的应用。

岭南及中南半岛地区的新石器时代早期石器以砾石石器工业为主要特征，其中包括单面加工的砍砸器、刮削器、石锤、穿孔石器等，此外还有一些研磨器、石砧等工具。除了石器工具，还有其他材质的工具在原始农业中发挥重要作用，如骨器、蚌器及新石器时代出现的陶器都在原始农业中扮演着关键角色。

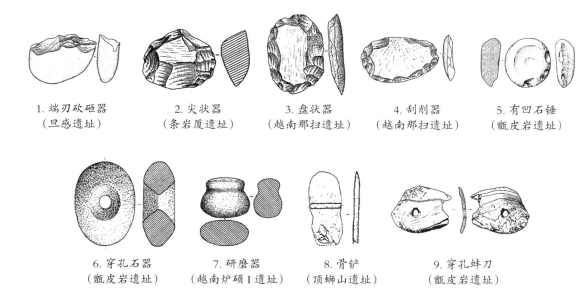

1. 端刃砍砸器　　　　2. 尖状器　　　　3. 盘状器　　　　4. 刮削器　　　　5. 有凹石锤
（旦感遗址）　　　（条岩厦遗址）　　（越南那扫遗址）　（越南那扫遗址）　（甑皮岩遗址）

6. 穿孔石器　　　　7. 研磨器　　　　8. 骨铲　　　　9. 穿孔蚌刀
（甑皮岩遗址）　　（越南炉硕I遗址）　（顶蛳山遗址）　（甑皮岩遗址）

图1　岭南及中南半岛地区新石器时代早中期工具组合手绘图

由于前文提到的，如豆科植物、块茎类植物、葫芦科植物等，其种植过程相对较简单，人们只需挖开土壤，播种后再覆盖上薄土即可，因此尖状器、骨铲等工具都可用于种植环节，其中最有特色的种植工具应该是穿孔石器。穿孔石器在我国岭南地区及越南北部、泰国北部和缅甸等中南半岛北部地区都有发现与出土，这种工具通常

使用扁平椭圆形砾石作为原料，并通过使用棒形砾石在石料中心两面进行琢打或凿或钻制作而成。关于穿孔石器的功能，很多学者提出了观点：宋兆麟、周国兴认为，穿孔石器在一个扁圆形的砾石中央穿一个孔，套在尖木棒中间偏下的地方，为了防止脱落，还在掘木棒和石器之间加一个木楔，是一种安在尖木棒上的掘土工具[①]，可用于植物的点种；韦军认为，穿孔石器出现的年代多为新石器时代早中期，其出土遗址都没有发现稻作农业的迹象，在生产模式上仍为狩猎采集等原始农业模式，穿孔石器是一种在采集或块茎作物原始农业活动中使用的工具[②]。根据上述观点，穿孔石器在新石器时代早期原始农业中的用途很可能是与木棍组合的一种种植工具。

在植物的收割过程中，通常可分为树木砍伐和直接收割果实两种。岭南及中南半岛地区的砾石石器工业中，较大的砾石石器（如尖状器、砍砸器、石斧、石锛等）通常被认为是既可用于砍伐林木，又可用于挖掘植物块根的工具。砾石石器在该地区的石器中占据主体地位，可能反映了植物采集活动在当时人们的生计中扮演了重要角色。[③] 此外，通过对甑皮岩遗址各类器物进行残余物分析，香港中文大学的吕烈丹博士发现，在选取的样品里，甑皮岩遗址第一期到第五期不同器物的刃部都出现含有数量较多芋类淀粉颗粒的现象，芋类淀粉在出土器物表面的发现很有可能和器物的使用功能相关[④]，可能指示这些较大的砾石石器在收割和加工植物方面发挥了重要作用。直接收割果实的另一种工具就是穿孔蚌刀。穿孔蚌刀一般为单孔或多孔，是在贝壳边缘用锤击法打制出合适的毛坯，再对毛坯磨制成型，最后用两面对穿的方法对蚌器进行穿孔制成。蚌刀的刃部十分锋利，可用于一些植物的切割。微痕分析发现桂林甑皮岩遗址中的 DT4：046 丽蚌片有用于锯割的痕迹，DT4：012 丽蚌片有用于砍割的痕迹。[⑤]用于精细收割的蚌器和用于力度较大活动的石器相辅相成，构成岭南及中南半岛地区多样化植物收割的工具套。

植物加工是工具使用中最重要的环节，代表了人类对植物的利用水平。不同种类的植物需要不同程度的加工才能食用。有些植物不需要加工即可食用，比如水果类；有些植物只需要简单的加工，比如块茎类植物，通常只需要去除外皮即可，而对于豆

① 宋兆麟、周国兴：《原始掘土棒上的穿孔重石》，载《农史研究》编委会编《农史研究》第五辑，农业出版社，1985，第170-176页。
② 韦军：《谈华南穿孔石器的功能》，《史前研究》2006年第0期。
③ 王幼平：《更新世环境与中国南方旧石器文化发展》，北京大学出版社，1997，第146-149页。
④ 中国社会科学院考古研究所、广西壮族自治区文物工作队、桂林甑皮岩遗址博物馆等编《桂林甑皮岩》，文物出版社，2003，第646-651页。
⑤ 同④，第399-404页。

类植物，只需要最简单的去壳或浸泡；还有一些其他富含纤维的植物，需要进行碾磨和捣制等加工过程，以去除纤维、缩小食物颗粒，达到可食用或增加营养的目的，如对块茎类植物的碾磨和捣制，可以获得更精细、更均匀的淀粉微粒，通过缩小颗粒大小，让更多淀粉与消化酶接触，从而增加肠胃对营养的吸收。碾磨和捣制还有助于破坏植物细胞壁，使营养成分更容易释放和被吸收。研磨器是一种岭南及中南半岛地区新石器时代出土的植物加工石器，在广西西部、贵州西南部、云南西部，以及越南北部、中部的北山文化遗址和河江文化遗址中都有较多研磨器的发现与出土。研磨器通常呈长条形或扁圆形，长度在 15 厘米以下，上部较小，下部较大，下端为磨面，比较光滑。这些研磨器可能与带有一个大凹坑的研磨盘配合使用。通过对已发掘的研磨器进行使用痕迹分析，研究人员认为，少部分研磨器研磨面中间部位有浅砸击疤痕，推测这种研磨器一般用于敲击加工植物的果核；而大部分研磨器研磨面较光滑，推测这类研磨器主要用于研磨淀粉类食物。[1]

另外，在岭南及中南半岛地区新石器时代早期各类遗址出土的陶器，很有可能是代表植物较高水平加工的一种工具。陶器的出现和史前文化的发展密切相关，陶器的使用功能在学界一直是讨论的热点话题。有一部分学者认为陶器的出现与人类的烹饪需求有关，也有学者认为与大量采集某种自然资源作为食物有关。严文明认为，陶器的起源在某些地方与农业的产生有关系，在有些地方则与相对定居的生活和集约的采集经济有关系。[2] 一些含微毒或者味道苦涩的植物种类（如橡子），可以经过炊煮的方式去毒或去味[3]，故陶器的存在可以加工这类食物，使其达到史前人类的进食要求。中国社会科学院考古研究所刘晓迪博士等人对广西大岩遗址和顶蛳山遗址出土的陶器进行脂类残留物分析，检测到一系列短链和中长链饱和脂肪酸、中长链不饱和脂肪酸、二元酸、中长链正构烷烃、长链酮以及一系列甾醇类和萜类化合物。这指示着大岩遗址的原始陶片和顶蛳山遗址的各期陶片发现了植物和动物来源的脂类化合物及其热加工和降解产物，充分证明了这两个遗址的陶器曾用于加工一系列动植物资源，反映了陶器作为炊煮器的重要功能。[4] 在这种情况下，我们不难推断，岭南及中南半岛地区的陶器可用于植物的烹饪，是一种加工工具。

---

① 李大伟、吴雁：《百色地区研磨器考古学研究》，《广西文博》第一辑，广西人民出版社，2017。
② 严文明、安田喜宪主编《稻作陶器和都市的起源》，文物出版社，2000，第 3~7 页。
③ 凯瑟琳·莱特、潘艳：《西南亚磨制石器工具与狩猎采集者的生存：向农业过渡的含义》，《南方文物》2009 年第 1 期。
④ 刘晓迪、胡耀武、王树芝等：《广西大岩和顶蛳山遗址陶器残留物分析及相关问题》，《考古》2023 年第 7 期。

此外，值得注意的是，该时期各遗址都发现了部分有凹石锤。有凹石锤通常是近圆形或椭圆形的扁平砾石，在其一面或两面中心有近圆形的小浅坑。这种类型的石器在世界各地的史前遗址都有发现。根据实验研究，对脉石英石器进行砸击、砸击坚果以及研磨坚果这几种活动都会在石器上形成这种浅坑。① 因此，有凹石锤很有可能是一种多功能工具。考虑该地区的遗址中发现了山核桃、油核桃等坚果类食物，因此这些石器很有可能有加工坚果类食物的功能。

四、结语

美国地理生物学家 C.O. 索尔指出，人类开展无性繁殖的作物栽培可能早于谷类作物。② 从上文整理的岭南及中南半岛地区出土的植物遗存及工具来看，史前人类利用各类工具对豆类植物、块茎类植物、葫芦科植物进行种植、收割、加工的证据已经非常明显。张光直曾提出，"现代考古学已经几乎证明了在这个区域的新石器时代早中期，谷物作物兴起之前，已经有了人工栽培植物的开始。此时人工栽培的植物，很可能已经有了相当数量的食物：豆科类、坚果类、根茎类、水果类以及嗜好品。这些食用的植物，多半还是狩猎采集捕捞所得食物的补充，但对它们的栽培与利用，已经可以证明东南亚与华南是世界上最早的农业发祥地之一"③。在新石器时代的早中期，此地区的人类已经开始由单纯自然的狩猎采集攫取性经济向以自己的生产活动来生产食物的生产经济发生转变，这与世界其他文化的转变是一致的，也是该地区的史前人类进入新石器时代生产生活发生变化的标志。

植物驯化的定义是栽种某一植物，并由此有意或无意地使其发生不同于其野生先祖的更有利于人类消化的遗传变化。④ 本文描述的作物栽培形式，还未达到植物驯化的程度。对作物的栽培最初可能只占经济活动的一小部分，是作为狩猎、采集和渔业活动的补充而存在的。就像稻作农业刚刚产生之时，并不能供给人类很多食物，大部分食物还是来自采集和狩猎，但也为人口增长和提高单位土地所能提供的能量作出了贡献，为下一个阶段的到来做好了准备。

---

① Xavier Roda Gilabert, et al, "Pitted stone cobbles in the Mesolithic site of Font del Ros（Southeastern Pre-Pyrenees, Spain）: some experimental remarks around a controversial tool type," *Journal of Archaeological Science*, No.39（2012）: 1587-1598.

② C.O.Sauer, "Agricultural Origins and Dispersals, Boman Memorial Lectures," *American Geographical Society*（New york, 1952）.

③ 张光直：《中国南部的史前文化》，载台湾"中央研究院"历史语言研究所集刊，第42本第1份。

④ Diamond J.M., *Guns, Germs and Steel: The Fates of Human Societies*（W. W. Norton & Company, 1999）.

由于岭南及中南半岛地区地处热带与亚热带，其酸性土壤非常容易腐蚀有机质，使得在史前考古遗址中发现大植物遗存的概率非常低，因此稻作农业之前的岭南及中南半岛地区原始农业的考古材料仍然十分有限。为了填补这一知识空白，未来需要多学科分析更加深层次介入田野考古的整个过程，收集遗址中出土的植物遗存，开展植物考古，通过对这些遗存运用微痕分析、植硅体分析、淀粉粒分析来确定植物的具体种属。此外，还可以运用分子生物学技术，如细胞核 DNA 和线粒体 DNA 分析来研究植物的亲缘关系和遗传变异，从而了解植物的驯化历程和野生种群的贡献。通过这些高精尖科技手段，我们可以获得更多关于岭南及中南半岛地区原始农业的具体证据，包括植物的驯化程度、种类多样性、农业系统的发展等，这将有助于揭示该地区在稻作农业传入之前的农业活动情况，并丰富我们对于该地区史前人类与植物相互作用的理解。

柳州白莲洞遗址小石器浅析

谢　颖

（厦门大学历史与文化遗产学院硕士研究生　福建　厦门　361005）

【摘　要】小石器亦称小石片石器，在岭南地区出现于更新世晚期并延续到全新世早期。柳州白莲洞遗址发现的石器由砾石石器和小石片石器两部分组成。其中，小石片石器几乎都是以黑色燧石作为原料；石核以自然台面为主，不见修理台面，剥片主要采用直接砸击法，少数采用锤击法；石片是燧石制品的主体，普遍较小，部分石片有使用痕迹；工具类型以刮削器为主。柳州白莲洞遗址的小石器和周边地区同期的小石器具有许多共性，它的出现是旧石器时代晚期出现寒冷气候导致北方人群南迁的结果。

【关键词】白莲洞遗址　小石器　旧石器时代晚期

一、引言

中国旧石器总体而言可分为石片石器工业、砾石石器工业、石叶工业与细石器工业等，不同的工业类型有着明显的时空分布特点。石片石器工业是中国旧石器时代分布最为广泛的石器工业类型，其特点是以简单剥片方法获得石片作为加工工具的基本坯材，石制品以中小型者居主导地位，小型的石片石器也多称为小石器。[①]

小石器也被称为小石片石器、细小石器，广泛存在于旧石器时代，并延续到新石器时代早中期。在中国北方，小石器从旧石器时代早期至晚期均有发现，如北京猿人

---

① 王幼平：《石器研究——旧石器时代考古方法初探》，北京大学出版社，2006，第105页。

遗址①、山西峙峪遗址②、宁夏水洞沟遗址③、内蒙古萨拉乌苏遗址④等。小石器近20年来在南方也多有发现，这些遗址发现的小石器的时代多为旧石器时代中晚期，如江西吊桶环遗址⑤、湖南伞顶盖遗址⑥、贵州牛坡洞遗址⑦、广西白莲洞遗址⑧等。此外，在中南半岛也有发现，如越南的 Nguom 遗址⑨等。

柳州白莲洞遗址是华南地区旧石器时代晚期至新石器时代早期最重要的遗址之一，该遗址出土了人类牙齿化石、大量石制品以及数量众多的动物化石，对于研究华南地区旧石器时代晚期文化、旧新石器时代文化的过渡以及复原该地区的古环境具有重要意义。白莲洞遗址发现的石制品主要由砾石石器和小石片石器组成，而小石片石器几乎都是以黑色燧石作为原料。本文探讨的白莲洞遗址小石器，即白莲洞遗址发现的这些燧石原料制品。

二、白莲洞遗址概况

白莲洞遗址位于柳州市郊东南12千米的白面山南麓，为一半隐藏的岩厦式洞穴遗址，临近柳州市境内主要河流柳江。1956年，裴文中、贾兰坡教授带领的中国科学院古脊椎动物研究所古人类研究室华南调查队在广西调查时发现白莲洞遗址，并在1973—1982年经过多次小规模清理、试掘和发掘，获得较丰富的史前遗存，包含人类牙齿化石2枚、石制品500多件、动物牙化石300多件、人类用火遗迹2处。白莲洞遗址文化堆积厚达3米，时间跨度从距今约3.6万至距今约7000年，是华南地区具有代表性的旧石器时代向新石器时代过渡的洞穴遗址之一。

根据发掘报告，白莲洞遗址的年代为距今36000—7000年，文化遗存划分为五期，各期年代范围及主要文化遗存见表1。

① 裴文中、张森水：《中国猿人石器研究》，载高星、侯亚梅主编《中国科学院古脊椎动物与古人类研究所20世纪旧石器时代考古学研究》，文物出版社，2002，第184–191页。

② 贾兰坡、盖培、尤玉桂：《山西峙峪旧石器时代遗址发掘报告》，《考古学报》1972年第1期。

③ 王春雪、冯兴无、王惠民等：《宁夏水洞沟遗址第8地点发掘简报》，《人类学学报》2015年第4期。

④ 黄慰文、侯亚梅：《萨拉乌苏遗址的新材料：范家沟湾1980年出土的旧石器》，《人类学学报》2003年第4期。

⑤ 北京大学考古文博学院、江西省文物考古研究所编著《仙人洞与吊桶环》，文物出版社，2014，第61–63页。

⑥ Li H, Li Y, Yu L, et al, "Continuous technological and behavioral development of late Pleistocene hominins in central South China: Multidisciplinary analysis at Sandinggai," *Quaternary Science Reviews* 298, （2022）: 107850.

⑦ 付永旭、韦松恒、文应峰：《贵州平坝县牛坡洞遗址2012～2013年发掘简报》，《考古》2015年第8期。

⑧ 广西柳州白莲洞洞穴科学博物馆编著，蒋远金主编《柳州白莲洞》，科学出版社，2009，第44–105页。

⑨ Anisyutkin NK, Timofeyev VI. "The Paleolithic flake industry in Vietnam," Archaeology, *Ethnology & Anthropology of Eurasia* 3, No.27（2006）: 16–24.

表 1　柳州白莲洞遗址各期年代范围及主要文化遗存[①]

文化分期	层位	距今年代	石制品	其他遗物
第一期	西 10 层、西 7 层、西 5 层	3.6 万—2.6 万年	砾石制品（$n=14$）砾石制品（$n=186$）	人牙（$n=2$）用火遗迹（$n=2$）
第二期	西 4 层、东 8 层	2.6 万—2 万年	砾石制品（$n=31$）砾石制品（$n=71$）磨制工具（$n=1$）	少量螺壳
第三期	东 6 层、东 4 层、西 3 层、西 1 层	2 万—1.2 万年	砾石制品（$n=40$）砾石制品（$n=7$）磨制石器（$n=3$）	骨角器（$n=2$）、大量螺壳、少量炭屑、碎骨、动物化石碎片、烧骨
第四期	东 3 层、东 2 层	11000—9000 年	砾石制品（$n=46$）砾石制品（$n=5$）磨制石器（$n=6$）	大量螺壳、动物化石、烧骨、炭粒
第五期	东 1 层	7000 年左右	少量砾石石片（$n=8$）	陶片、螺壳

三、燧石制品分析

白莲洞遗址发现的石制品较为典型的有 450 余件，包含部分发掘时间久远、无明确出土情况的文化遗存。本文只采用具有明确出土层位的文化遗存，即白莲洞遗址的五期文化遗存进行分析。白莲洞遗址有出土层位的石制品共 408 件，其中砾石石器131 件、燧石制品 277 件，占比分别为 32.1% 和 67.9%。燧石制品在各期文化遗存中均有发现，下面对各期的燧石制品进行分析。

第一期：出自西 7 层和西 5 层，年代为距今 3.6 万—2.6 万年。燧石制品 186件（图 1），占第一期所有石制品的 93.0%，包含石核（$n=24$）、石片（$n=156$）、工具（$n=6$）。石核以自然台面为主，不见修理台面，剥片方法大部分采用直接砸击法，极少数为锤击法。石片大多为自然台面，打击点只有少部分清晰，石片半锥体亦不突出，燧石石片中有 6 件有使用痕迹，占该期燧石石片总数的 3.8%。工具以石片或片块作为毛坯，采用锤击法打击，单面反向加工，大部分器物的刃缘没有经过精细

[①] 广西柳州白莲洞洞穴科学博物馆编著，蒋远金主编《柳州白莲洞》，科学出版社，2009 年，第 44-105 页；周玉端：《柳州白莲洞遗址石器工业的技术分析》，武汉大学硕士学位论文，2017，第 42-43 页。"n"表示件数。本文根据《柳州白莲洞》将第一期燧石制品数量调整为"186"，第二期砾石制品数量调整为"31"。

的修整；器形只有刮削器一种，根据刃缘数量和形状可分为单边刃刮削器和复刃刮削器。

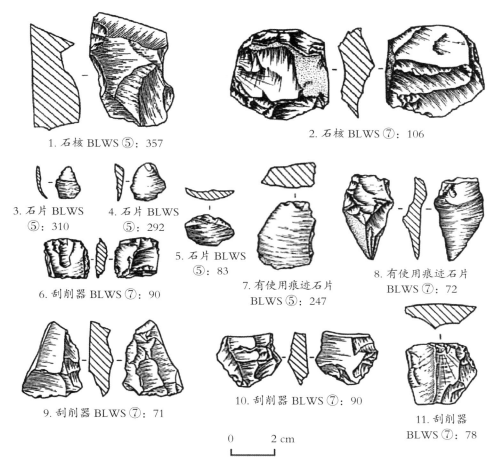

1. 石核 BLWS ⑤：357

2. 石核 BLWS ⑦：106

3. 石片 BLWS ⑤：310

4. 石片 BLWS ⑤：292

5. 石片 BLWS ⑤：83

6. 刮削器 BLWS ⑦：90

7. 有使用痕迹石片 BLWS ⑤：247

8. 有使用痕迹石片 BLWS ⑦：72

9. 刮削器 BLWS ⑦：71

10. 刮削器 BLWS ⑦：90

11. 刮削器 BLWS ⑦：78

0   2 cm

图 1   第一期燧石制品线图（来源：广西柳州白莲洞洞穴科学博物馆，2009 年）

第二期：出自西 4 层和东 8 层，年代距今 2.5 万—1.9 万年。燧石制品 71 件（图 2），占第二期所有石制品的 69.6%，包含石核（n=1）、石片（n=40）、工具（n=11）、断块（n=18）、石叶（n=1）。石核为双台面石核，器身上有两个完整的片疤，打击方向相同。石片绝大多数为自然台面，打击点只有少部分清晰，石片半锥体亦不突出。石片中有 7 件有使用痕迹，占该期燧石石片总数的 17.5%，均是将锋利的石片的边缘作为刃缘直接使用。石片的剥片技术以砸击法为主，个别采用锤击技术或间接打制技术。工具类型可分为刮削器（n=8）、雕刻器（n=2）和尖状器（n=1）。刮削器数量最多，以锤击法单面反向加工而成，大部分刃缘没有经过修整，根据刃缘数量和形状可分为单边刃刮削器和复刃刮削器。

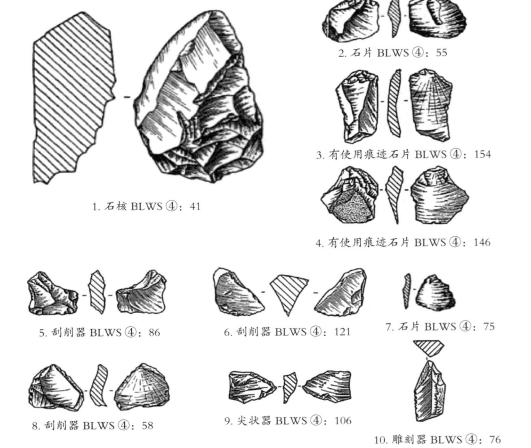

1. 石核 BLWS ④：41

2. 石片 BLWS ④：55

3. 有使用痕迹石片 BLWS ④：154

4. 有使用痕迹石片 BLWS ④：146

5. 刮削器 BLWS ④：86

6. 刮削器 BLWS ④：121

7. 石片 BLWS ④：75

8. 刮削器 BLWS ④：58

9. 尖状器 BLWS ④：106

10. 雕刻器 BLWS ④：76

0 　　 2 cm

图 2　第二期燧石制品线图（来源：广西柳州白莲洞洞穴科学博物馆，2009 年）

第三期：出自东 6 层、东 4 层和西 3 层、西 1 层，年代为距今 2 万—1.2 万年。本期可能受人工挖取岩泥的影响，燧石制品数量仅出土 7 件（图 3），占第三期所有石制品的 14.9%，包含石核（$n=4$）、石片（$n=2$）、断块（$n=1$）。由于数量太少，具体情况不明，但总体上和第二期的燧石制品特征相似。

第四期：出自东 3 层和东 2 层下部，年代为距今 11000—9000 年。燧石制品 5 件（图 3），占第四期所有石制品的 9.8%，包含石片（$n=3$）、工具（$n=1$）、断块（$n=1$）。由于数量太少，具体情况不明，但总体上和第二期的燧石制品特征相似。

第五期：出自东 1 层，年代为距今 0.7 万年左右。燧石制品 8 件（图 3），均为石片，自然台面，打击点皆不明显，石片半锥体亦不突出，剥片技术以锤击法为主。由于数量太少，具体情况不明，但总体上和第二期的燧石制品特征相似。

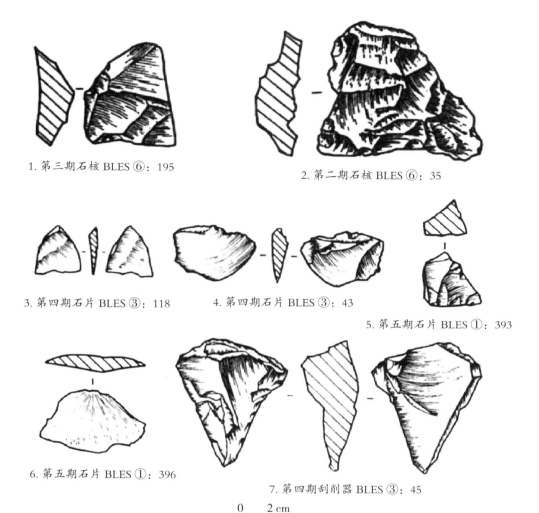

1. 第三期石核 BLES⑥：195

2. 第二期石核 BLES⑥：35

3. 第四期石片 BLES③：118

4. 第四期石片 BLES③：43

5. 第五期石片 BLES①：393

6. 第五期石片 BLES①：396

7. 第四期刮削器 BLES③：45

0   2 cm

图3　第三期至第五期燧石制品线图（来源：广西柳州白莲洞洞穴博物馆，2009 年）

根据白莲洞遗址发掘报告，石制品主要分为砾石制品和燧石制品两大类，据此可将白莲洞遗址五期文化遗存的砾石制品与燧石制品数量及占比归纳为表2、图4。其中，第五期文化遗存由于人工挖岩泥，文化层受晚期扰动较严重，发掘或采集的遗物无法进行准确的分析，故不参与本文后续的讨论。由表2可知，白莲洞燧石制品数量从早期到晚期逐渐减少，第一、第二期文化遗存中，燧石制品远多于砾石制品，燧石制品在石制品组合中的占比非常高；到了第三、第四期，燧石制品数量明显减少，而砾石制品却远多于燧石制品，在石制品中上升为主导地位。由此可见，白莲洞燧石制品从早期到晚期不仅数量明显减少，而且在所有石制品中所占的比例也相应地下降，由早期的占主导地位降至次要地位。

表2　白莲洞遗址第一期至第五期砾石制品与燧石制品数量及占比 [①]

单位：件

分期	砾石制品	燧石制品	总数量	砾石制品占比	燧石制品占比
第一期	14	186	200	7.0%	93.0%
第二期	31	71	102	30.4%	69.6%
第三期	40	7	47	85.1%	14.9%
第四期	46	5	51	90.2%	9.8%
第五期	0	8	8	0	100.0%

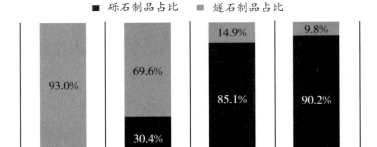

图4　第一期至第四期砾石制品与燧石制品占比示意图

综合白莲洞遗址第一期至第四期的燧石制品（图5），包含石核（$n=29$）、石片（$n=201$）、石叶（$n=1$）、工具（$n=18$）、断块（$n=20$），其中燧石石片数量最多，占比高达74.7%。单独看白莲洞遗址前四期的燧石制品（图6），燧石石片在每一期的石制品组合中均占据主要部分，石核在第三期占比较多（57.1%）。

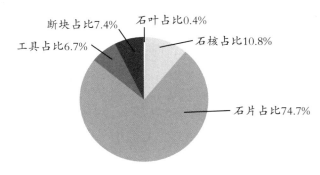

图5　第一期至第四期燧石制品分类示意图

---

①表2、图4至图8统计数据来源参见广西柳州白莲洞洞穴科学博物馆编著、蒋远金主编《柳州白莲洞》,科学出版社,2009年。

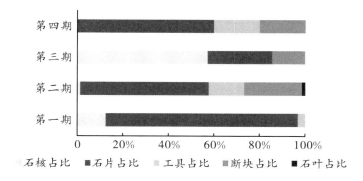

图 6　第一期至第四期燧石制品分类情况

在燧石石片中，第一期至第三期存在一定数量的有使用痕迹的石片，第三期的燧石石片几乎有一半有使用痕迹，如图 7 所示。

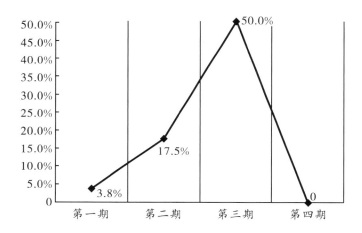

图 7　第一期至第四期有使用痕迹石片的占比

最后燧石制品的工具类型中（图 8），刮削器出现在第一、第二、第四期，数量相较其余工具类型多，而尖状器和雕刻器仅发现在第二期；同时，第三期只发现石片，不见修理工具，而第二期较其他时期发现的工具类型最多。

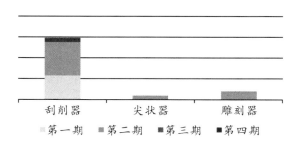

图 8　第一期至第四期各期燧石工具类型

根据白莲洞遗址报告提供的石核、石片、工具的区间大小数据[①]，第一期至第四期燧石制品中的石核长度为 1.5 ～ 10.1 厘米，宽度为 2.2 ～ 8.0 厘米，厚度为 0.5 ～ 4.6 厘米，重量为 13 ～ 317 克；石片长度为 0.9 ～ 5.0 厘米，宽度为 0.8 ～ 4.1 厘米，厚度为 0.1 ～ 1.5 厘米，重量为 0.5 ～ 36 克；工具长度为 1.3 ～ 5.4 厘米，宽度为 1.5 ～ 5.2 厘米，厚度为 0.2 ～ 1.8 厘米，重量 2 ～ 30 克。仅个别石核能达到长度 10 厘米、宽度 8 厘米，且石核数量只占燧石制品数量的 11%。大部分燧石制品的尺寸较小，尤其是在燧石制品中占比高达 74.7% 的石片，长宽均不超过 5 厘米，厚度为 1.5 厘米以下。

综合以上分析，白莲洞遗址考古发现的燧石制品数量比砾石制品多，约占全部石制品的 68%，从更新世晚期开始出现并延续至全新世早期，绝对年代在距今 36000—7000 年。白莲洞石器工业与以往广西其他地方发现的砾石石器工业相比，出现明显的变化，即石片石器数量大幅度增加，且小型化。燧石制品在旧石器时代晚期尤为盛行，到了新石器时代早期逐渐减少。石核多为小型，以自然台面为主，剥片方法大部分采用直接砸击法，极少数为锤击法。石片是燧石制品的主体，普遍较小，长宽均不超过 5 厘米，厚度在 1.5 厘米以下，以砸击法为主，部分采用锤击法，有使用痕迹的石片数量多于修理工具。燧石制品的工具类型有刮削器、尖状器和雕刻器，以刮削器为主；刮削器多以锤击法单面反向加工而成，大部分刃缘没有经过修整，根据刃缘数量和形状可分为单边刃刮削器和复刃刮削器。绝大部分工具均系手持使用而非装柄使用，所以不见复合工具的出现。[②]

四、相关问题讨论

（一）白莲洞遗址小石片石器特征

白莲洞遗址燧石质的小石片石器出现于旧石器时代晚期并延续到新石器时代早期，绝对年代距今 36000—7000 年；小石片石器与砾石石器共存。在第一、第二期，不管是在数量上还是比例上，小石片石器均占主体，属于石片石器工业系统。小石片石器组合具有如下特征。

原料为黑色燧石，种类单一，石料形态为岩块，来自距离遗址 3 ～ 5 千米的石灰

[①] 白莲洞遗址报告提供了石制品的部分区间数据，即"最大值""最小值"，本文仅对此区间数据做简单统计分析，暂无法进行平均数值分析。

[②] 蒋远金、叶亮、李刚：《浅析白莲洞遗址的石器工业》，《史前研究》2009 年第 0 期。

岩山体的岩脉①，而不是来自附近河滩的砾石。这种远距离搬运优质石料的行为，说明这一时期人类活动范围扩大，也表明先民对于小型利刃工具需求的提高。②剥片主要用砸击法，所有石核的台面几乎不加修理，以自然台面为主，片疤台面（素台面）占较大比例。石核形状不规则，未见柱状石核、锥形石核、楔形石核、船底形石核等典型细石器石核。石片细小，形状不规则，石叶罕见，不见细石叶。存在不少使用石片的标本，但多数标本的使用痕迹不明显，不少标本的使用痕迹仅见于石片边缘很局部的地方。工具的修理主要采用直接锤击法，单面加工，以反向（由石片破裂面向背面）加工为主，多数标本加工简单，仅仅在素材的一边做局部的修理，未做修形，因此基本上不改变素材的形状。石器尺寸普遍较小，长宽均不超过5厘米，厚度在1.5厘米以下。工具类型包括刮削器、尖状器、雕刻器等，以刮削器为大宗，为工具组合的主体，尖状器不多，雕刻器极少。上述这些特征表明，白莲洞小石器不属于细石器，而是属于石核－石片技术系统。

（二）与周边地区小石器的比较

中国南方及东南亚地区也发现旧石器时代晚期的小石器组合，如我国的江西万年吊桶环遗址、湖南石门燕耳洞③、贵州贵安牛坡洞遗址、贵州开阳打儿窝遗址④及越南Nguom岩厦遗址、泰国Lang Longrien岩厦遗址⑤等。白莲洞遗址的小石器和这些遗址的小石器具有许多共性。在原料方面，一般都选用燧石这种优质原料，如广西鲤鱼嘴遗址（第一期）、贵州贵安牛坡洞遗址和开阳打儿窝遗址、湖南石门燕耳洞、江西万年吊桶环遗址及泰国Lang Longrien岩厦遗址的小石器，多以燧石为原料；剥片多以砸击法为主，少用锤击法，不见碰砧法；工具的修理采用锤击法，单面打制，加工简单，一般只在刃缘部位进行局部修理；工具类型有刮削器、尖状器、雕刻器等，以刮削器为主。这些都是它们相同或相似之处。同时也存在一些差异。如白莲洞遗址的小石器只有燧石一种原料，而贵州贵安牛坡洞遗址有硅质灰岩、水晶等，贵州开阳打儿窝遗址有水晶、石英等，江西万年吊桶环遗址除了燧石，还有石英、水晶、绢云母石英片

① 广西柳州白莲洞洞穴科学博物馆编著、蒋远金主编《柳州白莲洞》，科学出版社，2009，第116页。
② 王幼平：《砾石工业传统与华南旧石器晚期文化》，《南方文物》2021年第1期。
③ 袁家荣：《湖南旧石器时代文化与玉蟾岩遗址》，岳麓书社，2013，第144—149页。
④ 王燕子、曹波、胡昌国：《贵州开阳打儿窝岩厦遗址试掘简报》，《长江文明》2013年第1期。
⑤ Higham, C., Anderson, D., "Lang Rongrien Rockshelter: a Pleistocene, Early Holocene Archaeological Site from Krabi, Southwestern Thailand," *Journal of Field Archaeology* 18, No.3（1991）: 392–394.

岩等。工具组合方面，白莲洞遗址以刮削器为主，尖状器和雕刻器很少；而江西吊桶环遗址、贵州开阳打儿窝遗址及越南 Nguom 岩厦遗址、泰国 Lang Longrien 岩厦遗址等除刮削器外，尖状器也占较大比例。

从上面的比较可以看出，白莲洞遗址出土的小石器和周边地区的小石器具有高度的一致性，发现这些小石器组合的遗址均为洞穴或岩厦遗址，均分布于山区地带，反映出环境的相似性。

（三）白莲洞遗址小石器的成因

王幼平将华南地区旧石器时代晚期的文化发展分为三期：初期始于距今 4 万年前后，持续至距今 3 万年左右，延续之前以砾石石器为主导地位；第二阶段从距今 3 万年前后起，以远距离输入硅质岩原料加工的小型石片石器为石器组合的主体，砾石石器较于先前减少或者不见；第三阶段始于距今 2 万年至更新世晚期结束，陡刃砾石砍砸器等又重新成为主导石器类型，并相继出现磨制石器与陶器等新技术[1]。相应的，白莲洞遗址第一期、第二期文化遗存（距今 3.6 万—2 万年）中，燧石制品远多于砾石制品，小石器在石制品组合中为主导石器类型；而第三期、第四期文化遗存（距今20000—9000 年）中，砾石制品远大于燧石制品，砾石制品又在石制品组合中占主要部分。

单独从南方地区石制品小型化进程观察，袁家荣提出两个阶段性发展：一是旧石器时代晚期前段，大型砾石器与小型石片石器相结合，硅质岩原料的石制品占比急剧增加，大型砍砸器退居次要地位，大型尖状器和手斧少见或消失，小型刮削器和尖状器等石片石器占主流，工具类型更加多样；二是旧石器时代晚期后段，大致对应 MIS2 阶段（末次冰期最冷期），石制品进一步小型化，具体表现为以细小燧石石器为主体，并伴随有小型石片石器和大型砾石石器[2]。

南方小石器成因主要有以下三方面观点。

一是古气候影响，袁家荣认为在旧石器时代晚期由于最后冰期的影响，华南地区气候趋于干凉，出现温带草原，草原–森林环境有所扩大。而与温带气候相关联的华北小型石片石器技术在长江中游地区逐渐南扩，并在澧阳平原地区形成大型砾石工业

---

① 王幼平：《砾石工业传统与华南旧石器晚期文化》，《南方文物》2021 年第 1 期。
② 袁家荣：《长江中游地区的旧石器时代考古》，载吕遵谔主编《中国考古学研究的世纪回顾·旧石器时代考古卷》，科学出版社，2004，第 387–388 页。

与小型石片石器工业相结合的旧石器文化面貌。[①]

二是原料本身也影响着石器工业的特点与发展，比如原料可用性、尺寸和质量等，因而也有观点认为是原料本身的原因。对于白莲洞遗址小石器的形成，蒋远金认为，一方面是本地区旧石器时代晚期石器小型化与更新世晚期以来受到北方小石片石器和细石器文化的共同影响下形成的，另一方面可能受限于尺寸较小的燧石原料，只能生产较小的石制品。[②]李意愿通过对湖南澧县彭头山遗址燧石制品的分析，认为该区域石制品个体形态普遍较小的特点主要是受到石料质地的影响，并且认为华南这种细小石器技术与北方的小石片石器技术更为接近。[③]李三灵通过对上湖遗址、仙人洞-吊桶环遗址、袁家山遗址、八十垱遗址等进行分析，认为旧石器时代晚期石制品的细小化可能并非受限于原料尺寸，而是古人类有意识地选择的结果，并且通过对上湖遗址石器工业及流动策略进行分析，认为上湖遗址石制品细小化可能是在中国南方地区，甚至更大范围内旧石器时代晚期石制品细小化的技术演化背景下，上湖遗址古人类主观能动性地适应 MIS2 阶段流动策略的结果。[④]

三是由于受到 MIS2 阶段寒冷气候影响，原本生活在北方的人群南迁带来小石片石器技术。王幼平认为典型砾石石器的原料主要是就近取材本地加工，而小型石片石器突增，是专门选取、大部分远距离运输的优质硅质岩原料，由此可见变化原因是人类活动范围扩大，对小型利刃工具需求增加。同时认为促使白莲洞遗址下文化层小型石片石器突增、砾石石器占比下降的主要原因是受到 MIS2 阶段早期气候突变的影响，原先生活在北方地区的人群南迁带来的技术。[⑤]对于广西地区小石器的来源，谢光茂认为是更新世晚期气候变冷，北方人群南迁进入广西，带来他们的小石片石器技术，由此出现这套小石器组合。[⑥]

根据白莲洞遗址孢粉分析及动物群组合所展现的古气候、古环境变化，距今 3.6 万—3.4 万年的白莲洞遗址堆积物中有"大熊猫-剑齿象动物群"化石堆积及很厚的黏土堆积，由多种北温带植物区系成分组成的暖温带落叶针阔叶林，气候较现今更为

---

① 袁家荣：《湖南旧石器时代文化与玉蟾岩遗址》，岳麓书社，2013，第 78 页。

② 广西柳州白莲洞洞穴科学博物馆编著，蒋远金主编《柳州白莲洞》，科学出版社，2009，第 118 页。

③ 李意愿：《湖南澧县彭头山遗址燧石石制品的技术、功能与相关问题》，《江汉考古》2017 年第 6 期。

④ 李三灵：《MIS2 阶段江西上湖遗址古人类石器工业及流动策略研究》，北京师范大学博士学位论文，2023，第 160 页。

⑤ 王幼平：《砾石工业传统与华南旧石器晚期文化》，《南方文物》2021 年第 1 期。

⑥ Xie Guang mao, Lin Qiang, Wu Yan, et al, "The Late Paleolithic Industries of Southern China（Lingnan），" *Quaternary International* 532（2020）：21-28.

干凉，开始由原先的暖热潮湿多雨向温暖干燥转变。随后在距今 3 万—2 万年，湿润多雨和相对干燥两种气候多次更迭，MIS3 阶段暖期结束，开始进入 MIS2 阶段，一直到最后冰期的最盛期。而由于 MIS2 阶段全球性气候变冷，寒冷气候带南移，高纬度地区的植被与动物群随之迁移，促使原来生活在华北地区的人群跟随所狩猎的动物南迁，由此出现该时期华北石片石器的南迁[①]，因此 3 万年前中国南方地区普遍出现的小型石片石器可能源于华北地区。同时以南岭为分界，南岭以南地区比如白莲洞遗址等，石片石器组合中仍保留较明显的砾石工业传统的影响，可见到少量砍砸器等砾石工业典型工具和相关技术；而南岭以北比如江西吊桶环遗址，与同期华北地区流行的小型石片石器工业特征更为相似，几乎不见本地区更早的大型砾石工业传统的影响。这种石器组合上的区别与地理位置关系更大，相较位于南岭以南的白莲洞等遗址而言，南岭以北的吊桶环等遗址距离北方更近，更容易受到北方地区同时代人群迁徙与技术交流的直接影响或替代[②]，白莲洞遗址本地原有的技术传统更容易保留，因而后期仍然可见带有砾石工业传统的石器在岭南地区的存在与发展，这也对应了白莲洞遗址第三期、第四期文化遗存（距今 20000—9000 年）中，砾石制品远多于燧石制品，砾石制品又在石制品组合中占据主要部分的情况。因此，白莲洞遗址小石器的形成主要是旧石器时代晚期寒冷气候的出现导致北方人群南迁的结果。

五、结语

白莲洞遗址发现的石器由砾石石器和小石片石器两部分组成。其中，小石片石器几乎都是用黑色燧石作为原料；石核多为小型，以自然台面为主，剥片方法大部分采用直接砸击法，极少数为锤击法；石片是燧石制品的主体，普遍较小，长宽均不超过 5 厘米，厚度为 1.5 厘米以下；工具类型有刮削器、尖状器和雕刻器，以刮削器为主。白莲洞遗址的小石器和中国南方其他地区旧石器时代晚期的小石器具有许多共性，它主要是旧石器时代晚期寒冷气候的出现导致北方人群南迁的结果。总之，白莲洞遗址的小石器是白莲洞石器的重要组成部分，也是最具特色的文化遗存。对白莲洞小石器的深入研究，有助于全面了解广西乃至华南地区旧石器时代晚期文化的整体面貌及人地关系。

---

① 王幼平：《华北晚更新世的石片石器》，《人类学学报》2019 年第 4 期。
② 王幼平：《砾石工业传统与华南旧石器晚期文化》，《南方文物》2021 年第 1 期。

广西汉代陶仓和陶屋的形制演化分析

徐振雄

（太原理工大学建筑学专业硕士研究生　山西　太原　030002）

【摘　要】作为少数民族聚居区的广西，拥有着丰富多彩的建筑文化。汉代的陶仓和陶屋是在现实建筑的基础上进行模拟的一种特殊的"建筑模型"，在一定程度上反映了当时的建筑形制。本文借鉴考古学方法对广西出土的汉代陶仓和陶屋进行形制分析，发现二者在演化阶段上可分为三期。在演化过程中，二者存在结构逻辑更准确、构件装饰化倾向和汉化因素增加的总特点，推测可能是受到社会经济发展、汉化政策及其他地区的影响而出现的。

【关键词】广西汉代　陶仓陶屋　建筑形制　演化分析

广西作为少数民族聚居区，有着十分独特的地方文化。自秦统一百越以来，汉文化不断与当地文化融合，孕育了许多宝贵的文化遗产。其中，汉墓出土的陶仓和陶屋数量颇多，横跨时代长，且种类丰富。这些明器既具有中原地区汉文化的元素，又具有明显的当地因素，是研究广西早期建筑的珍贵史料。

陶仓和陶屋作为一种"建筑模型"，其形制虽有一定的艺术加工，但在总体上仍能反映当时建筑的情况。因此，对广西汉代陶仓和陶屋的形制进行分析，可以更直观地了解当时的建筑文化。

本文选取 40 件广西出土的汉代陶仓和陶屋作为研究案例，其中西汉晚期 4 件，东汉早期 12 件，东汉中期 1 件，东汉晚期 23 件。40 件案例出土地点包括广西北海市合浦县丰门岭（风门岭）、合浦县盘子岭、合浦县望牛岭、合浦县禁山七星岭、合浦县九只岭、合浦县母猪岭，广西贵港市马鞍岭、深钉岭、孔屋岭、北郊、汶井岭，广西贺州市昭平县，广西桂林市平乐县银山岭等。

一、广西汉代陶仓和陶屋的类型及形制变化

（一）基本类型

根据具体形制，将陶仓和陶屋细分为不同类型，其中陶仓分为单屋平房（A类）、半封闭前廊（B类）和全封闭前廊（C类）三种类型，共15件；陶屋分为单屋（A类）、前屋后院（B类）、曲尺形（C类）和三合院（D类）四种类型，共25件（表1）。

表1　广西汉代陶仓和陶屋各类型在不同时期的形制

类型		西汉晚期	东汉		
			东汉早期	东汉中期	东汉晚期
陶仓	A		马鞍岭 M14-54·1	风门岭 M27-37	风门岭 M24a-18
	B		丰门岭 M10-47		风门岭 M24b-2
	C				风门岭 M26-100
陶屋	A	母猪岭 M4-67	九只岭 M5-42·A		孔屋岭 M1-66
	B	银山 141-13	盘子岭 M9-2		母猪岭 M6-1·3
	C	母猪岭 M42-2·1	马鞍岭 M1-53		风门岭 M24a-19
	D				梁君垌 M14-58·1

从表 1 可看出，陶仓 A 类和 B 类在东汉早期已出现，而 C 类至东汉晚期才出现；陶屋的 A、B、C 类在西汉晚期时已出现，而 D 类则在东汉晚期时方才出现。综合来看，陶屋应为最早所使用的建筑形式之一，而陶仓则较晚；从数量上也能看到，陶屋的使用应多于陶仓的使用。

广西汉代陶仓和陶屋各类型在各阶段所占比例见表 2。

表 2　广西汉代陶仓和陶屋各类型在各阶段所占比例

类型		西汉晚期	东汉		
			早期	中期	晚期
陶仓	A		50%	100%	50%
	B		50%		20%
	C				30%
陶屋	A	25%	12.5%		7.7%
	B	25%	50%		15.3%
	C	50%	37.5%		69.3%
	D				7.7%

从图 1 中可以看出，在陶仓刚出现不久的东汉早期，A、B 两类陶仓占比相似，之后 A 类持续发展，在东汉中期和东汉晚期均是占比最高的一类；而 B 类陶仓则在东汉中期暂时性消失，到东汉晚期虽又出现，但已被"后起之秀"的 C 类陶仓超越。

在陶屋中，A 类陶屋虽在每个阶段（除东汉中期外）都有出现，但数量一直相对较少；B 类陶屋虽从西汉晚期至东汉中期呈现上升的趋势，但至东汉晚期时已明显减少；C 类陶屋除东汉早期、中期外，数量一直是最多的，且到东汉晚期时达到了顶峰；D 类陶屋则仅出现于东汉晚期，且数量最少（图 2）。

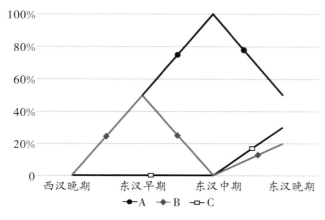

图 1　广西汉代陶仓各类型在各阶段的占比变化

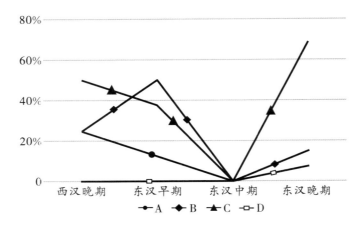

图2　广西汉代陶屋各类型在各阶段的占比变化

除明器类型变化外，各类建筑形制也有相应变化。

（二）具体形制变化

1.陶仓。

（1）整体构架。广西汉代陶仓平面从东汉早期到东汉晚期一直为横长方形，不过在整体上却有变大趋势（表3）：未带前廊的陶仓到东汉中期时出现了地台；有前廊的陶仓，不论是半封闭式，还是全封闭式，前廊的面积至东汉晚期时均有所扩大，且东汉晚期有前廊的案例在数量上明显比东汉早期多。同时，随着平面面积的扩大，仓房也逐渐圆润，东汉早、中期陶仓的建筑形象较为瘦高，而东汉晚期则更为矮胖。东汉早期至中期，干栏式结构仅出现于半封闭式前廊的类型中，其余的两个类型到了东汉晚期才出现干栏式结构，且干栏式结构的类型均为吊脚楼式，下部用立柱支撑，四周无墙。

表3　广西汉代陶仓侧面基本演变图

类型	东汉		
	东汉早期	东汉中期	东汉晚期
A	马鞍岭 M1-54·1	风门岭 M27-37	七星岭 M4-9·B

续表

类型	东汉		
	东汉早期	东汉中期	东汉晚期
B	丰门岭 M10-47		七星岭 M5-3·A
C			凤门岭 M26-100

（2）台基。广西汉代陶仓的台基形式主要为三种，即无台基、前出地台式和圆柱式支柱（图3），前两者均出现于无前廊的类型中，而最后一种则多存在于带前廊的类型里。无台基是指仓底的边界即为仓四壁所立之处，无立柱，此形式仅出现于东汉早期。前出地台式台基是在无台基的基础上，仓底在正面前出形成狭窄的地台，此形式亦无立柱支撑，出现于东汉中期，一直延续至东汉晚期。而圆柱式支柱的台基结构是陶仓中最普遍的形式，不论有无前廊，均有出现。根据现存痕迹，推测广西汉代陶仓的圆柱式形式可能有陶塑圆柱和木质圆柱两种。陶塑圆柱是在陶仓建筑之下用陶塑的方式捏塑而成，造型下直上曲，以使支柱更牢固，此种形式在东汉早期带前廊的类型中出现，之后在所有类型中一直存在。木质圆柱应为短小圆柱木棒，插入陶仓底部所留好的小洞中，但由于各种原因，均已残缺，不过形制应与同时期广州木质圆柱支柱的类似（图4）。从时间上来看，两种圆柱形式均从东汉早期一直延续至东汉晚期。在圆柱式支柱中，不论何种形式均为四根，且都位于房屋的四角处。

马鞍岭 M1-54·1
无台基

凤门岭 M27-37
前出地台式

丰门岭 M10-47
圆柱式支柱

图3　陶仓台基样式示意图

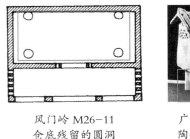

风门岭 M26-11
仓底残留的圆洞

广州汉墓 5041-35
陶仓木质圆柱支柱

图4 广西汉代陶仓木质圆柱留下的圆洞及可能的形制

（3）屋架结构。仿木构划痕是陶仓和陶屋中最具特色的纹饰，虽有一定的艺术处理，但在总体上，笔者认为仍能反映当时的屋架结构。在广西汉代陶仓中，屋架结构呈现出简洁化、规整化的趋势。东汉早期陶仓的构架虽也是简单的搭接结构，但却有较多的细部构件，呈现出较繁杂的形制，并具有较高的装饰意味。至东汉中期起，房屋的构架十分简洁，仅有柱、梁等基本构件，线条规整、干练，结构明确（图5）。

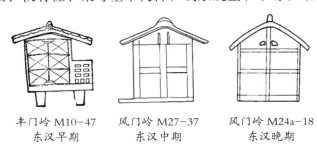

丰门岭 M10-47
东汉早期

风门岭 M27-37
东汉中期

风门岭 M24a-18
东汉晚期

图5 广西汉代陶仓仿木构划痕演变示意图

（4）屋顶。广西汉代陶仓的屋顶一直为悬山式瓦顶，其形制特征从西汉晚期至东汉晚期较为稳定。瓦面雕刻出基本的瓦垄和瓦片，均有正脊。而正脊的脊饰均较为简单，为脊端的起翘处理。自东汉早期起，一直都有"仅有正脊"和"垂脊＋排山瓦"两种形制（图6），后者主要出现在B类中，且东汉晚期排山瓦所占比例明显大于东汉早期。

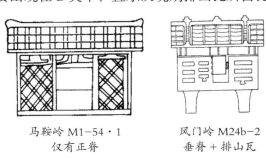

马鞍岭 M1-54·1
仅有正脊

风门岭 M24b-2
垂脊＋排山瓦

图6 广西汉代陶仓屋顶形制示意图

（5）附属构件。

①前廊。广西汉代陶仓前廊在东汉早期均为半封闭式前廊，边缘置方格纹栏板，正面正中留通道，至东汉晚期一直存在。至东汉晚期，出现了全封闭式前廊，这是在半封闭式前廊的基础上增加了檐柱，两侧尽间则仍为栏板或改为窗，侧面下部砌墙，上开小侧窗。值得注意的是，前廊空间至东汉晚期，面积不仅扩大，其空间性质也逐渐与后屋分离。从侧面山墙可以发现，东汉早期的前廊"依偎"在前屋前，而东汉晚期的前廊则像一个独立的附加空间，屋檐也为"照顾"前廊而向前伸长（图7）。另外，对比半封闭式的前廊，在东汉晚期也出现了模仿封闭式前廊而做出的假封闭式前廊（图8），在其围合构件上可以明确地看出檐柱、柱头上的垫木和额枋。据此推测，这一时期，封闭式前廊可能更为流行。

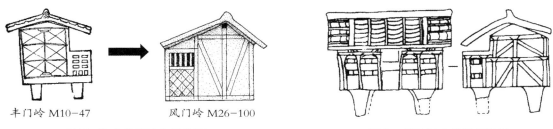

丰门岭 M10-47　　　　　凤门岭 M26-100

图7　陶仓前廊变化示意图　　　　　图8　假封闭式前廊示意图

②门窗。广西汉代陶仓的门均于正面正中开辟，同时在门四周刻出门框，且门框上均有小孔（图9）。根据推测，这些小孔应是系木门板所用，因而出土时门上均无门板。由于陶仓的特殊功能，陶仓中均无窗户，但在前廊山面却均开小窗。有考古报告认为前廊可能为凉台，因此需开窗通风。

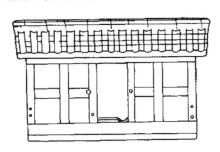

图9　陶仓门示意图

综上可知，广西汉代陶仓以干栏式结构为主，其平面形制虽相对稳定，但面积有相对扩大的趋势。值得注意的是，东汉中期开始，陶仓各部分形制开始发生变化：一是地台式和圆柱式支柱开始取代无台基式；二是早期繁杂的屋身结构开始变为简洁、干练的形象；三是东汉中期之后，屋顶形制虽不变，但细部更丰富、更具装饰化；四是东汉中期之后，前廊空间开始独立，地位明显上升。

2. 陶屋。

（1）整体构架。西汉晚期，陶屋便出现了单屋平房、前屋后院和曲尺形的平面形式，之后三种形式变化不大；直到东汉晚期，出现了三合院式。在这四种平面中，居住部分的面积逐渐扩大：①单屋平房式陶屋在西汉早期时，前廊面积相对较大，而至东汉时期，前廊有所缩小，居住部分相应扩大；②前屋后院式的变化相对较小，后院所占比例一直很小；③曲尺形陶屋，在西汉晚期，翼楼部分明显比前楼的短，因此其总平面为明显的长方形；而至东汉时期，翼楼和前楼在各方面均有很高的相似度，并且其平面更接近方形（图10）。在屋身方面，从西汉晚期至东汉晚期，A类陶屋一直为双层干栏式结构，与陶仓类似。B类陶屋一直表现为两层，大部分为"单独烧制"。西汉晚期，C类陶屋均为两层，屋身瘦高扁长；而东汉时期，外观均为一层，仅个别建筑在后墙设置比例较小、位置较高的门框，表示为双层。

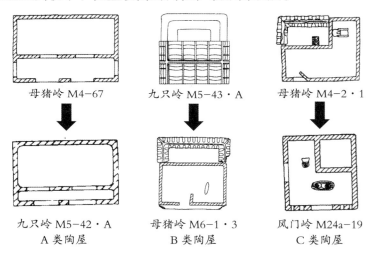

母猪岭 M4-67　　　九只岭 M5-43·A　　　母猪岭 M4-2·1

九只岭 M5-42·A　　　母猪岭 M6-1·3　　　凤门岭 M24a-19
A 类陶屋　　　　　　B 类陶屋　　　　　　C 类陶屋

图 10　广西汉代陶屋平面演变示意图

（2）台基。在 A 类陶屋中，台基均为木质圆柱式，且均已残缺。B 类陶屋在西汉晚期时，其台基为实拍枋形镂空式台基，一直到东汉早期仍有出现，并且镂空部位比重增加。此时，还出现了实墙式的封闭台基，即毫无装饰的素面实墙，沿着建筑边缘围合出封闭的一层，并一直延伸至后院，形成院墙。这一形式至此开始成为 B 类陶屋台基的主要形式。C 类陶屋在西汉早期也是实墙式，东汉早期开始，由于层数变化，台基消失，变为无台基形式（图11）。而出现于东汉晚期的 D 类陶屋也无台基。

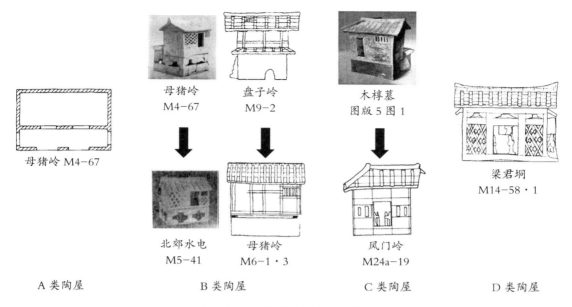

图 11　广西汉代陶屋台基的类型

（3）屋身结构。在陶屋中，"田"字形内嵌"V"字形的构架一直是主要的形制（图12）。不过，在东汉早期，陶屋的屋架形制相对繁复，主要的形制却并未出现。到了东汉晚期，又恢复了西汉晚期时较为简洁的样式，且"田"字形内嵌"V"字形的构架也重新成为基本样式。

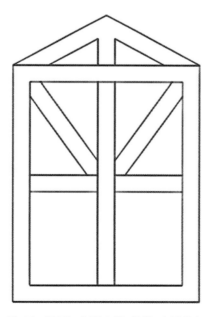

图 12　"田"字形内嵌"V"字形构架

（4）屋顶。陶屋的屋顶样式较为稳定，屋面均有瓦垄和瓦片，顶部也有正脊。其中，C 类陶屋在东汉晚期之前，前楼和翼楼的屋顶相连；在东汉晚期，则出现了相互错落的样式（图 13），且此时出现的 D 类陶屋也是多个屋顶错落而成。至于屋顶类型，"垂脊＋排山瓦"的形制组合较少出现，主要还是简单的"仅正脊"形制；而 C 类陶屋因其样式独特，因此也仅在对角处使用斜向的垂脊。

屋顶相连　　　　　　　　　　　屋顶错落

图 13　C 类陶屋屋顶演变示意图

（5）附属构件。

①前廊。陶屋中的前廊仅出现于单屋平房式的类型中，占比较少。

②门窗。陶屋的门在东汉晚期以前均不在房屋正中，或偏居一隅，或正中开两门。到东汉晚期，B 类陶屋仍未完全在正中开门，其余三类却已正中开门。同陶仓一样，陶屋门四周均刻出门框，但却无小洞，且部分陶屋塑造出了全开的门板。因此推测，陶屋与陶仓的门可能并不相同。

由于陶屋为人所居，加之南方酷热、潮湿，因此陶屋有众多且丰富的窗户。除无窗页的窗户外，有纹样的花窗有菱形花窗和直棂窗两种类型，但其使用位置略有不同。菱形花窗的使用面积较直棂窗大，且使用频率也较直棂窗高。东汉早期以前，菱形花窗多占半墙高；至东汉早期，出现了满墙的菱形花窗，但数量较少；到了东汉晚期，占半墙以上甚至满墙的菱形花窗数量增多。与此同时，直棂窗的使用面积虽然也有扩大趋势，但是程度没有菱形花窗大，且直棂窗多出现于相对较高的地方。对比之下，直棂窗更像是形制较小的"气窗"，而菱形花窗则是更为主要的窗户。不过，在东汉晚期，菱形花窗出现了表面划线的形式，但仅发现 1 例；同时，在与直棂窗的组合中，其多位于下方槛墙处。因此，此时的菱形花窗很有可能出现了装饰性纹饰的属性。值得注意的是，自东汉早期起，部分直棂窗的窗棂上出现了柳叶形纹样（图 14），之后一直延续到了西汉晚期。

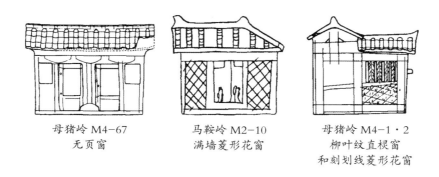

母猪岭 M4-67
无页窗

马鞍岭 M2-10
满墙菱形花窗

母猪岭 M4-1·2
柳叶纹直棂窗
和刻划线菱形花窗

图 14　部分陶屋窗户形制

③窦洞。窦洞，也称"窦道""窦径"，指小洞或小道，在建筑中出现于饲养家畜的地方，供家畜进出或粪夫清理粪便所用。陶屋中，窦洞出现于 B 类、C 类和 D 类中。广西汉代陶屋的窦洞形制为锁孔形：西汉早期为上圆下方的锁孔形，东汉早期出现了简单的涵洞式和上圆下三角的锁孔形；到东汉晚期，则全为上圆下三角的锁孔形（表4）。东汉以前，窦洞出现于后院院墙的转角处；到东汉时期，尤其是东汉晚期的 C 类陶屋中，出现了在翼楼槛墙处的窦洞。同时，东汉早期及其以后的院墙上大部分都出现了类似直棂窗的镂空，而西汉晚期的院墙上除了窦洞，没有其他装饰。若将墙面镂空的比例与窦洞的对比，那么这些镂空实际上极大地削弱了院墙的实际功能，使院墙失去意义。因此，东汉时期院墙上的窦洞和直棂窗镂空，可能更多的是象征性的装饰，尤其在东汉晚期，对出现于槛墙处的窦洞而言，早已失去了其本身的意义，沦为一种装饰性元素。

表 4　广西汉代陶屋窦洞形制

类型	西汉晚期	东汉		
		东汉早期	东汉中期	东汉晚期
B		盘子岭 M9-2		

续表

类型	西汉晚期	东汉		
		东汉早期	东汉中期	东汉晚期
C	母猪岭 M4-2·1	银山岭 53-16		凤门岭 M24a-19
D				梁君垌 M14-58·1

综上，广西汉代陶屋的平面形制较为稳定，仅在东汉晚期出现 D 类陶屋，其余形式从西汉晚期开始一直存在。不过在数量上，以 C 类为主，B 类次之，然后为 A 类，最后为 D 类，其中"有院落"应是主要的形制。广西汉代陶屋主要有两次重大变化：一是在东汉早期。居住部分占比有所扩大，尤其是 C 类陶屋，由两层变为了一层，畜居空间已消失或转为后院；出现实墙式台基，并逐渐成为主要形式；屋身结构变繁复，西汉流行的屋架形制消失，出现了许多斜向构件；屋顶整体形制虽无太大变化，但细部上出现了更丰富的脊饰；出现了满墙的菱形花窗、柳叶形窗棂；窦洞形制从上圆下方变为上圆下三角。二是在东汉晚期。自东汉早期以来，平面形制变化不大，但出现了三合院式，且在制作上更为规整、成熟，不似东汉早期的粗糙；屋身结构又变回了简洁、干练的形式，且主要形制与西汉晚期相似；屋顶有了更丰富的形制，在 C 类和 D 类陶屋中出现了错落屋顶；门的位置由偏居一隅逐渐移至正中，窗户的形制出现了较固定的搭配；窦洞的形制更为明确，且位置开始出现于槛墙处。

二、广西汉代陶仓和陶屋的分期

通过对广西汉代陶仓和陶屋的形制分析，可以将其分为三期：第 1 期为西汉晚期、第 2 期为东汉早期，第 3 期为东汉中期至晚期（表 5）。由于东汉中期仅有 1 例 A 类陶仓案例，结合前文推测，东汉中期的陶仓和陶屋在形制上应与东汉晚期的差别不大，因此在分期中将东汉中晚期的陶仓和陶屋视为同一期。

表5 广西汉代陶仓和陶屋各类型形制在各时期的统计情况

单位：件

时期	陶仓			陶屋				总计
	A	B	C	A	B	C	D	
第1期				1	1	2		4
第2期	2	2		1	4	3		12
第3期	6	2	3	1	2	9	1	24
总计	8	4	3	3	7	14	1	40

（一）第1期

共4件陶屋，其中A类1件、B类1件、C类2件。平面为方形，房屋比例瘦高，以2层建筑为主；基座类型丰富，整体未统一；屋身结构简单，以"田"字形内嵌"V"字形架构为主；屋顶为简单的悬山式瓦顶，无细节装饰；附属构件形制简单，门偏居一侧，窗以直棂为主，窦洞均位于院墙转角。这一时期，作为储粮的陶仓并未出现，仅有用于居住的陶屋；整体建筑装饰较少，本土因素浓厚，应为形制发展的初期。

（二）第2期

共有12件，其中陶仓A类和B类各2件，陶屋A类1件、B类4件、C类3件。这一时期的房屋瘦高，平面以长方形为主。刚出现的陶仓为干栏式基座，但也有其他类；陶屋干栏式比例明显降低，但并未消失。二者的仿木构划痕复杂多变，多用斜向构件、小构件，逻辑混乱。陶屋屋顶形制进一步丰富，类型和脊饰增加，但并无统一模式。陶屋的附属构件一步变化并逐渐装饰化，门渐移至正中，窗户形制更丰富，窦洞以上圆下三角为主，且位置渐移至在槛墙；而陶仓刚出现，并不能了解其变化。

东汉早期，社会经济开始恢复，粮食产量也进一步提升，因此出现了陶仓以储粮。同时，陶仓、陶屋百家争鸣的形制面貌也反映了繁荣初期充斥的复杂思想和文化。虽然统一的中央集权也在推动汉化的进一步发展，但也能看出此时还是当地文化的探索期，各方面的面貌均未定型。

（三）第3期

共24件，其中陶仓A类6件、B类2件、C类3件，陶屋A类1件、B类2件、

C 类 9 件、D 类 1 件。这一阶段，非干栏式的 A 类陶仓和 C 类陶屋成为主流，其次为 C 类陶仓和 B 类陶屋，最后为 B 类陶仓和 A 类、D 类陶屋。此时，陶仓和陶屋均有新的类型出现，并且在形制上更偏向汉式。在前一期的基础上，房屋平面更偏方形，比例更为圆润，而陶仓的前廊空间增大且渐渐独立。屋身结构均变得简洁，并且在形制上又以"田"字形内嵌"V"字形架构为主。屋顶也进一步简化，大部分为"仅正脊"式样；脊饰以脊端起翘为主，但仍有部分精美独特的脊饰。附属结构进一步装饰化，并且汉式做法更为突出，即陶仓虽形制与前一期相似，但窗户类型更丰富、制作更精良；陶屋门均于正面开辟，窗逐渐定型且更具装饰化，窦洞形制定型，位置以槛墙为主。不论是陶仓还是陶屋，形制在这一阶段均开始成熟，并逐渐出现固定的样式。

三、广西汉代陶仓和陶屋的形制变化特征

从上文分析可知，广西汉代陶仓与陶屋的形制变化在某些方面存在着相似的特征。东汉晚期大部分案例都十分规整，且此时的类型最为齐全，各自都有一定的固定形制，而要形成此情况，之前必经过一定的发展。由于东汉早期的建筑大多十分粗糙，因此推测，东汉中期极有可能为东汉晚期形制的发展期，因此大部分的变化应于东汉中期发生并逐渐定型。

（一）建筑结构逻辑更准确

在东汉早期，陶仓与陶屋的结构相对繁复，甚至存在一些不合理的情况；但到东汉晚期，大部分结构变得十分简洁，且合乎逻辑。在台基方面，陶仓从"无台基＋圆柱形支柱"变为圆柱式支柱为主，更符合其性质；陶屋由实拍枋式镂空台基变为实墙式台基，更为合理。在屋身结构方面，东汉早期的陶仓多有许多不必要的斜向构件，而之后的构架十分简洁、合乎现实；陶屋虽然在西汉早期就已形成较为简洁的构架形式，但到东汉早期却变得繁杂琐碎，不过之后又回归简洁，并且在形制上也逐渐固定。屋顶方面，特别是带前廊的陶仓，在东汉晚期出现的延伸屋顶的做法，能更好且更利于前廊空间的使用。这些方面无不表明在结构方面，古人的认知水平有了进一步的提高，使得建筑的结构逻辑更为准确。

（二）构件出现装饰化倾向

东汉早期出现了许多装饰性构件，且一些附属构件也逐渐出现了装饰化倾向，如器物表面的仿木构划痕，在西汉晚期简单的框架基础上增加了众多的斜向构件及实拍枋等构件，使得器物表面纹路繁密炫目，更具艺术性和装饰性。屋顶形式也出现了"垂脊＋排山瓦"和"方框＋尖刺状脊饰"形制。而一些附属构件此时也发生了变化：①陶仓和陶屋都出现了造型独特的梁柱形制；②窦洞由西汉晚期的上圆下方形变为上圆下三角形；③直棂窗窗棂出现了柳叶形纹样。不过，这些装饰化的构件还未有统一的形制，表现出"争奇斗艳"的状态。到东汉晚期，部分构件的形制才逐渐固定：①窦洞明确为上圆下三角形；直棂窗窗棂增加了柳叶形纹饰。与此同时，前文提到的窦洞和菱形花窗在这一时期也出现了装饰化倾向。综上，自东汉早期开始，在建筑构件方面应有装饰化倾向，而东汉中期应为装饰化倾向的发展期。

（三）建筑汉化程度增加

在西汉晚期，广西地区世居民族文化仍十分明显，而到了东汉早期，部分新的汉式文化开始出现，但此时还未能占据主导地位。干栏式建筑是广西世居民族文化的代表，在西汉早期，大部分建筑均是干栏式结构。但自东汉早期开始，陶仓和陶屋均出现了非干栏式结构，其中属曲尺形陶屋最为明显，且这一时期的仿木构划痕有 66.7% 的材料均出现了实拍枋式的垫木，这是汉式建筑中的代表性构件。此时的屋顶也出现了"垂脊＋排山瓦"的形式，这也是汉式建筑的元素。不过，从门的位置、非干栏式结构及窦洞等方面，能看出此时世居民族文化仍占据一定的地位。到东汉晚期，汉文化因素进一步加强，出现了三合院式陶屋和表示等级差异的错落式屋顶，所有的入口均于正中开辟，窦洞逐渐失去原始功能……这些方面均反映了汉文化的进一步增加。这一现象在广东也十分明显，但时间比广西早。

值得注意的是，在东汉早期，汉文化因素多表现为直观且易理解或模仿的构件，如瓦顶、斗拱（实拍枋）等。而到了东汉后期，则表现在以较复杂的或与礼制相关的、较难理解的内容上，如仿木构划痕的结构形制、表现等级差异的错落屋顶，以及表示"崇中"思想的正中开门等。这也许能直观地反映当时汉化的具体过程。

广西汉代陶仓和陶屋的形制在西汉晚期时逐渐确立了基本形制；至东汉早期，新的结构形式、繁杂的梁架、丰富的装饰、形制各异的场面预示着形制变化的开始；经过东汉中期的发展，到了东汉晚期，新的形制开始慢慢确立，建筑的结构更为准确，构件更偏向装饰性，建筑文化有更多汉式元素。虽然陶仓和陶屋并不完全仿造现实建筑，但在一定程度上也能体现当时建筑的部分特点。因此，我们有理由相信，汉代广西的建筑形制也有相应的变化。

四、广西汉代陶仓和陶屋形制变化的原因

由于许多变化涉及的精神内容在史书上少有记载，再加之"蛮夷地区"本就缺少史料，因此有关广西汉代陶仓和陶屋形制变化的大部分原因目前均未能了解。不过，通过借鉴前人的研究结论，再对照本文的案例特征，大致可概括出可能存在的四点原因。

（一）社会经济的发展

随着汉人不断迁入，带来许多先进的生产方式和工具，广西地区的社会经济得到了空前发展，当地的人们也因此能建造更多更好的建筑。与此同时，随着人口增加，住房压力也不断"逼迫"人们改进技术，以此达到更坚固、实用、经济的目的。再加上广西多石山，可供砍伐的木材有限，其建造成本必会不断提高。所以，在各种压力的"逼迫"下，借助先进的工具和技术，人们便会不断地简化建筑用料，从而建造出更简洁、经济且更符合结构逻辑的建筑。

当社会经济发展到一定阶段时，人们对于明器等"文化产品"的审美便会出现个性化选择，以此来展现其与众不同的社会身份。汉武帝前，广西地区社会一直不太稳定，至武帝攻占南越国并设郡县后，广西地区才重新开始发展。至东汉早期，掌握一定社会财富的人开始出现了求异心理；在经济繁荣的前期，为投其所好，"文化市场"也随之丰富化，故此时的器物形制丰富多样。随着社会经济的不断发展，再加上东汉时期对儒家礼制的推崇，"大一统""祖制"等思想盛行，原先百家争鸣的局面便开始朝着统一发展，因此，到东汉晚期，大部分明器都相对统一。而可能受"祖制"的影响，许多应已废弃的构件，如窦洞，也作为一种"文化符号"遗留下来。

（二）汉化政策的影响

自秦以来，广西地区的世居民族文化便不断地与汉文化融合。从秦始皇统一百越、赵佗建南越国再到汉武帝设郡县，几百年间，广西地区的统治阶级极力地推崇中

原文化，即"汉文化"，这便在当地社会中定下了"汉化"的基调。同时，随着汉移民的迁入，汉文化源源不断地进入广西；加之政府的推崇，汉文化自然"高于"本地文化。于是，当地人便自发地学习、模仿汉文化。陶仓和陶屋本身就是汉文化的代表，因此，随着时间的推移，人们对汉文化的了解也就更加深入，陶仓和陶屋中汉文化的因素也越来越多。

（三）其他地区的影响

两汉时期的两广地区具有高度一致的政治背景，应受同种汉文化影响。因此，在社会生活方面，二者应有较大的相似度，在研究文化时具有一定的借鉴意义。

广州是广东最为繁华的地区之一，其拥有的汉代物质文化不仅数量丰富、种类多样，还有连续且明确的年代信息，因此本文选用《广州汉墓（上、下册）》和《广州出土汉代陶屋》中的汉代陶仓和陶屋，与广西的作对比，以了解二者的异同。不过，由于两本书中并未展示所有案例的具体资料，因此在分析时，仅能依据有限的描述及部分图片展开。

将广州的陶仓和陶屋按照本文的分类原则进行排布，并与广西的对比，可以得到各类型的对比分析表（表6）和陶屋相似形制的演化表（表7）。

表6　广州与广西汉代陶仓和陶屋形制变化情况

类型		西汉		东汉		
		中期	晚期	早期	中期	晚期
陶仓	A					
	B					
	C					
陶屋	A					
	B					
	C					
	D					
图示	广州		广西			
	案例间断					

表 7　广州与广西汉代陶屋相似形制对比分析表

类型		西汉		东汉		
		中期	晚期	早期	中期	晚期
整体框架	单层曲尺形			———	·········	
台基	实墙式		———		·········	
屋身结构	繁复斜向结构				———	
附属构件	大面积独立前廊			———		
	正中开门			———		
	上圆下三角窦洞			———		
	槛墙处窦洞			———		
图示	广州 ————		广西 ·········		间断 缺失	·········

从表 6 中可看出，两广地区汉代陶仓和陶屋的形制存在极高的相似度，结合其整体类型，不难推测两地的陶仓和陶屋存在一定的文化渊源或文化交流。从时间看，大部分相似形制均为广东地区先出现，后到广西，说明广西的形制很有可能受广东地区影响。不过，由于本文缺乏其他地区的案例，因此也有可能是二者共同受到其他地区的影响，但因接受程度不同而出现差异。例如，前文提及的柳叶形直棂窗窗棂在广州与湖南等地的陶屋上皆有发现；而最具代表性的干栏式结构，在贵州、湖南、广东等地也皆有发现，且大体形制相似。可见，除汉文化外，其他地区对广西的陶仓和陶屋也有影响。

事实上，建筑作为一种文化，几乎不可能独受一种文化影响。两广地区由于地理位置、民族成分等相近，在社会生活的方方面面都存在着十分相似的情况，二者之间的文化交融是不可忽视的；其他地区，如湖南、云贵等皆是如此。不过，由于广东地区拥有众多可通行的河道，并且在地理上距东南海域更近，在经济上较广西繁荣，因此，在文化取向上广西人往往会向广东人学习。在明器的形制上，便也表现出相应的趋同现象。但可能由于技术方面的差距，许多方面，如楼阁技术等很难做到与广东一致，因此会出现无意义的装饰因素。

五、结语

纵观全文，通过这 40 件出土于广西的汉代陶仓和陶屋，我们可以清晰地看到两汉时期人们对建筑结构的认识过程、建筑形制装饰化过程及建筑形制的汉化过程。通过借鉴前人研究，可以推测这些现象应是不断受汉文化及周围地域的影响，并依靠自身不断提高的社会经济水平而产生的。由于笔者水平和案例数量有限，加之所推测的结论并无较多的文献佐证，因此得出的结论仍具有较大的局限性。对此，只能期望日后再更深入地分析、研究。以史明鉴，如何保护好、发展好传统建筑文化值得深入探讨。

铜鼓上的阴阳观

徐腾歌

（广西师范大学文物与博物馆专业硕士研究生　广西　桂林　541000）

【摘　要】铜鼓作为我国西南地区少数民族及东南亚国家特有的青铜器，其纹饰有一定程式，鼓面纹饰均以太阳纹为中心，呈现出秩序井然的图案布局。阴阳观是一种阴和阳二元对立的观念，从新石器时代人们对自然最原始的感受起，就初显阴阳观，并逐渐发展为阴阳家、阴阳思想、阴阳学说。当前，学者们多从铜鼓上单一纹饰的象征寓意进行研究，而本文旨在通过空间分析论证铜鼓纹饰中蕴含的阴阳观，以期去除糟粕的阴阳观念，古为今用，助人与人、人与自然共享和睦之风。

【关键词】铜鼓纹饰　蛙饰　阴阳观　铜鼓造型

一、阴阳观念的发展

（一）先秦时期的阴阳观念

在科技极不发达的远古时代，人们畏惧黑暗、向往黎明。他们巢居洞穴，洞内外的晦明、天气的阴晴不定，以及刚柔、奇偶、上下等事物的对立面和循环往复，让人们体会到阴阳交错。最初是对于太阳的崇拜，上限新石器时代，下限春秋战国时代的云南沧源岩画上刻有太阳崇拜的景象，一人立于太阳之中，似顶礼膜拜。新石器时代的陶器以圆形为中心，外实中空，虚实相生、阴阳相和，陶器中的生殖崇拜也显示了阴阳观念。商代在夏历的基础上，将我国最早实行的阴阳合历进行调整，使其逐渐趋于完善。西周末年，伯阳甫用阴阳二气失调解释发生在泾、渭、洛三川的地震。春秋时期，医学家们在病理上认为疾病由阴、阳、风、雨、晦、明六气的不调和引起。战

160

国时期，形成了一个专门讲阴阳五行的学派，俗称阴阳家。[①]

阴阳概念的起源迄今没有定论。井上聪学者曾经在《商代庙号新论》中推测殷末时期的一些殷王干名中使用过阴阳原理，并论证了春秋时期丧葬制度中存在的阴阳观。[②]最初，人们只是显现出对阴阳向背的感受、观念与意识，并未形成思想体系，发展到春秋战国即铜鼓出现的年代，阴阳观念已十分成熟。

（二）秦以后的阴阳观念

秦代以降，阴阳学说在成熟发展中渐呈衰势，但阴阳观念在人们心中已根深蒂固。东汉时期，王充由"气"是万物基础的原理出发，在《论死》篇中批判长生不老和人死为鬼的迷信，认为"凡有生者必有死""阴阳之气，凝而为人，年终寿尽，死还为气"。[③]东汉医学家张仲景的《伤寒杂病论》奠定了我国中医治疗学的基础，此书已具备阴、阳、表、里、虚、实、寒、热等八纲对疾病诊断的认识方法。[④]

魏晋南北朝时期，儒学开始分为南学和北学，南学指东晋南朝的儒学，它注重从综合、抽象义理上去探求儒学精神[⑤]；北学指北朝的儒学，注重广博但少深耕。故当时有"北人看书，如显处视月，南人学问，如牖中窥日"之说，"显处视月"比喻做学问广博但不深，"牖中窥日"指做学问深入但不广博，这两个成语含义相反。此外，北为阴、南为阳，月为阴、日为阳，恰符合一阴一阳的对比。这一时期，阴阳观念更加世俗化。陶弘景以道教阴阳相生的宇宙形成模式和生死二元对立观念，建立了道教史上第一个成熟的神仙系统。这不仅使道教的神仙谱系向哲理化发展迈进了一大步，而且诸神等级森严，与世俗等级制度相一致，进而使道教有了维护世俗秩序的功能。

唐代，在天文学的推动下，朴素唯物主义和无神论思想有了重大发展。唐初著名学者吕才，驳斥当时盛行的风水迷信、卜筮迷信和禄命迷信，把"阴阳"归纳为天地、乾坤、刚柔、三光、四气等自然现象。柳宗元否定神秘的天、批判迷信，他的天人不相预说认为天地、元气、阴阳同瓜果、草木一样都是物质的，没有什么意志，主张重视人事而不空谈天命鬼神。来自日本的遣唐使团组织完备，设有阴阳师，唐朝传授内容就有阴阳历法。

---

① 朱绍侯、齐涛、王育济主编《中国古代史》上册，福建人民出版社，2010，第52页。
② 井上聪：《春秋丧葬制度中的阴阳观》，《历史教学问题》1992年第5期。
③ 同①，第293页。
④ 同①，第298页。
⑤ 同①，第397页。

铜鼓是流行于中国古代南方少数民族的一种打击乐器和祭祀用品，大约诞生于公元前 8 世纪，迄今仍在铸造使用，已有 2700 多年的历史。其发展历经起步、发展、衰退、巅峰、成熟、复衰退几个阶段。铜鼓展现了南方少数民族不同时期的冶铸技术、绘画雕塑水平和音乐舞蹈审美特征，不同时期的纹饰与同时期阴阳思想的兴衰也有一定关系。

二、铜鼓与古人的时空观念

（一）铜鼓分布的地理空间

诸多学者对铜鼓的分类先后有过不同研究，众说纷纭，现今主流分类方式是依据考古类型学的方式，将铜鼓按照纹饰及产生年代分为万家坝型、石寨山型、冷水冲型、遵义型、麻江型、北流型、灵山型、西盟型。上述代表性的名称依据铜鼓出土地而命名，分别为云南楚雄市万家坝村、云南昆明市晋宁区石寨山、广西藤县濛江镇横村冷水冲、贵州遵义市、贵州麻江县、广西北流市、广西灵山县、云南西盟佤族自治县，这些地点均为该类型铜鼓出土标准器所在地。当然铜鼓的分布区域也不完全和今天的地理划分吻合，它的分布范围更广泛，但核心分布区不外乎围绕此标准器所在地周围。

万家坝型、石寨山型、冷水冲型、遵义型、麻江型五个类型属同一系统，它们从前到后的发展演变脉络清晰。这个系统的铜鼓分布于整个铜鼓分布区的西部，曾有人将它们命名为"西式"铜鼓。后面的北流型、灵山型、西盟型三个类型，属另一个系统，主要分布在铜鼓分布区的东部，因而有人称它们为"东式"铜鼓。它们的发源地在广东、广西交界的云开大山一带，又被称为"两广型"铜鼓。[①]

在我国阴阳学说中，西方乃日落之地为阴，东方乃日出之地为阳，探究不同类型铜鼓在地理空间的分布有助于进一步验证铜鼓纹饰上的阴阳观。

（二）铜鼓自身的空间

如秦始皇帝陵地宫的设计、长沙马王堆汉墓帛画的布局，铜鼓是一个微观的宇宙，承载了古代先民的宇宙观。铜鼓鼓面呈圆形、鼓身为梯形，外实中空，实虚相

---

① 蒋廷瑜著，吴崇基图《铜鼓艺术研究》，广西人民出版社，1988，第 13 页。

生。首先，鼓面的圆形不仅属于美学范畴，而且是一个哲学范畴，象征事物的循环往复、终而复始，这与宋明理学的太极学说中的阴阳思想相契合。[①] 从空间结构上看，铜鼓主要分为鼓面、鼓身、鼓足三部分，鼓身又分为鼓胸和鼓腰，纹饰与部位所处空间关系紧密。鼓面纹饰主要为太阳纹、云雷纹、翔鹭纹、蛙饰；鼓身主要分布着游船纹、垂叶纹、爬虫纹、羽人纹；鼓足素面或为简约几何纹。根据这些纹饰内容，整个铜鼓是古人对宇宙空间认识的反映：鼓面代表天空，鼓身代表人间，鼓足则代表人间之下的地狱。长沙马王堆 1 号汉墓出土的 T 形帛画反映了一个宇宙空间。帛画从纵向上看，实际包括了四个部分，被三个平行的"地平面"分隔开，最上面象征天界，天界中央是一个身份不明的主神，太阳和月亮分别安置于两侧[②]，象征着宇宙中阴阳两种力量的对比和平衡，这与铜鼓纹饰有异曲同工之妙。至于蛙这一凡间常见生物被雕塑在铜鼓鼓面之上或铸在铜鼓的天界分布区，乃因蛙是铜鼓存在地区民族的一种图腾信仰，是雷神（婆）的孩子，或源于农耕文化中的求雨祈愿。

有的铜鼓鼓身饰有雕塑，雕塑的朝向也有讲究。雕塑动物往往头朝下，传说当铜鼓被悬挂起来时，头朝下的动物刚好立起来正对中空的鼓底，似兽吼鼓音响。也有学者进一步研究得出结论，雕饰人与巨鲸行驶方向朝下，远离鼓面太阳光芒而去，如同人亡故从阳间到阴间，侧看像抬棺入地，倒看则如飞向苍穹，蕴含上天入地无所不能的"人定胜天"思想，也寓意乌浒人从南（属阳）到北（属阴）的迁徙。[③]

无论从铜鼓分布的地理空间还是铜鼓自身的结构空间，都能体现先人倾注的阴阳观。铜鼓或许并不是为了呈现阴阳观或承载宗教意识而铸造，而是先有了用于象征财富与地位等级或娱乐工具的铜鼓这一物质载体，后受意识观念的影响，纹饰的刻画才如此丰富多彩。

---

① 林少雄：《从史前陶器看华夏审美意识起源的哲学基础》，《西北师大学报（社会科学版）》2000 年第 4 期。

② 巫鸿著，郑岩、王睿编《礼仪中的美术：巫鸿中国古代美术史文编》，郑岩等译，生活·读书·新知三联书店，2005，第 101~122 页。

③ 郑培分：《横县圭壁铜鼓上的〈人乘飞兽〉塑像雕饰考》，载广西博物馆协会、广西壮族自治区博物馆编《博物馆致力一个可持续发展的社会——广西博物馆协会第二届学术研讨会暨广西壮族自治区博物馆第八届学术研讨会论文集》，广西科学技术出版社，2015，第 230~233 页。

三、铜鼓与阴阳观

（一）铜鼓造型中的阴阳观念

虽然根据历史上我国对外文化交流及铜鼓传播区域来看，古希腊与我国铜鼓分布区及铜鼓兴盛时期文化未有交流，但众多考古证据表明，在同一个历史阶段，人类的思维模式、历史进程总是惊人的相似。公元前 1 世纪奥古斯都时代的罗马军事工程师和建筑师维特鲁威写了《建筑十书》，揭示了古代希腊神殿三种柱式的由来，认为这些柱式有着自然界某些生物种类的特征。他坚持认为希腊神殿的美不是任何一名建筑师想象力的产物，相反，它包含了自然界，尤其是人体的对称和比例映射。[①] 古希腊气候环境温暖，艺术家有更好的条件观察人体，因此古希腊人体雕塑艺术极为辉煌。希腊柱式分为三种，第一种是多立克柱式，兴起于公元前 7 世纪，约相当于我国东周时期，有 20 个凹槽，没有柱基，造型简单、厚重，颇具男性雄健之风，范例如帕特农神庙、火神庙。第二种是爱奥尼亚柱式，兴起于公元前 6 世纪，约相当于我国春秋时期，多用于小型建筑和神庙内部，柱身有 24 个凹槽，柱头上有 2 个涡卷饰，造型修长、秀气，具女性柔美之感，范例如伊瑞克提翁神庙、雅典娜神庙。第三种是科林斯柱式，兴起于公元前 5 世纪，约相当于我国春秋末期战国初期，此类柱式较瘦削，柱身有 24 个凹槽，除柱头更繁复外，和爱奥尼亚柱式相似，范例如宙斯神庙。此三种希腊柱式之后还出现了用人像雕刻代替柱子的两种柱式：阿特兰特（Telamon，即男性柱）和卡立阿提达（Canyatid，即女像柱），它们代表古典雕塑的极盛状态，把立柱的建筑功能隐藏在形式的后面。[②]

任何一件器物的造型绝不是人们凭空捏造，往往源于自然或人类本身。八类铜鼓的造型与三种柱式均是如此，它们在造型上都可以视为人类感知自身身体形态的反映。每一种类型铜鼓的造型于共性中显些微差别，从鼓面、鼓胸、鼓腰的相对关系可以感知。自古以来，只要有绘画艺术的存在，人们就极为关注人体造型。原始艺术与残酷自然环境抗衡，女性的生育显得尤为重要，诸如旧石器时代雕塑"威林道夫的女雕像"象征生殖崇拜的艺术作品颇多。美术技法理论谈人体骨骼，由于男子肩宽女子肩窄，形成男子下窄（胯部）上宽（肩部），女子上窄（肩部）下宽（胯部）的造型变

---

① 马月兰：《希腊神殿三种柱式设计风格的由来》，《世界文化》2004 年第 5 期。
② 梁玖总主编，司徒常、樊林编著《外国美术史》，上海交通大学出版社，2013，第 11 页。

化①，观察不同类型铜鼓的造型似男女身材有别，万家坝型铜鼓鼓面小鼓胸外凸，鼓腰极度收束，视为女子。石寨山型铜鼓鼓面宽大、鼓胸突出，亦视为女子。北流型铜鼓鼓面宽大、胸腰间斜度平缓，视为男子。灵山型铜鼓鼓胸微凸且最大径居中、鼓腰逐渐小幅度收缩，视为男子。冷水冲型铜鼓鼓面宽大、鼓胸不大凸出、鼓腰上部略直，视为男子。遵义型铜鼓面径胸径足径相差甚微、胸腰间缓慢收缩，视为男子。麻江型铜鼓鼓面略小于鼓胸，胸腰足曲线柔和，视为女子。西盟型铜鼓高瘦、鼓身直筒状，视为男子。自古便有男性象征阳，女性象征阴的说法，铜鼓造型的阴阳与其纹饰的阴阳相得益彰，似乎在传达阴阳和谐之意。

此外，大多数地区铜鼓的铸造与使用有公母鼓之分。四川凉山彝族自治州布拖县彝族传说铜鼓是天上居住的神人所铸造，它们有公母之分，有时天上下雨，公鼓应母鼓的呼唤，会飞向母鼓，互相匹配。晋宁石寨山M12：2铜鼓形器面纹饰有同敲大、小铜鼓之图，两面铜鼓平置在地面，一面铜鼓有男子二人徒手击打，边歌边舞；另一面铜鼓有妇女二人相对，一人击鼓，一人歌舞。这种两鼓合奏的现象可能是公母鼓最早的历史见证。壮族铜鼓舞，如只有二面铜鼓的，就是一公一母，各由二人共敲。四面铜鼓一组的，则为二公二母。四人每人各敲一敲。广西都安瑶族自治县瑶族支系番瑶的铜鼓公母成套，互相配对，公鼓声尖小，母鼓声粗大。彝族的铜鼓也有公母之分，公鼓小，音调高昂、尖细；母鼓大，音色醇厚、悠扬。公母鼓音调相差一至二度。敲奏时，母鼓打节奏，公鼓配合加花点二鼓合奏，使人听起来节奏清晰，音色悦耳。②

铜鼓属于美术艺术，艺术源于生活，同希腊柱式一样，与人类观察到的自身身体结构息息相关。

（二）蛙饰与铜鼓造型

在地理空间上，有蛙饰和无蛙饰的铜鼓在分布区域呈现一定规律性，相对整个铜鼓分布区，有蛙饰的铜鼓分布在南部和东部，无蛙饰的铜鼓分布在西部和北部，南部和东部为日出之地或阳光充足之地，在我国文化认知中属阳性，反之，北部和西部则属阴性。根据上面铜鼓造型比例差异分析，鼓形似男性（阳）的铜鼓上均有蛙（阴）的塑像，而形似女性（阴）的铜鼓上均没有蛙（阴）塑像的分布。一些公母鼓的特征与此印证。缅甸称铜鼓为"巴栖鼓"，其意是"蛙鼓"。制作铜鼓通常成双成对，一雄一

---

① 杨广生：《美术技法理论》，江西美术出版社，2001，第76页。
② 蒋廷瑜著，吴崇基图《铜鼓艺术研究》，广西人民出版社，1988，第186页、第260页、第280页、第288页。

雌，有青蛙的为雄鼓，无青蛙的为雌鼓。清代屈大均《广东新语》记载广州南海神庙的铜鼓时也说，灵蛙残缺，遂不复自鸣。云："铜鼓之大者，旧雌雄各一。今庙所存者，雄也。其雌向遇风雷，飞入狮子海中，今雄鸣，则其雄辄相应云。"

蛙为蟾蜍，代表月亮，代表阴，象征女性，至今仍流行于壮族的蛙婆节，蛙是神圣的女性。[1] 蛙往往围绕鼓面中心的太阳纹逆时针分布，其多为偶数出现，太阳纹在内，蛙像在外，逆为阴，顺为阳，奇数为阳，偶数为阴，而恰分布在具有男性特征的铜鼓上，这与《易经》中"内阳而外阴，内健而外顺阳"相吻合[2]，更有调节阴阳平衡之力。当代艺术家根据古朴的民间舞蹈素材进行提炼加工，注入新时代意识，创作出新型的彝族《铜鼓舞》，并于 1980 年秋在北京参加全国少数民族文艺汇演，以四位男子敲击铜鼓开始，迎出十位女子徒手合舞。临近结束时，男内女外（似铜鼓纹饰象征阳的太阳在内，象征阴的青蛙在外环绕）围成两个圆圈，互相向相反的方向疾快旋转，情绪达到高潮，气氛炽烈。[3]

（三）鼓上其他纹饰中的阴阳观

铜鼓上的太阳纹，到冷水冲型铜鼓之后，尤其是麻江型铜鼓，芒道十二成为定格，还包含有阴阳转化的哲理。十二道光芒象征着一年十二个月，也与地支十二支相对应。鼓面的云雷纹象征天气的阴晴，刻画的鹿等动物往往公母搭配。石寨山型铜鼓纹饰华丽，布局对称，飞鸟纹只数也为双数。铜鼓纹饰是人们观念的一种表达，无论用数还是纹饰的阴阳属性均有一定讲究。

四、结语

在我国古代历史中，阴阳观虽然曾被赋予过负面的含义，用以支持阳尊阴卑的腐朽思想，并被封建迷信神学奉为圭臬，但它本质上是自然的、科学的观念，是农耕文明、阴阳日历等自然现象的真实映照，也是中华民族中医、天文等科技发展的基础理论。

铜鼓上的纹饰艺术，镌刻着一个民族群体的心理意识，是我国纹饰这棵参天大树中的一叶，极具代表意义，窥一斑而知全貌。铜鼓纹饰是成体系的，以小见大地体现

---

① 蒋廷瑜著，吴崇基图《铜鼓艺术研究》，广西人民出版社，1988，第 88 页。
② 周鹏鹏译《易经》，北京联合出版公司，2015，第 40 页。
③ 同①，第 291 页。

了古时人们的阴阳观念，过去它维护着社会统治秩序，今日不断演进的它仍具有进步意义。第一，阴阳和谐观念具有充分的实物载体，运用于建筑设计、造型艺术、医学科技中。研究铜鼓纹饰中蕴含的阴阳观也是为了使阴阳和谐的思想更好地运用于今世之变。第二，阴阳观与历史和意识同步前进，不断更新，人们不断赋予它新的时代意义，使它从古至今生生不灭。第三，阴阳观是一种思想，它不同于成文法律，却像一把纯天然的戒尺，无形中指挥着世间万物的秩序，使万物得以和谐相生，促进人与自然和谐共生、人类社会和谐发展。

现今，要科学地认识阴阳思想，回归自然，不被神学束缚，阴阳相生的观念是一种科学又最能被普通大众理解和接受的思想，它是一种观念、意识、思想，更是一种客观存在的现实。

参考文献

［1］井上聪.先秦阴阳五行［M］.武汉：湖北教育出版社，1997.

［2］吴伟峰，黄启善，谢日万，等.河池铜鼓［M］.南宁：广西民族出版社，2009.

［3］万辅彬，蒋廷瑜，韦丹芳.铜鼓［M］.北京：中国社会出版社，2008.

［4］邱振声.壮族图腾考［M］.南宁：广西人民出版社，2006.

［5］朱绍侯.中国古代史·上［M］.福州：福建人民出版社，2010.

一件元代玉器的释读——兼谈"春水"玉

黄　晓

（南宁市博物馆副研究馆员　广西　南宁　530219）

【摘　要】通过对"春水"题材文物的对比研究，可以认为"春水"玉不应仅限于鹘捕鹅雁的画面，还应包括与鹘捕鹅（雁）同属一场景的鹅（雁），以及被鹘发现而逃窜的鹅（雁）题材。由此说明南宁市博物馆的"元青玉仙鹤穿莲饰件"属于"春水"玉范围，功能为带饰。

【关键词】捺钵　"春水"玉　飞鹅（雁）穿莲

南宁市博物馆"邕容华桂——古代南宁历史陈列"展厅中展出了一件元代展品"元青玉仙鹤穿莲饰件"（图1），长9.1厘米、宽5.2厘米，形制似长方形，青玉质，正面呈微弧凸，背面以圆雕状环衬托。构图生动繁缛，以水、荷叶、莲花、水草为背景，一只天鹅瞪圆眼睛，张口露舌，展翅曲颈，在花草丛中伸首疾飞。该玉器采用浮雕、镂雕、阴线刻等多种技法结合雕琢出正面微弧凸的主题图案，背面有圆雕状环衬托。通过镂雕，以深刀、重刀来表现荷花、水草的立体感。每瓣花瓣上均用阴刻线，花心带有结着莲子的圆形莲蓬，天鹅翼部用密集的短阴线刻画出羽翅，又以细阴刻线雕琢出天鹅的羽翼及翻滚的水波。器物背面光素无纹，不打磨、不抛光，可看到镂空部分有碾琢后留下的深浅不一的钻痕和铊痕，镂雕之钻孔与环托周围更是分布着许多

图1　元青玉仙鹤穿莲饰件

大小不一的铊痕，未加整理修饰，工艺较粗，有着粗犷、不拘小节的风格，体现着元代的琢玉风格。

中国传统图案讲究"有图必有意，意必吉祥"。然而，笔者初见此玉器时，发现天鹅修长的颈部钻穿于水草下，微张的喙部、瞪大的眼睛、缠绕在水草下扭曲的鹅颈、伸展的双翅以及翻卷的荷叶，均表现出天鹅呈挣扎状。观看者仿佛看到天鹅惊慌失措地往水里逃窜，扑张的双翅与缠绕的水草惊起阵阵水花，微张的口部似在做痛苦呻吟的表情，极度扭曲的脖子显示出天鹅的痛苦不堪，整体表现出挣扎的姿势和一种紧张氛围。与寻常所见一派祥和安静的吉祥寓意相距甚远，推断其所承载的文化内涵另有他义。故笔者根据天鹅这一形象，结合该玉器的时代特征，开始查找博物馆、文物商店等文物收藏机构的相关图录，发现有关天鹅形象的玉器里有"春水"、飞鹅（雁）穿莲等题材。因为图画中只有天鹅、水、荷、莲、水草形象构图，飞鹅（雁）穿莲似乎更接近这件展品的形象，但"穿莲"这个动作表现的是悠闲的形象，如《中国出土玉器全集》收录的云南省昆明市荷叶山出土的元代玉饰（图2）、中国国家博物馆收藏的明代飞雁穿荷莲玉绦环（图3）、上海龙华乡龙华三队明墓出土的明代飞鹅穿莲玉带饰（图4），所雕琢的飞鹅（雁）均姿态优美，颈部自然向下往前方伸于水草之中，腿部向后微弯，呈现出一幅恬静的画面，与南宁市博物馆展示的这件玉器图案中鹅（雁）表现出弯曲度大的身躯大相径庭，于是笔者把目光投向了"春水"玉这个方向。

图2　云南省昆明市荷叶山出土的元代玉饰

图3　明代飞雁穿荷莲玉绦环

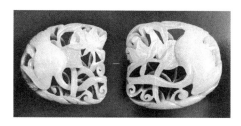

图4　上海龙华乡龙华三队明墓出土的明代飞鹅穿莲玉带饰

一、"春水"记载及"春水"玉的概念

"春水"一词最早见于《辽史·兴宗本纪》的记载："（重熙三年）辛卯，如春水。"《辽史》中多次"如春水"的活动，即皇帝率领君臣参加春狩活动。辽代（907—1125年）是我国历史上以契丹族为主体建立的少数民族政权，与北宋形成对峙。由于契丹民族活动区域不适宜农耕，他们形成了转徙不定、车马为家的游牧生产方式和传统习俗，每年随着四季气候变化而迁徙。"长城以南，多雨多暑，其人耕稼以食，桑麻以衣，宫室以居，城郭以治。大漠之间，多寒多风，畜牧渔以食，皮毛以衣，转徙随时，车马为家"。辽代统治者为加强地方治理，先后设置了五京：上京临潢府（今内蒙古赤峰市林东镇）、东京辽阳府（今辽宁省辽阳市）、南京析津府（今北京西南）、中京大定府（今内蒙古宁城县）、西京大同府（今山西省大同市），并设上京为都城。然而，辽代并不像汉民族统治阶层那样，以固定都城为家及处理政务、开朝会等活动的办公场所，辽代的政事国事活动在"捺钵"时进行。"捺钵"是辽代政治生活中颇具民族特色的一项重要制度，《辽史·营卫志中》载："辽国尽有大漠，浸包长城之境，因宜为治。秋冬违寒，春夏避暑，随水草就畋渔，岁以为常。四时各有行在之所，谓之'捺钵'。""捺钵"即地方之意，契丹族的"捺钵"不同于历代皇帝为狩猎而设的行帐（行宫），区别于上京的宫卫（宫帐）斡鲁朵。辽代每年四季均要进行捺钵活动，分别为春捺钵、夏捺钵、秋捺钵、冬捺钵，周而复始，因此有"四时捺钵"之称。其中春捺钵和秋捺钵最为重要。《辽史》中也有对春捺钵的具体描述："春捺钵：曰鸭子河泺。皇帝正月上旬起牙帐，约六十日方至。天鹅未至，卓帐冰上，凿冰取鱼。冰泮，乃纵鹰鹘捕鹅雁。晨出暮归，从事弋猎。鸭子河泺东西二十里，南北三十里，在长春州东北三十五里，四面皆沙埚，多榆柳杏林。皇帝每至，侍御皆服墨绿色衣，各备连锤一柄，鹰食一器，刺鹅锥一枚，于泺周围……弋猎网钩，春尽乃还。"

公元 12 世纪，崛起于鸭绿江附近一带的女真完颜部统一了女真各部，推翻辽代统治，建立了金王朝。金王朝继承了契丹族的遗俗，把辽代的四时捺钵改成了春、秋狩猎之制："（皇统三年）主谕尚书省：将循契丹故事，四时游猎，春水秋山，冬夏刺钵。""春水"一词也屡次见于《金史》，在舆服制中也出现了"春水之服"作为金人的常服之一："其胸臆肩袖，或饰以金绣，其从春水之服则多鹘捕鹅，杂花卉之饰。"这是目前发现最早记录使用春水纹饰的文献，并明确将春水、秋山活动作为装饰题材雕刻于玉中："束带曰吐鹘……吐鹘，玉为上，金次之，犀象骨角又次之。銙周鞓，

小者间置于前，大者施于后，左右有双铊尾，纳方束中，其刻琢多如春水秋山之饰。"

"春水"玉这个概念最早是杨伯达先生于1983年提出的。他根据北京故宫博物院收藏鹘攫天鹅、山林群鹿题材的传世古玉进行分类对比，并考证文献，认为这些玉器有特殊的意境，表现了我国东北地区契丹、女真等少数民族的狩猎生活。这些图案素材基础分别源自契丹、女真两族的春捺钵和秋捺钵。杨伯达先生将表现"鹘攫天鹅"这一题材的玉器定名为"春水"玉，以虎鹿山林为主要表现内容的玉器定名为"秋山"玉。这种类型的玉器始于金代，元代、明代、清代均有。经过杨伯达先生的论证，这一充满山林野趣及表现北方游牧民族生活题材的玉器受到了世人的关注，"春水"玉的称谓也沿用至今。

二、"春水"玉的造型特点

目前大多数学者认为，金元时期的"春水"玉不会省略鹘的角色，所以公认成熟的"春水"玉是以海东青攫天鹅的构图为主题，认为没有海东青形象即不归"春水"玉范围，而划入"雁穿莲"题材。但有学者认为"春水"玉的范围应当扩大化，不仅仅是描绘鹘攫天鹅的瞬间。杨伯达先生在《女真族"春水""秋山"玉考》中列出了一件删略了鹘形象的"青玉镂空荷芦天鹅"，认为这是为了表示鹅鹘之间尚有相当距离，将观者视线和想象引向玉子之外，扩大了表现空间，并将这件藏品判定为金中晚期之作。杨玉彬根据形制特征把"春水"玉分为三种类型：A 类以海东青啄鹅（雁）两者连为一体作为主题图案，B 类为海东青回望或俯冲鹅、飞鹅（雁）钻穿荷莲下作为主题图案，C 类的图案为飞鹅（雁）钻穿荷莲、无海东青形象。张润平则将"春水"玉的范围延伸，认为辽代也可能有少量"春水"玉作品，"春水"玉的表现不仅仅局限在描绘鹘捕天鹅的瞬间，表现有鹘的辽金元时期玉器作品，以及元明清时期只雕刻天鹅和芦苇画面的玉器也归入"春水"玉范围。

据《金史》记载，"春水之饰"不仅绣在衣服上，还装饰于束带上。由于材质所限，保存至今的金代纺织品较少，鹘捕鹅纹的更少，目前仅见藏于美国大都会艺术博物馆的金核桃形鹘捕鹅纹羊皮金织金锦，哈尔滨市阿城区金代齐国王墓发现的30余件金代服饰均没有发现此类图纹。玉或金属材质的带饰发现较多。实际上，在目前所发现的带饰中，仅湖北梁庄王墓出土的一套白玉鹘捕鹅束带（金代遗物，图5），由15条带饰组成，除6件金饰外，其余9件白玉带鋬的主体纹饰均为鹘正啄天鹅或准备啄天鹅之态。其他发现的束带饰件并不都是鹘捕天鹅的场景，如哈尔滨市阿城区双城村金墓群中出土一副鹘捕鹅纹鎏金铜带銙（图6），仅残存5节，其中3节是以鹘捕捉一只天鹅为纹饰、另2节的纹饰则是小天鹅回首安卧状。虽然这副束带并不是玉质，但从《金史·舆服志》记载"吐鹘，玉为上，金次之，犀象骨角又次之"中，可以推测出金人所束之带的带銙并非全部为鹘捕鹅的场景。《金史·舆服志》中有金国皇帝所穿的衮冕时搭配的凉带上有"玉鹅七，铊尾束各一"的记载，也是与春水活动及其题材有关系的玉器。春水活动中不仅有令人激动的鹘捕鹅的战斗场面，也有天鹅安卧的静谧姿态，动静兼具，更能突出捕猎活动的激烈，这或许正是宋人笔下"能蹴而摧之，得其潜伏之所"的金人形象，也是崇尚"以小胜大"的社会价值取向。因此，"春水"题材饰物不应仅仅局限于鹘捕天鹅的画面，也应包括与其相关的辅助场景，如与鹘捕鹅（雁）同属一场景的鹅（雁）或被鹘发现而逃窜中的鹅（雁）。元代继承辽、金部分遗俗也有"纵鹰鹘捕鹅雁"活动，带饰上也有体现这一活动的场景。如明太监刘通墓出土的一副浮雕鹘捕天鹅纹青玉带为元代遗存（图7），一套共18件单品，只有2件铊尾、2件倭角方形带銙、2件带蹀躞环带銙上有鹘捕天鹅的完整场景，其余的半月形及长方形带銙上只有天鹅的形象。同一束带上的带銙，这些只有天鹅却没有鹘的装饰物就不能称为"春水"饰了吗？玉带作为社会等级较高阶层使用的一整套饰品，对纹饰的雕琢很讲究，不可能东拼西凑各类带銙组成一副束带的。刘通墓出土的玉带所雕的是整个鹘捕天鹅场景，就算没有鹘这个形象，那些只雕刻天鹅的半月形及长方形玉带銙也应归入"春水"玉范围。四川成都利民巷元代窖藏出土的一批玉中，不仅有一对雕刻鹘捕天鹅玉带环，还有仅雕刻天鹅的带扣及带串，虽无法确定为同一副玉带的构件，但不可否认束带上仅有天鹅的带銙也是同时期"春水"题材的范畴。再如中国国家博物馆收藏的一件元代白玉花首雕鹘绦钩，钩背部浮雕一只鹘，钩首浅浮雕荷花纹，整器不见天鹅形象。但绦钩是与绦环勾连配套使用的，虽然目前暂时没有发现能与之相配的绦环，但可以推测其配套使用的绦环纹饰应只有天鹅及花草的形象。如果把"春水"玉限定为鹘捕天鹅这一瞬间场景而把其排除在"春水"玉之外，那该件绦钩和失群的绦环所表现的文化内涵则大为减弱。

不可否认，鹘捕鹅（雁）场景仍是"春水"玉最成熟经典的纹饰，南宁市博物馆这件展品虽然没有海东青这个形象，但是符合"纵鹰鹘捕鹅雁"里天鹅惊恐逃窜的姿态，也应归入"春水"玉范畴。

图5　湖北梁庄王墓出土的白玉鹘捕鹅束带之带銙

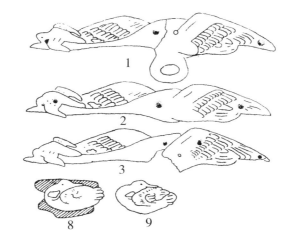

图6　哈尔滨市阿城区双城村金墓群出土的鹘捕鹅纹鎏金铜带銙

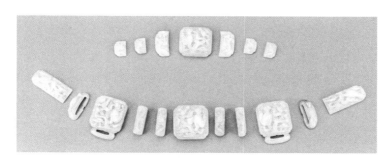

图7　明太监刘通墓出土的浮雕鹘捕天鹅纹青玉带

三、"春水"玉的用途

目前明确出土地点的"春水"玉数量较少，但在传世玉中，"春水"玉却屡见不鲜，如中国国家博物馆及北京故宫博物院均收藏有数十件，全国各地博物馆、国有文物商店也有少量收藏。"春水"玉的用途主要有带饰、帽饰、帽顶、刀柄、锥柄、其他饰件等。

（一）带饰

根据《金史》中的记载，"春水"玉主要用于吐鹘带上。目前出土的金代吐鹘带有湖北梁庄王墓出土的一套白玉鹘捕鹅束带，与哈尔滨市阿城区双城村金墓群中出土的鹘捕鹅纹鎏金铜带銙极其相似，两者虽材质不同，但形制构图完全一致，故认为是金代遗存。作为带饰的"春水"玉，有装饰在带銙、铊尾、提携、绦环、绦钩等之上，如湖北梁庄王墓出土的一套白玉鹘捕鹅束带，江苏无锡元代钱裕墓出土的玉绦环（图8），成都利民巷元代窑藏出土的玉提携（图9）。

图8　江苏无锡元代钱裕墓出土的玉绦环

图9　成都利民巷元代窑藏出土的玉提携

（二）帽饰

巾是女真族日常服饰之一，山西平阳金墓砖雕中就有许多裹巾束环的金人形象，哈尔滨市阿城区巨源金代齐国王墓男、女主人帽上均佩戴巾环。《宋史》有载，在宋、元联合攻击金人于蔡州时缴获金人宝物里就有"碾玉巾环"，台北故宫博物院藏南宋陈居中绘《文姬归汉图》（图10）、美国波士顿美术馆藏品宋人所绘《文姬归汉图》（图11）中蔡文姬所戴之帽上均有近圆形的白色巾环。巾环作为固定软体巾帽在头部的饰件，一般成对使用，分别置于巾帽两外侧。有圆形、方形、三角形等形状，一般纹饰左右对称。吉林舒兰市小城镇金代完颜希尹家族墓出土的一对鹘捕鹅"春水"玉环饰件（图12）直径2.4厘米、厚0.5厘米，鹘捕鹅纹饰左右对称，与金代齐国王墓男性墓主人所戴头巾两侧巾环纹饰布局有异曲同工之妙，均为一对，但齐国王墓出土的为近似三角形，而完颜希尹墓出土的则为圆形。推测完颜希尹家族墓出土的一对"春水"玉环饰件应是作为巾环使用。北京故宫博物院藏明代"御用监造"玉海东青啄雁饰（图 13）呈月牙形，长 5.5 厘米、宽 3.5 厘米、厚 1.4 厘米，可能是作为妇女帽饰使用。

图 10　南宋陈居中绘《文姬归汉图》（局部）

图 11　宋人绘《文姬归汉图》（局部）

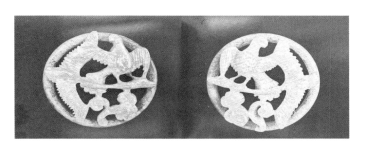

图 12　吉林舒兰市金代完颜希尹家族墓出土的鹘捕鹅"春水"
玉环饰

图 13　明代"御用监造"
玉海东青啄雁饰

（三）帽顶

蒙元时期，男女均戴冠幅，男子"冬帽而夏笠"。元末明初陶宗仪曾在《南村辍耕录》记载：元人王卜怜吉出游时因热把帽子脱下让侍从捧着，后来大风吹致帽坠，打碎了帽上镶的"御赐玉顶"，王卜怜吉笑着释然"是有数也"。帽顶是装饰在男子冠帽顶部的饰件，材质主要有玉、宝石、金、银等。元代在蒙古贵族间流行，明初官员也有沿用，一般为圆体馒头状，底为平面，上端弧凸，通体采用多重镂空雕技术，雕琢出一幅通景式的画面，或为水草禽鸟，或为山林瑞兽。后来由于人们多用发冠而不再用帽，帽顶逐渐被改作他用，有的被改为炉顶使用，故有人称之为"炉顶"，正如明人沈德符在《万历野获编》所云："近又珍帽顶，其大有至三寸，高有至四寸者，价比三十年前加十倍，以其可作鼎彝盖上嵌饰也。……竟不晓此物乃元物。元时除朝会后，王公贵人俱戴大帽，视其顶之花样为等威，尝见九龙而一龙正面者，则元主所自御也，当时俱西域国手所作，至贵者值数千金。本朝还我华装，此物斥不用。"清代依然流行在前朝帽顶镶炉盖上使用。北京故宫博物院收藏元、明时期帽顶多件，有的还附有清宫黄纸条，上有"汉玉炉顶"字样（图14），但这类器物大多数底部有成对象鼻穿孔，如不进行再加工难以安插在炉顶使用。虽然目前没有此类镂空雕纽状"春水"玉镶嵌在帽上的考古出土实例，但北京故宫博物院及部分博物馆藏有数件传世品（图15），它们与湖北梁庄王墓出土的两件镂空龙纹帽顶总体造型、工艺相仿，尺寸相似，故判断这类"春水"玉是作为帽顶使用。

图14　附有清宫黄纸条的金代帽顶

图15　金青玉海东青捕鹅帽顶

（四）刀柄、锥柄

刀、锥是辽、金民族日常使用的器具，且喜用玉作柄装饰。如1986年内蒙古辽代陈国公主与驸马合葬墓中出土了玉柄银刀、玉柄银锥各1件，1984年黑龙江阿城巨源金代齐国王完颜晏夫妇墓出土玉柄配刀1件，长春金代完颜娄室墓曾出土玉柄铁刀3件。锥在春捺钵时可用于刺杀天鹅。《辽史》记载："皇帝每至，侍御皆服墨绿色衣，各备连锤一柄，鹰食一器，刺鹅锥一枚，于添周围相去各五七步排立。……鹅惊腾起，左右围骑皆举帜麾之。五坊擎进海东青鹘，拜授皇帝放之。鹘擒鹅坠，势力不加。排立近者举锥刺鹅，取脑以饲鹘。"北京故宫博物院藏的元代白玉镂雕鹘鹅刀柄，中国国家博物馆收藏的辽金时期的青玉鹘啄鹅刺鹅锥柄（图16），长方形器上端均镂雕鹘啄鹅图案，下端有榫可嵌入刀、锥身。

图 16　辽金时期的青玉鹘啄鹅刺鹅锥柄

（五）其他饰件

除上述几种用途外，还有一些不明确具体用途的"春水"玉，没有环托的"春水"玉以及环托上无明显空隙供绦钩穿入的"春水"玉雕件，可能纯粹作为佩饰或嵌饰。如北京故宫博物院收藏的几件金代白玉镂雕鹘捕鹅"春水"嵌件、元代海东青捕鹅玉嵌件等。北京故宫博物院收藏的一件紫檀嵌玉八卦如意（图 17），其柄首所嵌"海东青捕天鹅"玉饰即为金代的"春水"玉。清代不仅用前朝旧"春水"玉做如意瓦子，也制作"春水"玉作为嵌件做如意上的装饰。

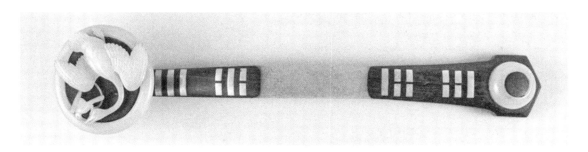

图 17　紫檀嵌玉八卦如意

南宁市博物馆这件"元青玉仙鹤穿莲饰件"虽定名为饰件，但笔者认为它是带饰，理由如下：首先，它底部的托环有抛光的痕迹，呈现圆润的环状，如为嵌件，没有必要对嵌入其他物件内部的托环进行抛光，排除作为镶嵌装饰物的可能；其次，虽然该件玉器没有明显的可供绦钩等物穿系的大孔痕迹，但竖置后（水波纹居下）左右两侧是有较多的空隙可供丝带或其他较细的物体穿系的。徐琳认为，环托上无明显带钩穿入之孔的绦环，可能直接系绦带而用。普林斯顿大学艺术博物馆馆藏任仁发《元成帝出猎肖像》(图18)里元成帝系在腰间的束带有3块椭圆白玉带饰，带上没有发现带钩或绦钩，可能是把这些玉饰直接缝缀在革带或丝带上，南宁市博物馆这件玉饰应该也是此类用法。竖置的类似例子也有，如成都市郫都区博物馆馆藏2件元代透雕单鸟纹玉磬（此定名待商榷）(图19)形制基本相似，纹饰构图相同，玉质、纹饰、做工基本一致，其中一件应该是竖置的，即水波纹居下荷花居上。

图18 元代任仁发《元成帝出猎肖像》(局部)

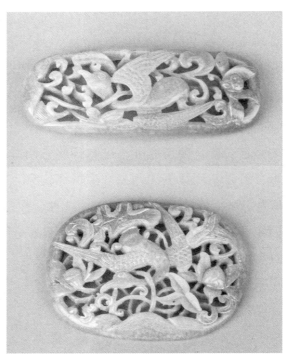

图19 元代透雕单鸟纹玉磬

四、"春水"玉的发展及演变

"一种雕刻技法的成熟不可能在某一时代突然出现，其出现必然有一定的发展演变过程。"从目前考古出土材料看，成熟的典型鹘捕鹅"春水"玉最早出于金代遗址，文献中最早关于鹘捕鹅"春水之饰"的记载也出于《金史》，但金代的春水活动源于辽代的春捺钵，目前发掘的辽代高级贵族大墓如耶律羽之、叶茂台、吐尔基山辽墓、辽陈国公主与驸马合葬墓等均未出土"鹘捕天鹅"形象的玉器，但有天鹅、大雁等肖生玉器出现，如陈国公主与驸马合葬墓出土的白玉交颈鸿雁玉坠、辽宁阜新清河门出土的青玉双鹅针筒、辽宁朝阳北塔天宫出土的曲颈睡雁等。尤其是1985年发掘的陈国公主与驸马合葬墓，出土玉器丰富，代表了当时的最高工艺水平。这些玉器以圆雕、片状居多，以浮雕技法为主，镂空雕与深浮雕、阴线刻等多种技法相结合的玉器少见。金代的"春水"玉常用于玉带饰之上，而辽代玉带以素銙居多，有装饰图案的以线刻或浅浮雕为主。金在灭辽和占据北宋北方的一些地区后，将宋代的大批技艺工匠掳掠至金地，带去了先进的生产技术与文化。金人将春捺钵活动与宋代的玉图画相结合，促进了金代治玉工艺的发展。这或许是滥觞于辽代的春水活动，但反映在玉器里只有圆雕或片状镂雕的天鹅、大雁形象，而没有多层次立雕加饰阴线玉雕作品出现的原因，也是雕琢技法娴熟的鹘捕鹅（雁）"春水"玉始于金代，一出现就是集镂空雕、浮雕、线刻等技法于一体的玉器的主要原因。

辽代的圆雕玉佩饰为金代成熟的"春水"玉的雕琢奠定基础。金代吸收南宋碾玉技术，结合本民族社会意识形态，创作出"春水"玉和"秋山"玉。金代的"春水"玉图案简洁，强调写实，多表现海东青攫天鹅的激烈搏斗场景，多余的装饰图案几乎不见，虽然都是采用镂雕、浮雕、阴线刻加工为主，但由于除托环外，较少辅助纹饰，多层镂雕使得画面立体感更强，海东青的勇猛与天鹅的逃窜刻画得生动传神，第一时间抓住观看者的视线。元代的"春水"玉图案较金代更加复杂，出现大量的荷莲、水草等辅助纹饰，深浮雕较金代也变浅。随着场景观察体验的减少，海东青这一关键角色也逐渐消失，鹅（雁）没有逃窜的姿态后趋于嬉戏的形象，转变为具有汉民族特色的吉祥图案——飞鹅（雁）穿莲，该场景与鹘捕鹅所表现的紧张气氛不同，更多表现的是鹅（雁）悠闲、静谧穿梭于水中的形象。明代没有捺钵制度，极少有"春水"玉器传世。唯一一件有款识的明代"春水"玉是北京故宫博物院收藏的明"御用监造"玉海东青啄雁饰，背面边柱上有"大明宣德年制""御用监造"款识，表明该件玉器为明代宫廷督造。清代虽为女真族后裔，但统治者对捺钵制度进行调整，倡导行宫文化，进行秋狝活动，类似辽金时期的秋捺钵，少见春捺钵活动的"纵鹰鹘捕鹅雁"场面，"春水"玉逐渐退出历史舞台。正如傅乐焕先生所言："四季捺钵不仅为辽一代之制，金元两代沿行不衰，迄于清朝，热河避暑，木兰秋狝，以及金北平近郊诸园囿之营建，似亦为此制之遗风。"

五、结语

　　"春水"玉题材源于辽代四时捺钵制度中的春捺钵，女真族灭辽建立统治后继承并扩展了契丹族的四时捺钵制，使其制度化，并将这一题材反映在玉器上，"春水"玉即在这一历史背景中出现。捺钵活动在元代继续盛行，"春水"这一题材装饰玉得以创新发展，并用于装饰绦环、帽顶等各类体现阶级身份的物品。到了元代晚期，随着汉化程度的加深，"春水"题材的玉器开始流于形式，其写实性削弱而装饰性增强。海东青这一角色逐渐消失，演变为飞鹅（雁）穿莲等具有吉祥寓意的装饰题材。明代，汉民族建立的政权没有四时捺钵制度，玉工对"鹘攫天鹅"这一场景缺乏深刻的体验，这产生并流行于北方少数民族的"春水"题材玉日渐式微，虽有制作，但已是求形不求神，逐渐演变为"飞鹅（雁）穿莲""满池娇"等世俗化题材。到清代，"春水"玉偶有出现，但用途已与金、元时期大不相同，多作为饰件镶嵌在如意或其他器物之上，成为"如意瓦子"或"如意吉子"。南宁市博物馆展示的一件元代中晚期的"春水"玉，虽未见海东青形象，但鹅雁俯首曲颈的姿态仍体现出"纵鹰鹘捕鹅雁"的紧张情境，因此仍应归入"春水"玉的范围。这件玉器同时也是"春水"题材向"飞鹅（雁）穿莲""满池娇"题材过渡的阶段，为人们了解"春水"玉演变过程提供了宝贵的实物资料。制作之初，这件玉器应作为带饰使用，可能直接系绦带而用。

柳州出土明代青花瓷器所饰人物花纹的研究

于广生

（柳州市博物馆副研究馆员　广西　柳州　545001）

【摘　要】本文通过对柳州市柳东镇王家屯明代墓葬出土的青花瓷器所饰的人物故事等纹饰内容进行综合分析研究，论证其为明代万历至崇祯时期的瓷器。研究发现，这些瓷器具有较高的艺术和历史价值，不仅填补了柳州此类出土文物的空白，还为明代瓷器的研究提供了新的实物资料。

【关键词】柳州　青花瓷器　明代　研究

一、古墓发现概况

2004 年 4 月，广西柳州市柳东镇王家屯景行小学新校区建设工地发现两座古代墓葬，地表有明显封土。柳州市考古队接报后迅速赶赴现场，并进行了抢救性发掘。经清理，确认两座墓葬均遭盗掘，墓室被严重扰乱，棺木、尸骨几乎腐烂殆尽，墓主身份不详。其中，一号墓葬为长方形土坑墓，残存封土堆，出土青花瓷器 6 件，包括青花人物纹八方瓷瓶 2 件、青花花草鸟纹带盖瓷罐 4 件，此类青花人物纹八方瓷瓶为柳州首次出土。该墓还出土一块石质残碑，碑文大部分模糊不清，仅能辨识"翰林王……崇祯"等字样，这石刻文应与墓主相关。据清代《柳州府志》《马平县志》记载，明崇祯年间有一位王姓翰林，为明代柳州府马平人王启元。该墓葬坐落在柳东镇王家屯，相传为当地王姓村民的祖坟，每年清明他们都聚在此祭拜，代代传习。

王启元，字心乾，约出生于明嘉靖三十八年（1559 年），卒年不详，是柳州府马平（今广西柳州市）人。明万历十三年（1585 年）考中举人，明天启二年（1622 年）考中进士，选庶吉士，授翰林院检讨。清乾隆《柳州府志》卷二十五《乡贤》记载，"王启元，马平人，弱冠博通经史，登万历乙酉科榜。连上公车十三次，至天启壬戌成进士，授翰林院检讨。以老告归，犹著不辍，其私笃学如此。弟启睿，以明经授县佐，辞不赴，隐于蟠龙岗，著《蟠龙岗志》。柳祠前有坊"①。清代《马平县志》记载，"天启二年壬戌科文震孟榜，王启元化子，翰林院检讨"②。《明史》列传《谭纶传·附王化传》载，"王化，字汝赞，广西马平人，……嘉靖四十年新置平远县（今属广东梅州），授化知县"。

王氏世居柳州罗池畔（今柳侯公园），祖父王尚学、父亲王化先后考取明嘉靖初年、末年进士，后在柳州蟠龙山修"王氏山房"供王启元、王启睿兄弟读书。明崇祯十年（1637 年）七月，徐霞客到访柳州，慕名两次前往王氏山房拜访，均因王启元之子王唐国"以疾辞"，未能谋面。《徐霞客游记》对王氏山房的建筑概貌有生动描述："江东之南山，有楼阁高悬翠微，为王氏书馆，即壬戌会魁王启元……小楼三楹，横列阔前。北临绝壁，西瞻市堞纵横，北眺江流奔衍，东指马鹿、罗洞诸山，分行突翠，一览无遁形。"王启元著有《清署经谈》，存孤本于世。明天启元年（1621 年），柳州开元寺重修，王启元作《重修开元寺碑记》。明崇祯元年（1628 年），柳州知府胡世俊重修柳州府学，王启元作《重修府学碑记》，推崇"柳州山水甲天下"。据作文时间，王启元辞世应当在崇祯元年之后，与墓碑时间记录接近。

二、出土青花瓷器概述

通过清理，墓中出土青花瓷器 6 件，包括青花人物纹八方瓷瓶 2 件、青花花草鸟纹带盖瓷罐 4 件，现藏于柳州市博物馆（图 1）。

图 1　柳州出土的明代青花瓷瓶和瓷罐组图

---

① 王锦修，吴光升纂《柳州府志》，刘汉忠、罗方贵、陈铁生标点，京华出版社，2003，第 427 页。
② 舒启修，吴光升纂《马平县志》，戴义开、刘汉忠点校，广西人民出版社，1997，第 109 页。

（一）青花人物纹八方瓷瓶

1. 一号瓷瓶（M1：1）。鼓腹带盖，腰和足部呈八方棱形，通体施釉，外腹饰人物故事纹，盖面饰山水垂钓人物纹，体高39厘米，口径3.5厘米，足径13.5厘米，重3378克（图2）。

正面　　　　　　　　　　　　　　背面

图2　一号瓷瓶（M1：1）

2. 二号瓷瓶（M1：2）。瓶盖残缺，瓶口沿局部残缺，高39厘米，口径3.5厘米，足径13.5厘米，重3405克（图3）。

正面　　　　　　　　　　　　　　背面

图3　二号瓷瓶（M1：2）

两件青花人物纹八方瓷瓶造型、纹饰一样，应为一对，出土时罐内有谷物。器物呈八方体，直口，短颈，丰肩，鼓腹下敛，平砂底微外侈，造型周正敦实，八方棱角圆润，线条转折自然流畅，胎质细腻洁白，釉色肥腻润泽。器身通体装饰青花纹样，颈、腹、足间以双弦纹间隔为三个区域，区划清晰，层次分明，青花发色纯正，浓淡自然。腹部主纹饰为通景人物故事，根据画片寓意，应为加官进爵图。颈部为青花留白城垛形边饰；肩部为青花留白莲花双层覆莲瓣纹一周。足部饰蕉叶纹，叶脉留白，长短相间，层次分明。当为明代江西景德镇瓷窑产品。

（二）青花花草鸟纹带盖瓷罐

墓葬同时出土青花花草鸟纹带盖瓷罐 4 件，器型相同，完整，高 7.2 厘米，口径 6.8 厘米，底径 9.2 厘米。盖钮为宝珠形，唇口，短直颈，丰肩，直腹略鼓，下腹内敛至底，平底。器型周正，胎釉略粗，釉色白中闪青灰色。颈、肩、腹以弦纹划分区域。其中，两个盖面饰花朵纹（图 4、图 5），另两个盖面饰弦纹（图 6、图 7）。肩部为锦地开光折枝花卉纹一周。腹部饰折枝花卉和鸟蝶纹，胎质细腻，釉色白中闪青灰。青花为浙青料，蓝中泛青灰，色调偏暗沉。图案采用淡描青花法，草率随意，不拘泥于形式，自然洒脱，这是万历年间开创的绘画技法。从器型及青花发色、装饰风格、绘画技法看，这 4 件青花花草鸟纹带盖瓷罐应该为明万历时期器物。

图 4　一号瓷罐（M1：3）

图 5　二号瓷罐（M1：4）

图 6　三号瓷罐（M1：5）

图 7　四号瓷罐（M1：6）

三、出土青花瓷器研究

（一）青花人物纹八方瓷瓶的分析研究

本次柳州明代墓葬出土的两件青花人物纹八方瓷瓶，器型、纹样一样，应为一对。从器型、胎釉、青花料、装饰图案等各方面综合判断，符合明代崇祯时期青花瓷器特征，应为崇祯时期典型器物，有可能为江西景德镇瓷窑产品。

1. 器型：青花瓷瓶呈八方体，直口，短颈，丰肩，鼓腹下敛。平底微外侈，细砂底有削旋痕。器物上下对接，腹部有明显接胎痕。造型周正敦实，八方棱角圆润，线条转折自然流畅。配有宝珠型钮盖。

2. 胎釉：胎体结实厚重、细腻，釉色肥腻，白润略泛青。青花发色纯正，晕散自然，墨分五色，浓淡相宜。

3. 纹饰：盖为宝珠形钮，钮饰双弦纹一周，顶部为菊花纹一朵。盖面饰垂钓图，江河、远山寂静，一位渔翁独钓江上，意境优美恬静。

器身通体装饰青花纹样，颈、腹、足之间以双弦纹间隔为三个区域，区划清晰，层次分明。颈部为青花留白城垛形边饰，肩部为青花留白莲花双层覆莲瓣纹一周。足部饰倒垂蕉叶纹，叶脉留白，长短相间，错落有致。

腹部主纹饰为人物故事"加官进爵"图案，画片采用通景画法，笔意连贯流畅。画片中一男子站立庭院中，头戴璞帽，身着长袍，双手捧着装有官帽的托盘。对面一位身着锦衣朝服官人，两手拢在袖中。一侍从紧随其后，肩系领巾，身着短袍，脚穿长靴，手执掌扇立官人身后。官人之后，还有两个侍卫，均手持长刀，护卫在旁。画片背景为庭院图，荷花池塘，围栏规整，曲折有度。池畔杨柳依依，迎风摇曳。叠石俊秀，皴染有力，山石间云雾缭绕。一棵芭蕉树挺立院中，枝叶茂盛，叶脉用细笔勾描，树下有一株小蕉树如竹笋状，刚从地面长出。所绘人物双手捧官帽者，准备献给对面的官人，应该是加官升迁之意。芭蕉树下绘有一只健壮的鹿，鹿是"禄"的谐音，意指晋升官职，增加俸禄，即"加官进爵""加官进禄"。有的图案绘手捧官帽、爵杯者，表示加官进爵，或是手捧装有三戟的花瓶，寓意"连升三级"。除祈求升官加禄、吉祥平安的图案外，苏武牧羊、水淹七军、仙人乘槎、十八罗汉、兄弟连芳等人物故事题材也广泛应用于瓷器装饰，是崇祯时期青花瓷器的主要特征（图8）。

4. 画法：青花人物纹八方瓷瓶的绘画技法，以单线平涂为主，一笔点画，双钩

图8　柳州市博物馆明代青花人物纹八方瓷瓶展开图

晕染，颇具写意韵味。如山石的皴法，用三、四竖条形点皴，淡墨晕染。山石间缭绕的云雾分为上下两朵，每朵又分为三层，左右盘旋如括号，又称括号云，层次清晰分明。柳树双钩树干，中间留白，柳条一笔描绘，不点柳叶，疏朗飘逸。下腹部的蕉叶纹，呈长条形如海带状，每片蕉叶中空留白，一长一短相间。

（二）与明代类似青花瓷器的对比研究

柳州出土的明代青花人物纹八方瓷瓶，装饰手法、绘画技巧与崇祯青花竹林七贤图六方罐、青花人物故事纹八方罐、青花丙吉问牛图笔筒十分相似，如出一辙。

崇祯青花竹林七贤图六方罐（图9）[①]：口径9.4厘米，高29厘米，底径13厘米。器呈六方体，直口，短颈，丰肩，鼓腹下敛，平砂底微外侈。器身饰青花纹样，颈部为青花留白城垛形边饰，肩部为青花留白莲花双层覆莲瓣纹，下腹近底处绘蕉叶纹，每片蕉叶间隔一细条形实心蕉叶。腹部画面一棵大蕉树，蕉叶饱满肥壮，叶片向上生长，叶脉用细笔勾描，大蕉树两侧各有两三株小蕉树如竹笋状，刚从地面长出不久，尚未长出叶片。两棵树交叉生长，树干先用浓墨双钩，淡墨晕染，柳条细软，不点柳叶。腹部主体纹饰为竹林七贤图，描绘了魏晋时期名士嵇康、阮籍、山涛、向秀、阮咸、王戎、刘伶等七人相聚，或吟诗，或饮酒，或抚琴，或下棋，谈天说地，纵论天下大事，人物形态各异，全神贯注，与环境和谐共融，意趣横生。

---

① 中国文物信息咨询中心编《中国古代陶瓷艺术：元明清釉下彩》，人民美术出版社，2005，第210页。

正面 背面

图 9　崇祯青花竹林七贤图六方罐

崇祯青花人物故事纹八方罐（图 10）。留白城垛颈，双层覆莲肩，倒垂蕉叶足，腹部树石栏杆、柳条蕉树，与柳州出土的青花人物纹八方瓷瓶画法非常接近，是典型的崇祯时期器物。

正面 背面

图 10　崇祯青花人物故事纹八方罐

崇祯青花丙吉问牛图笔筒（图 11）：高 19.4 厘米，口径 18.5 厘米，底径 16.5 厘米。器呈筒形，口底相若，直壁，平砂底。腹壁以青花绘通景人物故事"丙吉问牛"图。上下辅以暗花边饰。图中江水崖岸，高岩耸秀，草木繁盛，云气缭绕，盘旋卷曲，与柳州市博物馆青花人物故事纹八方罐的括号云相似，具有典型的崇祯时期特点。

正面

背面

图 11　崇祯青花丙吉问牛图笔筒

　　崇祯时期青花瓷器型品类并不多，以筒瓶、花觚、笔筒、罐居多。胎质有的细腻坚实，有的修胎粗糙。青料采用浙江产的为主，也有用石子青，发色翠蓝，或蓝中闪灰。纹饰以平涂法为主，草率随意，自然洒脱，画风独特，画面空寂、清雅，山石皴法别具一格，画面留意光照效果，险峻的山峰以偏锋运笔绘就，画工精湛，纹饰内容多见人物故事。崇祯时期开创了类似中国画中淡墨水彩的皴点法用笔，画面极富诗意，一直影响到清初。人物故事题材入画是崇祯青花瓷器装饰的最大特点。

　　万历时期青花瓷可分为两个阶段。第一阶段延续了嘉靖时期的制作风格，青料采用西域的回青料，图案花纹也基本沿袭前朝的风格。明万历二十四年（1596 年），回青料已用竭，开始用浙江产青料。《明实录》记录了太监潘相到景德镇后的上疏："描画瓷器，须用土青，惟浙青为上，其余庐陵、永丰、玉山县所出土青，颜色浅淡，请变价以进，帝从之。"说明此时已用浙江青料。成书于崇祯年间的宋应星《天工开物》对此亦有记述，"凡饶镇所用，以衢、信两郡出中者为上料，名曰浙料。上高诸邑者为中，丰城诸处为下也"。说明景德镇官窑从万历二十四年（1596 年）至万历三十四年（1606 年）间开始直到明末崇祯时期，都是使用浙江青料。[①] 蓝中泛灰，多有晕散，色调沉静。万历晚期的青花绘画出现了青花淡描、铁线描和淡水点染法，线条流畅，笔意简洁，具有水墨晕染效果。构图散漫，层次不明，大量采用锦地开光作装饰，是万历青花的一大特点。柳州市博物馆藏青花花草鸟纹带盖瓷罐，腹部主纹绘画折枝花

---

　　① 冯先铭主编《中国陶瓷》，上海古籍出版社，2001，第 527 页。

卉纹，鸟、蝶栖息在花间，构图散乱，不分层次，笔意率性，不求精细，符合万历时期青花瓷的特点。

四、结语

柳州出土的万历青花花草鸟纹带盖瓷罐和崇祯青花人物纹八方瓷瓶，具有典型的时代特征，为柳州首次出土发现，填补了此类出土文物的空白。尤其难得的是，一个墓葬同时出土了万历和崇祯两个时期的器物，这对于我们研究青花瓷器由明代晚期过渡到清代的发展变化提供了重要实物资料。此外，关于明代柳州籍翰林王启元的生平，他生活的时间大约在嘉靖三十八年（1559 年）至崇祯十年（1637 年）间，虽然与这批出土青花瓷制作时间相近，但王启元是不是该墓墓主还需要更翔实的资料和更深入的研究判断。

摩崖石刻与碑刻研究

南宁市隆安中学存明清碑刻释考

黎文宗[1]　贲小梅[2]

（1.桂林甑皮岩遗址博物馆副研究馆员　广西　桂林　541000；

2.广西桂林农业学校讲师　广西　桂林　541000）

【摘　要】隆安中学内保存有古碑刻 6 方，均是 20 世纪六七十年代拆除原隆安县学、文庙、隆阳试院等旧建筑时所留存。这些碑刻的年代跨越明清两个时期，内容多记载当时兴建或重建隆安县学、文庙、试院等教育场所之事，是明清时期隆安县教育事业兴起的一个重要见证。

【关键词】隆安　碑刻　隆安县学　隆阳试院　明清时期

明嘉靖七年（1528 年）王守仁平定八寨农民运动后，因"思龙之图乡民屡次奏乞添设县治，以便粮差。盖亦内迫于县民之奸，外苦于土夷之暴"，故上疏奏请"添设流官县治于思龙"，"分割宣化县思龙一、五、六、七、八、九、十、十二及西乡之六、八图共十里之地而设立一县治"，此县即隆安县。隆安县位于广西西南部，明嘉靖十二年（1533 年）正式置县设署，迄今已有 400 多年历史。自 1533 年建县后，隆安县历任县令不断增设、完善当地的文教设施，奉行教化，故隆安县虽然地处"粤西之极边"，但是深受汉文化的影响。

隆安中学的前身为隆安县立初级中学，创建于 1931 年，"校舍系将旧日文昌祠及试院改建。民九兴工，历经政变停顿，至民十九重修完竣。民二十春始正式开学，迨民二十二夏呈准立案"。1956 年秋季，隆安县立初级中学在增设高中部后，改名为隆安中学。因此，隆安中学实际上是在明清时期隆安县学、隆阳试院等遗址上建立起来的。

2018 年，笔者在隆安中学调查与王阳明相关的遗迹、遗物时，在校园内新建的一座由三间四柱式棂星门的左右次间改造成的碑廊上发现了 6 方明清时期的古碑。这些古碑均系 20 世纪六七十年代隆安中学为扩建校舍、办公室和礼堂，陆续将清代隆安县文昌祠、隆阳试院等留存下来的旧建筑拆除，从拆毁的旧建筑墙体中清理出来的。这些古碑的内容多记载当时兴建或重建隆安县学、文庙、试院等教育场所之事，是明清时期隆安县教育事业兴起的一个重要见证，对于人们了解明清时期隆安县的历史具有重要的意义。

一、碑刻基本情况

（一）明嘉靖四十年（1561 年）黎澄撰《重建隆安学宫记》

此碑为青石质，高 175 厘米，宽 103 厘米，右下角残缺。碑呈圆首，四周雕绘有缠枝花纹。碑文楷书阴刻，其右侧有题名《重建隆安学宫记》，正文如下：

赐进士、中顺大夫、广西按察司奉敕按察副使、前翰林院庶吉士、礼科给事中、乐平黎澄撰文

天下之事，善作者创其始，必善继者成其终，盖一人之智虑容有所未周，而一时之创制或有所未备，故必有所待，然后其盛能传也。南宁在广西为上郡，隆安旧属南宁极西之边地，为诸蛮出入之门户，去府治稍远，民夷杂处，剽略无宁日。我皇上初年，总督王阳明公伏节平田州之乱，思欲严其扃钥，于是即今地创为隆安县治，冀以保障此方也。朝命既允，王公经营疆理，凡城郭、宫室、公署、学校之设，翼如也。然事方创始，王公继以去任，故式廓虽定，率多苟简之习。旧学宫创于湫溢之地，尤为塌茸，学者无所依归，风俗无所观感，无怪乎二三十年之间，人文之不振也，岂有待而然欤？闽姚子居易以丙辰年来莅兹邑，即留意振作，思疮痍之疲民，登之于诗书礼让之俗，然恐力之不逮也。既三年政成民孚矣，乃谋于众，而士民之心率能以有司之心为心，复偕请于令，欲以共图厥成也。令以佥议之同，益赞其必为之志，乃捐俸以倡义举，而响义之民各效其子来之诚。于是卜得城东之地，平衍弘敞，后有五峰如抱如拥，前有三台如揖如朝，而大江横流，周回环带，天其以启隆安人文之盛乎？爰即其地而迁建学宫焉。是役也，公私不扰，居无何，遹观厥成，上下胥庆焉。工肇于嘉靖己未季冬月，迄明年丁亥月而落成焉。凡用材木几二万，砖瓦各五十余万。前为棂星门，次仪门三间，中为圣殿。中庭左右为两庑，以妥配享诸贤。右为祠堂，以祀王公，示不忘本也。左为明伦堂，为升讲之地。圣殿之后为启圣公祠，明伦堂之后为学宫衙宇，祠堂之后为斋宿所、为庖厨所，幽明之礼，公私之义，靡不具备。视昔之

学宫，诚所谓出幽谷而迁乔木者，士有依归、民有其瞻，岂非人事气化一新之会耶？余按太守郡君应聘，率令与师生届予言，以纪诸久远。予窃闻民之初生，如禽兽、夷狄，然未有知也。圣人者出，为之宫室以居之，为之衣食以饱暖之，为之立学校以教之，仁义之风成，则争斗之风熄，夫然后民可得而治也。故治与教非二事也，必先有以教之，而后有以治之。古卖剑买牛、卖刀买犊，由上有以风之也。为邑者或以学校非有司事，而漫不加意，风俗日颓，干戈日扰，而欲望治理之进，胡为可得哉？姚子可谓知先后本末之序，而明于理人者。予忝窃文衡，深惟凉薄，无以宣天子之德化于遐陬僻壤之方。姚令兹举，所以相予之不逮者，岂其征哉？俾后来典兹邑者，亦能以此存心，而不忘鼓舞作兴之道，安知隆安之教不浸昌浸明，而与中州埒耶？有民社之寄者，尚其加之意哉！

皇明嘉靖四十年辛酉□□□之吉

　　碑文左下侧阴刻有两列小字，但已模糊难辨。此碑文由明嘉靖三十八年（1559年）任广西按察司按察副使的黎澄（今江西乐平人）所撰，其文亦载于明嘉靖四十三年版《南宁府志》和民国二十三年版、1993年版《隆安县志》。该文在《南宁府志》中题名为《隆安县学碑记》，未著录年代；在《隆安县志》中的题名与府志相同，而年代作明嘉靖三十九年（1560年）。在历代方志著录的碑文中，明嘉靖版《南宁府志》、1993年版《隆安县志》所载内容最全，也最为准确，成文出版社影印的1934年版《隆安县志》则有较多脱漏。三者都可与原碑的碑文相对照，所载内容即姚居易迁建隆安学宫之事，也一致。姚居易，字丕泰，号南崖，福建晋江举人，明嘉靖三十五年至四十年间（1556—1561年）出任隆安县知县，"留心政事，怀辑诸夷，迁学宫，建城楼，百废俱举，而民不知役，附祀王守仁祠"。隆安学宫，即隆安县学。县学是科举时代专供生员读书的学校，录取童试合格的生员入学，以备参加更高一级的考试，也称"进学""入泮"，而选录的学生则被称为"庠生""生员"，也就是俗称的"秀才"。此碑题名《重建隆安学宫记》，所载即明嘉靖三十九年（1560年）姚居易迁建隆安学宫之事。

　　姚居易于明嘉靖三十五年（1556年）"来莅兹邑"出任隆安县令。后三年"政成民孚"，便着手择地另行迁建学宫。这次迁建工程"肇于嘉靖己未季冬月，迄明年丁亥月而落成"，即始于1559年农历十二月，完成于1560年立冬至大雪期间，历时一年。因学宫建成于明嘉靖三十九年（1560年）的农历十一月至十二月间，故民国版

《隆安县志》收录此碑文时，将其镌刻年代定为嘉靖三十九年（1560年）。然而根据碑文，《重建隆安学宫记》实际的镌刻年代应为嘉靖四十年（1561年），这可能是由于学宫落成之日距离年底较近，而作记、刻碑是在学宫建成之后的一段时间，故此碑所立时间是在嘉靖四十年（1561年），而不是嘉靖三十九年（1560年）。

（二）明嘉靖四十二年（1563年）《郡侯方公修学通学永思碑记》

此碑为青石质，高152厘米，宽102厘米，碑呈圆首，碑首中部有阴线刻圆圈，仿古碑之"穿"造型。碑四周阴刻有缠枝花纹，碑首横额双线楷书阴刻"郡侯方公修学通学永思碑记"12个字。碑文大部分已湮灭或模糊不可辨识，具体内容不详，但残存的可辨识文字中，有"隆安县儒学、郡侯方公□□碑□""嘉靖壬戌秋，郡侯方公……"两句。首句应为碑文题名，"隆安县儒学"即隆安县学、学宫，郡侯即郡守，亦即南宁府知府。次句则提及明嘉靖壬戌年即明嘉靖四十一年（1562年），又有"郡侯方公"字样，而嘉靖四十一年（1562年）任南宁府知府的正是方瑜，故此郡侯方公指方瑜。方瑜，"南直歙县人，进士，嘉靖四十一年南宁知府，因俗成政，抚驭有方，与姚居易并祀王守仁祠"。而据民国版《隆安县志》载，姚居易于嘉靖三十九年（1560年）迁建学宫后，"四十二年，知府方瑜以前功未竟，捐资续成焉"。故此《郡侯方公修学通学永思碑记》所载内容当是颂扬方瑜捐资修建隆安县学之事，其镌刻的具体年代应为嘉靖四十二年（1563年）前后。

（三）明嘉靖四十三年（1564年）董传策撰《隆安县儒学重建文庙记》

此碑为青石质，高165厘米，宽104厘米，碑呈方首，四周阴刻装饰有一圈缠枝花纹。碑文楷书阴刻，部分文字已模糊难辨，今根据民国版《隆安县志》进行校补。

隆安县儒学重建文庙记

□□□云间董传策撰

孔子之道在人心，无古今远近之异，故世之尊孔子者，无问古今远近，乃其人心所向往，靡不同云。夫孔子心纯乎天，世人心知尊孔子，殆其天同矣。乃或天为物蔽，斯心为形役，奚尝不？孔子若即能率其教，为良士者几希？故人均是心也，动以天则，我与天地万物同体；动以人则，一膜之外为胡越。将循其人而周学也，虽密迩洙泗之乡，未易为孔子。翘远者云将率其天，而学靡息也。虽夷可变夏，狂可作圣，奚不可为？孔子云：有国家者必庙。孔子以立教，风民学孔子也，庙孔子必于学宫，风髦士率先齐民也，此义行，则在上者有民胞物与之怀，在下者有亲上死长之感，亡论荒远，咸率同然，讵非善事天者哉？

国朝设学遍天下，学必有孔子庙，岂为古文崇道，盖祗承孔子之教，真有弥六合而育万物之心，乃俗吏或视为弥文阔彩，以故中土盛靡风，而外徼多旷典。嗟乎！教不立则道不明，人各自私其心，其流至达禽兽不远，厥俗始易乱而难治，此岂细鲜故欤？隆安旧有学，厥境湫隘殊甚。嘉靖庚申春，姚令居易始请之上官，爰迁学于城南善地，甫创画堂庑，而令没，文庙实未就绪也。越岁甲子，南宁郡守方公瑜雅垂意学政，慨然修举坠典，乃捐资二百金，委署邑经历徐恩董其役。凡数阅月竣工，于是文庙告成，而学益焕然新矣。学博士诸生征余文纪成事，余惟孔子之教立，亡论人尽孔子，若即令长民者虚其心、平其政，毋荒远其民，而日怀保焉，使其为士君子者，益务丕变其野鄙之习，而孳孳然仁居义由，以成其为士君子，虽其氓庶夷僚，亦皆革心向化，各务其所当务，罔或陷于刑辟以伤天和。此岂非明时奉天之化，不择地而兴者欤？夫中国之异夷狄，由知尊孔子教也；君子之异小人，由善学孔子也。此之谓同然之良心，此之为天继。自今奉孔子庙祀与游其学宫者，慎毋以荒远违厥天哉。学自明伦堂以下，罔不修完，而文庙其大者，前令既碑之学宫，乃复碑之庙，而系以辞：

于赫元圣，昭鉴在斯，蠢彼含灵，罔觉而迷，乃建标准，乃迪荒裔，厥既基只，陟降若思，尔学尔悟，元造罔私，庶几丕变，俗易风移。

嘉靖四十三年岁次甲子夏四月朔

文林郎、知县呈贡□文□、儒学教谕□□庄一德、典史南海高相、原署邑事、思明府照磨计圻、陈栋立

此碑文亦见载于明嘉靖四十三年版《南宁府志》，题名为《重建文庙碑记》，但未载年款。碑文镌刻于嘉靖四十三年（1564 年）农历四月十五日，由董传策撰写，正文内容大致可分三部分。第一部分为论，论及文庙兴建后的教化作用；第二部分为记，记载方瑜捐修文庙事；第三部分为颂，颂扬方瑜捐修文庙之事。董传策，字元汉，上海人，嘉靖二十九年（1550 年）进士，原任刑部主事，嘉靖三十七年（1558 年），"见吴时来上书请治严嵩父子，扼腕而叹曰：'可令吴君独当此乎？'会同官张翀，至语合，即各具疏请治嵩，已而并下狱论戍"。董传策被贬至南宁，直至隆庆元年（1567 年）才召还，最后官至南京礼部侍郎。董传策留邕期间，曾留下大量的诗文，这方《重建

文庙碑记》碑刻即是其亲撰，也是目前南宁市留存下来的唯一由董传策撰写的碑刻实物。

碑文所载方瑜捐修文庙事，即史志所载"四十二年，知府方瑜以前功未竟，捐资续成焉"一事。据碑文载，"嘉靖庚申春，姚令居易始请之上官，爰迁学于城南善地，甫创画堂庑"，旋姚居易去世，学宫的建设也就停了下来。之后"越岁甲子"，南宁知府方瑜"慨然修举坠典"，捐俸继续修建学宫，完备一切规制。此事在《南宁府志》中的记载更为详细，其载："三十九年，县令姚居易迁于城外之东郊，规模宏敞，久未就绪。四十二年知府方瑜因师生之请，乃出赎金重加修葺，制度礼仪，粲然备具，而文教于是乎兴焉！"文中明确指出方瑜是因"师生之请"，才出资修葺学宫使之完备，这似乎更合常理。此碑文中的文庙乃是祭祀孔子的地方，在地方上一般与学宫合一，此处或指学宫中的"圣殿"建筑（大成殿）。据此推知，姚居易迁建学宫时，虽然"诸制稍备"，但是祭祀孔子的文庙等建筑仍然欠缺，并未完工，学宫师生便请命于方瑜，由方瑜捐资继续修缮，最后才完善了隆安学宫的各项建筑和规制。此碑与前文《郡侯方公修学通学永思碑记》所载应为同一事，或即董传策所谓"前令既碑之学宫，乃复碑之庙"。

碑文中，方瑜"委署邑经历徐恩董其役"中的"署邑经历"为未经正式任命的临时性职务，类似今之代理职位，故徐恩之名在明嘉靖四十三年版《南宁府志》"经历"条下未见署名。落款中，"文林郎、知县呈贡□文□"应是指缪文英，其为"云南呈贡籍，南直常熟人，举人，四十三年出任隆安知县"。庄一德则是广东饶平人，监生，明嘉靖四十二年至四十四年间（1563—1565 年）出任隆安县教谕，"任见《重建文庙记》，谢《通志》《府志》俱误作万历时任"。高相，广东南海人，明嘉靖四十年至四十四年（1561—1565 年）间任隆安县典史。

（四）清康熙二十五年（1686 年）康熙御制《至圣先师孔子赞并序》

此碑已断为两截，碑高 195 厘米，宽 105 厘米，青石质。碑呈圆首，四周阴刻平雕云龙纹，其中首部为双龙戏珠纹，"珠"仿古碑之圆穿，内楷书题"御制"二字。两侧则是升龙纹，龙首上昂，五爪箕张，龙身穿云而上，半隐半现。碑文楷书阴刻，题名为《至圣先师孔子赞并序》。

至圣先师孔子赞并序

盖自三才建而天地不居其功，一中传而圣人代宣其蕴。有 行 道之圣，得位以绥猷。有明道之圣，立言以垂宪。此正学所以常明、人心所以不泯也。粤稽往绪，仰溯前徽，尧、舜、禹、汤、文、武达而在上，兼君师之寄，行道之圣人也。孔子不得位，穷而在下，秉删述之权，明道之圣人也。行道者勋业炳于一朝，明道者教思周于百世。尧、舜、文、武之后，不有孔子则学术纷淆、仁义湮塞，斯道之失传也久矣。后之人而欲探二帝、三王之心法，以为治国、平天下之准，其奚所取衷焉？然则孔子之为万古一人也，审矣！朕巡省东国，谒祀阙里，景企滋深，敬搞笔而为之赞曰：

清浊有气，刚柔有质。圣人参之，人极以立。行着习察，舍道莫由。惟皇建极，惟后绥猷。作君作师，垂统万古。曰惟尧舜，禹汤文武。五百余岁，至圣挺生。声金振玉，集厥大成。序书删诗，定礼正乐。既穷象系，亦严笔削。上绍往绪，下示来型。道不终晦，秩然大经。百家纷纭，殊途异趣。日月无逾，羹墙可晞。孔子之道，惟中与庸。此心此理，千圣斯同。孔子之德，仁义中正。秉彝之好，根本天性。庶几夙夜，勖哉令图。溯源洙泗，景躅唐虞。载历庭除，式观礼器。搞毫仰赞，心焉遐企。百世而上，以圣为归。百世而下，以圣为师。非师夫子，惟师于道。统天御世，惟道为宝。泰山岩岩，东海泱泱，墙高万仞，夫子之堂。孰窥其藩？孰窥其径？道不远人，克念作圣。

康熙二十五年七月初四日

户部尚书、文华殿大学士、臣张玉书奉敕敬书

此碑碑文为康熙皇帝于清康熙二十五年（1686 年）御制，后由户部尚书、文华殿大学士张玉书奉敕书写。张玉书（1642—1711 年），字素存，号润甫，江苏丹徒（今江苏镇江）人；为顺治十八年（1661 年）进士，历任翰林院编修、国子监司业、侍讲学士；于康熙二十六年（1687 年）升任刑部尚书，次年复调礼部尚书，清康熙二十九年（1690 年）拜为文华殿大学士兼户部尚书。康熙三十五年（1696 年），张玉书随驾平定噶尔丹之乱。康熙五十年（1711 年），张玉书在随康熙皇帝至热河期间，因病逝世，谥"文贞"。

此碑碑文载于《钦定国子监志》，其序载："圣祖仁皇帝御制《至圣先师孔子赞》碑，康熙二十五年七月立石，在大成殿甬路东。"即康熙皇帝于康熙二十五年

（1686年）御制此碑文，并勒石刻于曲阜孔庙大成殿甬路东侧。随后，康熙皇帝又将此御制碑文颁行全国各地文庙，以示尊孔。台湾《凤山县志》曾提到："康熙二十四年，御书'万世师表'匾额，悬挂直省各府州县文庙。二十五年，御制'至圣先师孔子赞''四贤赞'，颁行直省各府州县，勒石学宫。"隆安县文庙也正是在这一时期奉敕镌刻了此碑。在南宁市武鸣区府城镇的思恩府文庙旧址上，也曾发现一方相同规制的《至圣先师孔子赞并序》碑，据史载"康熙三十三年，御书先师孔子赞及四贤赞刊碑，立大成殿"，亦可证此。

（五）清嘉庆元年（1796年）《王文成公像赞》

此碑为青石质，高140厘米，宽84厘米，圭形方首。碑文主体为一幅人物画像，画中人物头戴阳明巾，垂带细长，自脑后越肩部而过，斜垂于胸前，身着宽袖袍服，脚蹬云履，端坐于太师椅上，椅子浮雕有缠枝牡丹花纹饰等（图1）。画像人物面容清瘦，长须冉冉，双目炯炯，阔鼻长耳，眉间有丝丝皱纹，双手交叉抱握胸前，十指微曲，指甲细长，非常传神。画像左右两侧均有铭文，作楷书阴刻，其中右上角的文字为：

王文成公像赞

猗欤上哲，旷世名贤，德综将相，学贯人天。良知阐奥，性道独传，民求通隐，过愿绳愆。宸濠既定，复靖思田，干羽布化，顷净烽烟。泽流邕管，远近鸣弦，隆邑肇造，遗爱惟先。冠裳宛在，道貌依然，谥崇爵懋，食报绵延。

左上角的文字为：

邕郡敷文书院镌

阳明先生遗像于石，志不忘也！隆之民尤感肇造斯邑之德，立有生祠，久亦荒芜。兹为改建神阁，复就其余地设立书院，以广教化。是即所以仰体阳明先生讲学不倦之盛心也哉！其真像自应移摹于兹，俾得崇奉祭祀以报功德，故既赞之，复记其大略云。

知隆安县事昆明张树绩敬题

嘉庆元年林钟上浣穀旦

此碑立于清嘉庆元年（1796年），碑文著录于民国版《隆安县志》。张树绩其人，县志缺载，据碑文记载仅知其为隆安县知县。据碑文所载，隆安原建有供奉王文成公

图1 清嘉庆元年（1796年）《王文成公像赞》碑拓片

的生祠，年久荒废后，张树绩等便将其加以改建为神阁，并利用其地另建书院，"以广教化"，复又从敷文书院中摹得王阳明画像，立于书院内，以"崇奉祭祀以报功德"。碑文中提及的王阳明生祠，即王文成公祠。明嘉靖三十九年（1560年），姚居易迁建隆安学宫时，即在学宫圣殿（大成殿）之右加建祠堂，"以祀王公，示不忘本也"。此祠堂即王文成公祠。明嘉靖版《南宁府志》谓"阳明王公祠"，"在学左"（即县学之左侧），清康熙版《广西通志》、清嘉庆年间谢启昆版《广西通志》所载同。民国版《隆安县志》则云："王文成公祠，在文庙右。祀明新建伯王守仁、明知府蒋山卿、方瑜、知县姚居易。后屡倾圮。康熙间，知县查继甲，雍正间知县赵溯岸、刘观栋，教谕喻圣传先后捐修。"清乾隆末年，祠堂荒废后，张树绩等即利用其地建文昌阁和书院，此书院即榜山书院。

榜山书院，初名阳明书院，明嘉靖十六年（1537年）建于隆安县城北门内，后迁于西门内，改名兴文书院。"乾隆五十七年，署知县、府经历张树绩建于东门外王文成公祠故址"（今隆安中学礼堂左侧），易名为榜山书院。榜山书院"中建讲堂；后为杰阁，上祀魁星，下奉王文成公祠；神主阁后为屋三楹，以居院长。讲堂之前设门二重，左右翼以学舍三十六楹。置有膏火田二百亩，岁输粮银一十二两一钱。又宾兴田七亩，岁输粮银四钱九分"。其中提到书院讲堂之后的"杰阁"，即画像碑所谓"神阁"，为一座两层结构建筑，其内同时奉祀王守仁和魁星，显然其建筑样式和功能用途更类似于魁星楼或文昌阁。另据1993年版《隆安县志》载榜山书院废址："清乾隆六十年（1795 年）建，嘉庆三年（1798 年）落成，设讲堂 1 所，生徒宿所 33 间。民国九年拆除生徒宿所，修建隆安中学校舍。1964 年拆除讲堂修建学生宿舍。"其中关于张树绩建书院的时间略异于民国版《隆安县志》所载。考清代谢启昆版《广西通志》所载，榜山书院"乾隆五十七年，署知县、府经历张树绩建于东门外王文成祠故址（县册）"。其记载与民国版《隆安县志》同，但详载资料来源为"县册"，应是以县署造册、档案记录为依据，似乎更为可信。而且在《王文成公像赞》碑中，有"复就其余地设立书院"的记载，说明立碑时书院已存在，亦可证此。

（六）清道光四年（1824 年）钟孚吉撰《新建隆阳试院碑记》

此碑以石灰岩青石刻制，高 110 厘米，宽 68 厘米，碑文楷书阴刻，右首有题名《新建隆阳试院碑记》（图 2），正文如下：

古者乡有举、里有选，以时考其德行、道艺而进退之，三年大比，则献贤能之书于王，王拜受之。今之乡试即乡举之遗规，今之郡县试即里选之遗规也。又考古之诸侯岁献贡士于天子，天子试之于射宫，然未有不先试于泽宫而能与试于射宫者，故云已射于泽而后射于宫，泽者所以择士也。疏礼者谓射宫即学宫，泽亦宫名，盖于宽敞之处近水泽为之。今京师暨各省贡院，大抵皆泽宫之遗规也。粤西贡院以靖江藩邸为之，桂林各郡向有试院，为学政按临校阅之所，至州县则阙然弗讲。余莅任隆阳，适逢岁考，即于县廨局试，目击诸童生摄桌拾凳之苦，思所以安集而优礼之。谋之诸绅士，佥曰：城东南学宫左畔为文昌祠，有隙地可以创建考试公所。余命驾望视，徘徊周历，其地宽平广衍，附近圣人之居，适符古人泽宫之义，因捐廉二百金以为之倡，诸绅士咸踊跃乐捐，凑白金二千有奇，得以集事。于是鸠工庀材，经始于道光二年八月，落成于四年十月，盖几历两载余矣！费繁工钜，创造之难如此。余于听政之暇，时往督厥役，亦既竭尽心力，诸绅士亦乐此不疲，乃克观厥成，而今而后，始足称安集优礼之意。士之操觚握椠而来者，咸得以抽秘而骋妍也，岂不懿欤？今就厥廨舍图之，前为大门，余为榜其额曰"隆阳试院"。进为仪门，上有楼祀奎宿，再进为大堂，学宫之明伦堂在是焉。两廊为号舍，计东西各列石桌石凳三十行，可坐赴童子试者千人。后为文昌祠，祠侧两厢为阅卷所，寝息有室，庖湢有处，靡不毕具，□亚陶覽，轮奂一新，居爽垲而处高明，非古人所云宽闲之地耶，其宜于校士也明矣。抑又闻之太上立德，次立功，次立言。今之以经义取士，特立言之一端耳。士之应试者，当先求古先哲立言之旨，身体而力行之，如子臣弟友之常，各尽厥职，薪有合于明伦之义，然后发为文章，湛深经术，矩矱先民，坐而言之，即可起而行之，立功立德，胥基于是焉耳，济济多士，可弗勖哉！然则博学以启其始，笃行以要其归，处则为醇儒，尊所闻则高明，行所知则光大，出则为名佐，庶几不负圣天子乐育人才之盛心，亦不负余创建试院之苦心也夫！爰记颠末于右，而并系之以诗：

一行作□牧隆阳，锁院新开校士场。食叶蚕声齐下笔，织云锦段各成章。湛深要泽诗书气，藻耀须争日月光。祗节□□□□更，相最言扬行举副。

□□教授文林郎、知广西南宁府隆安县事、丙子科同考试官、卓异候升、武平钟孚吉撰

署隆安县知县裘槐枝捐钱壹十千……

隆安县典史孙锦捐钱壹十千……

大清道光四年岁次甲申小春月毂旦立石

此碑镌刻于清道光四年（1824年），其碑文载于民国版《隆安县志》，是由当时的隆安知县钟孚吉所撰。钟孚吉，福建武平人，进士，嘉庆二十五年（1820年）任隆安县知县，在任期间，曾捐修白鹤岩亭阁，并在白鹤岩下留下"古白鹤岩"摩崖。据碑文所载，隆安县自明代设县后，至清道光年间仍未建有试院，应试的童生只能搬桌携凳临时在县署内应考。钟孚吉有感于"童生掇桌拾凳之苦"，于是捐金倡建，在县学左侧文昌祠

图2　清道光四年（1824年）钟孚吉撰《新建隆阳试院碑记》拓片

处（今隆安中学礼堂右侧）建起了隆阳试院。

碑文附款中提及的孙锦，为浙江慈溪人，于道光三年（1823年）任隆安县典史；裘槐枝其名在民国版《隆安县志》中缺载，仅存姓氏，于嘉庆六年（1801年）出任隆安县典史，其署知县的时间则无考。

二、碑刻所反映的隆安县学、隆阳试院历史

在隆安中学现存的6方碑刻中，有3方均涉及隆安县学历史。其中，《重建隆安学宫记》记载了明嘉靖三十九年（1560年）姚居易迁建隆安学宫的历史，《郡侯方公修学通学永思碑记》《隆安县儒学重建文庙记》则分别记载了方瑜继修隆安县学和文庙之事，这些碑刻对于人们了解隆安县学的历史具有重要的意义。

隆安县学，即隆安学宫，在明清时期乃是专供科举生员读书的地方，主要录取童试合格的生员入学，以备参加更高一级的考试。据《重建隆安学宫记》碑文记载，王阳明在平定八寨农民运动后，"思欲严其扃钥，于是即今地创为隆安县治"，并"经营疆理，凡城郭、宫室、公署、学校之设，翼如也"。然而初立的"旧学宫创于湫溢之地，尤为塌葺"，有鉴于此，嘉靖三十九年（1560年），时任隆安知县的姚居易便倡议捐俸，在城东另行修建新的学宫。关于县学的创设，碑文语焉不详，其云王阳明设隆安县时，"经营疆理""学校之设，翼如也"，有隐指王阳明创立了隆安县学之意，而明嘉靖版《南宁府志》提及"嘉靖七年，县治始立，学宫草创"，似也持相同观点。然据民国版《隆安县志》载："隆安县学，在县治东。嘉靖十六年，知县章珪建于北门内，规制狭隘。"这明确记载隆安县学是由章珪于嘉靖十六年（1537年）在当时的县城北门处创建。1993年版《隆安县志》也同此观点。考之，王阳明于嘉靖七年（1528年）底已病逝于归途，而隆安县的正式设立迟至嘉靖十二年（1533年），显然县学的创立要更晚于此。隆安县设立后，首任知县杨君池仅在任一年，次年即为章珪接任，杨君池在任时间短，显然不可能完备县制，创办学宫，而继任的章珪于明嘉靖十二年至嘉靖十六年（1533—1537年）间担任隆安知县，于其任上完备县制的可能性更大，故章珪于嘉靖十六年（1537年）始建隆安县学之事当为可信。即隆安县学的创建始于嘉靖十六年（1537年），由当时的知县章珪创立。到嘉靖三十五年（1556年），姚居易"来莅兹邑"，就任隆安县知县后，经三年"政成民孚"，便着手择地另行迁建学宫。这次迁建工程"肇于嘉靖己未季冬月，迄明年丁亥月而落成"，历时一年。此即《隆安县志》所载之"卅九年，知县姚居易迁于东门外，捐建正殿及两庑、明伦堂、启圣

祠、戟门、泮池、棂星门、斋厨、桥垣，诸制稍备。提学副使黎澄记"。其中的"卅九年，知县姚居易迁于东门外"，即《重建隆安学宫记》碑所载姚居易重建学宫事，而"提学副使黎澄记"的文字正是此《重建隆安学宫记》碑。

及至嘉靖四十二年（1563年），"知府方瑜以前功未竟，捐资续成焉"。方瑜先后捐修了县学和文庙，此即为《郡侯方公修学通学永思碑记》《隆安县儒学重建文庙记》两碑所载之事。此后，隆安县学历经多次塌圮和重修，史载有"万历十四年毁于潦，知县袁璧重修。明末兵燹，久圮。前清康熙十一年，知县查继甲捐修，寻复倾圮。十八年知县史宗璜，廿二年知县徐黄嗣，二十五年知县盛国俊，三十年知县杨燮、训导李克成、典史司朝常，五十八年知县王骆；雍正六年署知县、新宁州知州徐德秩、教谕喻圣传，八年知县刘观栋俱重修。乾隆二十四年，知县赫生额修。……光绪二十年，署知县褚兴周建，越三年工始告成"。1905年，随着科举制度的废除，隆安县学逐渐荒废。1931年，当时的隆安县政府利用旧的县学、文昌祠及隆阳试院建筑重新改建成隆安县立初级中学。1956年秋季，隆安县立初级中学在增设高中部后，改名为隆安中学。此后，因城市建设及隆安中学的发展需要等原因，隆安县学、文昌祠及隆阳试院等旧建筑陆续被拆除。据1993年版《隆安县志》载，隆安学宫废址"其建筑群包括大成殿、左右厢房、王文成公祠、明伦堂、启圣宫祠、仪门、棂星门等。左右厢房在圣殿前中庭两侧，仪门及棂星门在圣殿前，早废圮。王文成公祠在圣殿右侧，1964年拆除，于原地修建教工宿舍。启圣宫祠在圣殿后，1964年拆除，在原地修建学校办公室。大成殿长20米、宽12米，砖墙、歇山琉璃瓦屋面，梁柱、檩椽、门槛等均为蚬木做成。1973年拆除，于原地修建学校礼堂"。至此，隆安县学等旧建筑已基本拆除不存，而原县学、试院、文昌祠等旧建筑中保存的古碑也被陆续迁移至今新棂星门下的碑廊中存放。

关于隆安县学的位置和规模，最初于嘉靖十六年（1537年）创建时乃是"建于北门内，规制狭隘"，至嘉靖三十九年（1560年）时，姚居易乃"卜得城东之地"（今隆安中学大礼堂），重新建起学宫，"前为棂星门，次仪门三间，中为圣殿。中庭左右为两庑，以妥配享诸贤。右为祠堂，以祀王公，示不忘本也。左为明伦堂，为升讲之地。圣殿之后为启圣公祠，明伦堂之后为学宫衙宇，祠堂之后为斋宿所、为庖厨所"。从这段文字描述可以看出，当时的县学建筑实际上是呈对称布局，中轴线上依次为棂星门、泮池、仪门、大成殿、启圣宫祠，仪门与大成殿间的两厢为东庑和西庑，大成殿两侧则是明伦堂和王文成公祠，明伦堂后为学宫衙宇，王文成公祠后则是斋宿和厨房。嘉靖四十二年（1563 年），南宁知府方瑜捐资修建了文庙，进一步完善了隆安县学的规制。此后，隆安学宫曾多次重建和维修，但基本上遵循了姚居易所建学宫的位置和规模。清乾隆二十四年（1759 年），隆安知县赫生额在修缮学宫时，增设了围墙、礼门、义路，进一步完备了学宫规模。清光绪二十年（1894 年），隆安知县褚兴周在明伦堂前增建魁星阁，使得学宫规模扩展至最大，此后再无改扩建记载。

另外，清道光四年（1824 年）钟孚吉撰《新建隆阳试院碑记》记载了隆阳试院创建的历史，对人们了解隆安科举教育发展的历史也有一定的意义。隆阳试院是隆安县建立的第一所县属科举考试院，始建于道光二年（1822 年）八月，至道光四年（1824 年）十月落成，共历时两年有余，主要用于童生试中第一场县试的科举考试，考生通过县试后方可参加更高一级的府试。在道光四年（1824 年）以前，隆安县的童试是在县署举行，由应试童生自带板凳桌椅到县署应考，考完再自行搬离，既麻烦又不便管理。有鉴于此，钟孚吉上任后，即捐廉集资，在隆安县学一侧的文昌祠的空地上创建了隆阳试院。建成后的隆阳试院规模颇为宏大，设有两个门，即正大门和仪门。仪门为二层结构，上层有祭祀奎宿的地方，奎宿即魁星，民间常将两者混为一谈。仪门后是大堂，也作为县学的明伦堂。大堂两廊为号舍，"计东西各列石桌石凳三十行，可坐赴童子试者千人"。大堂后为文昌祠，祠堂两侧的厢房则是阅卷所。隆阳试院在同治十一年（1872 年）经过重修，到民国时期已毁废不存。

三、关于《王文成公像赞》碑的考证

清嘉庆元年（1796 年）《王文成公像赞》碑中的王阳明画像，据其自铭乃是摹自南宁敷文书院所存阳明先生石刻画像。而据史载，敷文书院在南宁"城内之北，系县学旧址"（大致位置在今南宁市兴宁区北宁路广西粮食和物资储备局职工宿舍一带），"嘉靖七年（1528 年），都御史王公守仁建，有正厅、东西廊房，后厅塑王阳明像，春秋祭之。后有田塘、园地"。又据《南宁市志·文化卷》载："王阳明先生石刻像碑，现存于人民公园镇宁炮台内。碑高 2.13 米，宽 1.39 米，碑中线刻王阳明全身坐像，头带冠，身穿朝服，正襟端坐，画像神态怡然。石碑刻于明代嘉靖末年，原立于敷文书院（今北宁街自治区储备局内）。石碑在中华人民共和国成立后曾被遗弃湮没、残断，1982 年经南宁市文物管理办公室寻找发现后，将其修复并迁至现址安放。"经比对，隆安县《王文成公像赞》碑中的王阳明形象与现存于南宁市人民公园镇宁炮台中的《王阳明老先生遗像》碑非常相似，均为全身坐姿，端坐于太师椅上，衣服巾饰相

同。所不同者，为隆安县王文成公像中王阳明所坐椅子上的纹饰。由此推测，隆安县的王文成公像应摹自现存南宁市人民公园内的王阳明老先生画像。又考明嘉靖版《南宁府志》，仅提及敷文书院内"塑王阳明像，春秋祭之"，并无刻石像记载，而明万历十三年（1585年）陈希美《修复敷文书院记》中则有"（后堂）奉公像以居。面为对越亭，旁各翼以精舍如前廊式，后为公石像"的记载，说明最迟在明万历十三年（1585年），敷文书院中便已出现了王阳明画像石刻。清康熙九年（1670年），宋翔在《重修王文成公书院引》中再次提及："庚戌冬，翔奉命巡朗宁，询之郡县，始得其遗像久没于砌筑间，讲学元基已荡然瓦砾之场。"说明明末镌刻的王阳明画像石刻在当时仍存。清雍正元年（1723年），闻人绅在《重修敷文书院记》中说："因即其地象公之形于石，而春秋俎豆之，凡历二百有余年。"说明当时流传下来的王阳明画像摩刻于明代，即明万历十三年（1585年）后书院所存王阳明画像。此后敷文书院基本保留原有规制，王阳明画像也一直保存在书院内，民国版《邕宁县志》为此记载："王文成公石像犹存于敷文书院内。"

综合以上史料判断，明嘉靖以来，除了陈希美所载王阳明画像石刻，敷文书院中并无其他王阳明画像石刻的记载，故现存于南宁市人民公园内的《王阳明老先生遗像》，应是史料中提及的明嘉靖末年至明万历初年所镌刻的王阳明画像。而清嘉庆元年（1796年）张树绩摹自敷文书院的《王文成公像赞》，即摹自现存人民公园内的《王阳明老先生遗像》，即《王文成公像赞》所摹王阳明画像源自明万历年间所镌，具有极高的历史价值。

四、结语

现隆安中学内保存的6方明清碑刻均是20世纪六七十年代拆除原隆安县学、文庙、隆阳试院等旧建筑时所留存，其内容多是记载明清时期隆安县兴建或重建县学、文庙、试院等教育场所之事，是明清时期隆安县教育事业兴起和发展的一个重要见证。其中，《重建隆安学宫记》碑刻于明嘉靖四十年（1561年），记载姚居易迁建隆安学宫事。《郡侯方公修学通学永思碑记》原碑文大部分已模糊不可辨识，仅据碑首及残存部分文字判断，其内容可能是记载和颂扬嘉靖四十二年（1563年）方瑜捐修隆安学宫之事。《隆安县儒学重建文庙记》由董传策撰写，记载嘉靖四十二年（1563年）方瑜继姚居易之后再次捐修隆安县文庙之事。《至圣先师孔子赞并序》碑碑文是康熙皇帝于清康熙二十五年（1686年）御制，后由户部尚书、文华殿大学士张玉书奉敕书写，并颁行全国各地文庙刊刻，隆安中学现存此碑即为当时所镌刻。《王文成公像赞》是清嘉庆元年（1796年）张树绩为纪念王阳明的教化功德，自敷文书院摹回阳明画像后凿刻而成，其所摹敷文书院保存的阳明画像应为明嘉靖末年至明万年初年所刻，即现存于南宁市人民公园内的《王阳明老先生遗像》碑。《新建隆阳试院碑记》则记录了清道光四年（1824年）钟孚吉捐建隆阳试院之事。

通过上述几篇碑文，可以梳理出隆安县儒学兴起和发展的简要过程。隆安县儒学始兴于隆安设县后，起初多由地方官员兴办。明嘉靖十六年（1537年），隆安知县章珪于县城北门内创建县学及阳明书院，为隆安儒学兴起之始。嘉靖三十九年（1560年），隆安知县姚居易迁县学至县城东门外（今隆安中学处），并设王文成公祠，附于学宫，使隆安县儒学得以延续和发展。至清嘉庆元年（1796年），署知县张树绩在王文成公祠旧址上重建文昌祠，并另筑榜山书院，使书院与县学、文昌祠同处一地，这对儒学的发展有一定裨益。清道光四年（1824年），隆安知县钟孚吉在文昌祠处创建隆阳试院，这成为隆安县的第一个地方考试院，从而完备了隆安县的儒学和科举考试体系。

藤县《李靖上西岳书碑》考论

陀伟荣

（梧州学院教育学院教师　广西　梧州　543002）

【摘　要】藤县《李靖上西岳书碑》由施珪于南宋绍兴十六年（1146 年）重立，其碑源及真伪历来存在分歧。本文以史料为据判断藤县《李靖上西岳书碑》应来自潞城版，从书迹、文辞、时间三个维度对其真伪进行分析，认为此碑可能为宋人伪作。但此碑对藤县乃至广西有着重要的历史价值、文化价值和书法价值。

【关键词】李靖　上西岳书　藤县　国公碑

一、碑刻概况

藤县《李靖上西岳书碑》（简称《李靖碑》）无论是在研究李靖在广西的历史方面，还是在赏析其文辞、书法方面，都是一方非常重要的碑刻。中国国家图书馆所藏拓片高 86 厘米，宽 75 厘米，额篆书字径约 8 厘米，正文字径约 3 厘米，正文行书共 310 字。碑形为上额去角呈梯形，这是宋代典型的用碑形制。南宋绍兴十六年（1146 年）七月，施珪重立《李靖碑》于广西藤县，清光绪版《广西通志辑要》卷十中载"卫国公李靖有上西岳书手迹刻石绍兴中知军施珪重摹勒于祠，今碑在县署二堂"，即清光绪时期此碑还立于藤县县衙内，这是对《李靖碑》完整时距今年代最近的记载。[①] 据黄超云《历尽沧桑千古传——话说国公碑》载，此碑于 20 世纪 60 年代被砸毁，20 世纪 80 年代建大楼挖地基时发现有疑似残碑，但再寻时已无踪迹，现无存。表 1 为历代《李靖碑》信息表。

【基金项目】2022 年度广西高校中青年基础能力提升项目"桂西南边疆地区石刻考察与整理研究"（项目编号：2022KY0746）成果之一。

① 苏宗经纂修《广西通志辑要》卷十，桂林唐九如堂刊本，光绪十五年（1889），第 36 页。

表 1　历代《李靖碑》信息表

时间	地点	立者	备注
北宋崇宁三年（1104 年）	山西长治市潞城区	杨大中	
南宋绍兴十六年（1146 年）	广西藤县	施珪	已毁
明成化八年（1472 年）	陕西华阴市	朱英志	
清道光二十九年（1849 年）	广西北流市	李敏旸	

藤县《李靖碑》在《粤西金石略》《金石萃编》《北流县志》《广西石刻总集辑校》中有相关记载及录文，但录文有多字、错字、顺序颠倒诸多问题。据《中国西南地区历代石刻汇编》及中国国家图书馆藏《李靖碑》拓片，可辨录文舛讹。此碑历来备受关注，各家对其真伪事评亦各有所见，可从书迹、文辞、时间三个维度考其真伪。此碑无论在文辞上还是书法艺术上都有其独特之处；其文思雄奇，有驰骋天下之意；其书法遒劲，不失法度，继承"二王"遗韵。清代书法家茹典彰在勾漏洞中为其题跋"李卫公真迹碑，为世所珍。李晓谷先生家藏此本，出以示彰。以知古昔英贤，不独文气豪放，而书法亦复遒劲，因属倩工勒石，即以公之同好也"[1]。从题跋中亦可得知《李靖碑》在这历史长河中的显著地位。因此，应对此碑进行深度分析，特别是在书法手迹、文辞内容上对其进行考究，更详细地诠释此碑的历史由来，挖掘其历史价值、文化价值和书法价值。

二、碑文校勘、补录

（一）碑文

唐相卫国李公上西岳书真迹（额篆）

布衣李靖，不揆狂简，献书西岳大王阁下。靖闻上清下浊，爰分天地之仪，昼明夜昏，乃著人神之道。又闻聪明政直，依人而行，至诚感神，信不虚矣。伏惟大王嵯峨擅德，肃爽凝威。为灵术制百神，配位名雄四岳，是以历像清庙，作镇金方。迟规历代哲王，莫不顺时禋祀，兴云至雨，天实肯从，转葵为祥，何有不赖。呜呼。靖者一丈夫尔，何得进不偶用，退不获安。呼吸若穷池之鱼，进退似失林之鸟。忧伤之

---

[1] 北流县志编纂委员会编《北流县志》，广西人民出版社，1993，第 1150 页。

心，不能巳巳，社稷凌迟，宇宙倾复，奸雄竞逐，郡县土崩。遂欲建义横行，云飞电扫，斩鲸鲵而清海岳，卷氛祲以辟山河，使万姓昭苏，庶物昌运，即应天顺时之作也。又大宝不可以望据，欲仗剑竭节，未有飞龙在天。捧忠义之心，身倾济世志。吐肝胆于阶下，惟神鉴之，愿告进退之机，得遂平生之志，有赛德之时，终陈击鼓，若三问不对，亦何神之有灵？然后即靖斩大王头，焚其庙，建纵横之略，亦未晚也，惟神裁之。

绍兴丙寅秋七月右朝请郎知军州事施珪重立。

（二）碑文校勘、补录

施珪于南宋绍兴丙寅年即南宋绍兴十六年（1146 年）在藤县重立的《李靖碑》因年代久远，风侵日蚀，故历代文献所记多有舛讹。更有因神话而凭空妄加等，使得各版本录文有所不一。

藤县施珪所立《李靖碑》在《粤西金石略》第一卷中有录文，但是有几处记录错误，本文以藤县版《李靖碑》拓片正文分行举例。其中，第四行少"伏惟"二字；第五行"历"记为"摩"；第十行少"已"一字；第十四行"望"记为"坚"；第十六行"告"记为"占"；第十九行"靖"记为"请"，因此在此处校勘、补录。① 而《北流县志》中的录文错漏更多，如把"爱"记为"爱"，把"历"记为"摩"，把"郡"记为"群"，把"建"记为"见"，把"岳"记为"岛"，把"万"记为"百"，把"杖"记为"仗"，把"靖"记为"请"，把"珪"记为"圭"等。②

中国国家图书馆共有三版《李靖碑》拓片，分别为潞城版（图1）、藤县版、华阴版。通过对比发现，潞城版比其他两个版本分别少了第四行"大""王"、第五行"雄"、第六行"顺"四字（表2）。其原因是潞城版拓片经过裁剪拼接排版，不像另外两个版本是整张拓片，在制作过程中可能会把这四个字覆盖掉，因为在《山右石刻丛编》中潞城版的录文是完整的。③

---

① 谢启昆：《粤西金石略》卷一，台湾新文台出版公司，1977，第12页。
② 北流县志编纂委员会编《北流县志》，广西人民出版社，1993，第1150页。
③ 胡聘之：《山右石刻丛编》第三册，山西人民出版社，1988，第37页。

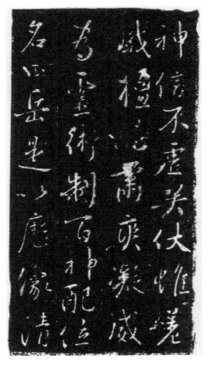

图 1　潞城版《李靖碑》局部拓片

表 2　三版《李靖碑》拓片对比

潞城版	藤县版	华阴版	潞城版所缺汉字
			大、王
			雄

续表

潞城版	藤县版	华阴版	潞城版所缺汉字
			顺

三、《李靖碑》所反映的相关问题思考

（一）碑刻作者及碑源问题

《李靖碑》目前所知共有四处，分别在潞城、藤县、华阴、北流。但藤县施珪版的《李靖碑》因何而刻？为何在此？各版本之间又有怎样的联系？

据清光绪版《广西通志辑要》记载，施珪于南宋绍兴十六年（1146年）年重立《李靖碑》，既然是重立，那先立此碑者又在何处？现主要有两种推测：一为此碑乃施珪得潞城版拓片而摹刻重立；二以《赤雅》为据，此碑是由北流勾漏洞传至藤县。其理由如下：

其一，《山右金石录》二卷中记载："李靖《上西岳文》，行书，宋崇宁三年，杨大中摹刻，在潞城。"[①] 杨大中（潞城）版《李靖碑》要比施珪重立版早42年，而清光绪版《漳浦县志》（福建）中记载施珪担任过左宦教郎，明崇祯版《开化县志》（安徽）记载他做过训导。可是在目所能及的资料中并未发现施珪有到过潞城做官的记载，在现有资料中虽未有直接证据表明藤县版《李靖碑》来源于潞城版拓片的摹刻，但拓片由他人携带至藤县的可能性也较大。单单从两件作品的相似程度上看，藤县版《李靖碑》应该是潞城版拓片的摹刻，且施珪因李靖在藤县有过军事行动而在藤县立碑也较为合理。

其二，据明人邝露的《赤雅》下卷的记载，"李卫公少年愤隋乱，上书西岳，文最激昂（一本作烈），后为桂州行兵总管，刻于勾漏"[②]。书中记载《李靖碑》原先刻于北流市勾漏洞，后不知为何而来到藤县。其中还记载"其真迹用黄娟书，上半元时毁

---

① 山右历史文化研究院编《山右金石录》二卷，上海古籍出版社，2014，第125页。
② 邝露：《赤雅》下卷，上海古籍书店，1980，第179页。

于火，后半余四十字笔法遒劲，激昂青云"。但谢启昆在《粤西金石略》中也提到"露言多不足据"[①]，故《赤雅》所记不一定真实。明人徐霞客曾探访勾漏洞，但他在《徐霞客游记》中也未提及此碑。而现在勾漏洞的《李靖碑》是清道光年间李敏旸借藤县版拓片再摹刻的，最终藤县版《李靖碑》是由北传南的说法更为可信。

（二）书迹取法问题

《李靖碑》观其书迹，笔画精致，结体紧密。此碑书迹取法于哪一位书法家呢？通过对比发现，《李靖碑》正文行书与《怀仁集王圣教序》极为相似，故推测此碑书迹应取法于"二王"，即王羲之和王献之（表3）。其理由如下：

表 3 《李靖碑》正文与《怀仁集王圣教序》单字对比

单字	《李靖碑》	《怀仁集王圣教序》	单字	《李靖碑》	《怀仁集王圣教序》
布			是		
西			作		
王			家		
地			即		
昏			物		
乃			在		
而			也		

---

① 谢启昆：《粤西金石略》卷一，台湾新文台出版公司，1977，第 16 页。

首先以单字作比。此碑可能参考了《怀仁集王圣教序》，即使不是集字，也应是对王书十分熟悉。将《李靖碑》拓片与《怀仁集王圣教序》进行单字对比（表3），发现其单字与《怀仁集王圣教序》单字甚是相似，单从字形上便可见其相似度极高。《李靖碑》正文一共310个字，其中有191个字与《怀仁集王圣教序》中的字重合。将这191个字从书法的角度进行对比，发现其中有152个字与《怀仁集王圣教序》中的字高度相似，这种相似度达到79.5%。如其中的"布""昏""至""是""作""即""在""乃"等字都极似王羲之笔迹。在这310个字中，除191个单字重合外，剩下的100多个字中还有很多与王羲之、王献之的字迹巧妙暗合，如"献""顺""历"等。

其次以部首作比。在《李靖碑》正文中有多个部首与"二王"字体极为相似，如"道""进""退"这些字中的"辶"，"清""池""海"中的"氵"与王羲之字体的常用部首极为相似。"辶"在《李靖碑》中共出现15次，但与《怀仁集王圣教序》写法相似的就有8处。而"氵"全文共出现8次，每个"氵"与《怀仁集王圣教序》中"氵"的写法几乎一模一样（表4）。在这件作品中同一个部首的相似度也是异常之高。因此，创作这件作品的作者应该是参考了大量王羲之的字形部首。

表 4 《李靖碑》正文与《怀仁集王圣教序》部首对比

来源	"辶"部		"氵"部	
《怀仁集王圣教序》				
《李靖碑》				

　　《李靖碑》碑额的篆书也很有宋人的风格（图2）。通过对比得知，《李靖碑》额篆应是取法于"二李"，即李斯与李阳冰，尤其和李阳冰的篆书极为相近（表5）。额篆字形公正匀称，健美修长；线条温润似筋，圆转流利，但笔画转折之处棱角略显有顶肩之意，即刚即柔，颇有李阳冰"玉筋篆"之笔法。崇尚唐人法度但又不失宋人的淡泊含蓄，故此碑额篆书也代表着宋代的篆书风格。

图2 《李靖碑》碑额篆书

表5 《李靖碑》额篆与李阳冰篆书对比

单字	《李靖碑》额篆	李阳冰篆书	单字	《李靖碑》额篆	李阳冰篆书
唐			公		
相			上		
卫			西		
国			岳		
李			书		

（三）《李靖碑》真伪问题思考

一是以书迹为线。此碑历来颇多争议，有论者云此碑为宋人伪作。以前文书迹取法为据，论此碑书迹与《怀仁集王圣教序》极似。在重合的191个字中有152个字与《怀仁集王圣教序》中的字形高度相似，但因未找出字形完全重合的字，对此存疑，未有定论。康有为在《广艺舟双楫》中记"《李靖上西岳文》（宋人伪作，然董逌以为大业末年，则亦出土久矣）"，他对《李靖碑》的真伪也是持怀疑的态度。[1] 李靖虽然能文能武，但其书法真迹并未流传，故难以断定此件作品就是李靖真迹。

二是以文辞为踪。第一，并无任何正史记载李靖在青壮年时期有写过此篇文章。已知最早记载此传说的是唐代刘𫗧的《隋唐嘉话》，其中谈道："出庙门百许步，闻后有大声曰：'李仆射好去。'顾不见人。后竟至端揆。"[2] 刘𫗧是唐代开元年间人，是著名史学家刘知几的儿子，他有可能听过这个传说，然未知其真迹若何。第二，在当时的环境下李靖写下这等文辞的概率甚小。《李靖碑》的碑文内容是表达李靖没有途径去施展自己的雄韬伟略，但在隋开皇年间的李靖，其父李诠是赵郡太守，而舅父韩擒虎已经进位上柱国，其家世显赫，背景强大，同时李靖也担任殿内直长一职。清代朱彝尊对此也持怀疑态度，他在《曝书亭集》中云："然考于史，卫公初仕隋，为殿内直长，寻为马邑丞。唐高祖击突厥，卫公察其有非常志，乃自锁上急变。"[3] 当时家世显赫的李靖想精忠报国的途径相当便捷，此文辞亦不像李靖本意。第三，按照当时的环境，李靖难以从第一作者角度出发写此文章。《曝书亭集》中言："而告文不知何所作，其'斩大王之头'，'焚其庙宇'，此岂卫公之言？昧者从而刻石，寨欧阳，赵氏所录皆无之，盖近作伪者为之妄也。"[4] 这也不符合第一作者该有的风度。李蕃的《雪鸿堂文集》十八卷中记载"《上西岳书》，考其年月，非卫公作"，故此书乃时人为博世人眼球而作矣。[5]

三是以时间为轴。李靖在唐贞观二十三年（649年）时就已经去世，而《怀仁集王圣教序》是唐咸亨三年（672年）完成。虽然李靖有可能在此期间得到王羲之墨迹进行观摩学习，但是如此高的相似度难以让人信服。且根据文辞，李靖当时正值壮

---

① 康有为：《广艺舟双楫》卷一，上海广艺书局，1916，第30页。
② 刘𫗧：《隋唐嘉话》，中华书局，1991，第4页。
③ 朱彝尊：《曝书亭集》，商务印书馆，1935，第792页。
④ 同③。
⑤ 山右历史文化研究院编《山右丛书初编》第十二册，上海古籍出版社，2014，第315页。

年，更早于《怀仁集王圣教序》的完成时间。当《怀仁集王圣教序》完成之时，李靖早已去世 20 多年，而筹集《怀仁集王圣教序》之时，正值李靖的迟暮之年，与慷慨激昂的年少之作并不相符。再看其落款，最早的时间是杨大中所刻的"崇宁三年"（1104 年），故宋人刻唐名品着实刻意。而且，据文献，此作品并未刻在碑文中所说的西岳华山，而是先摹刻于潞城，这也让人匪夷所思。

以上种种迹象都存在可疑之处，因此《李靖碑》是伪作的可能性极大。

四、价值体现

（一）神枢鬼藏之历史

《李靖碑》在历史上多有存疑，也近乎传说，甚至在藤县有好事者编造各种扑朔迷离的说法，如"拓之令辄不利，以是禁不敢拓。惟于令交替时，多具纸墨拓之"。这种说法称此碑在日常是不能拓的，而且会用红布盖住，只有在官员上下任时才可以揭开交付，并且这项仪式是必须进行的。如果不按照这个流程进行则会对官员不利。虽然这种说法并无依据，但是对此碑的保存却在无形中起到了巨大的作用，使旁人不敢轻易破坏此碑。谢启昆在《粤西金石略》也说"虽俗忌可笑，然碑赖以久存"[①]。

此碑在南宋绍兴期间立于藤县，在一定程度上也是为了纪念李靖当年南下平萧铣之乱这一历史事迹。李靖平定叛乱后在桂驻军长达两年，其间，他施仁政、爱其民，为当地百姓做了不少实事。百姓感其恩惠，为其立庙、造像、刻碑，以记其功绩。在清末广西各县志中就有多处李靖庙、祠、像的记载，以及以其名命名的山岭等。由此可知李靖贡献之大，而《李靖碑》的流传也有着非常大的文化价值、历史价值。

（二）墨秀笔瀚之文辞

纵观《上西岳书》这篇千古奇文，虽可能来自传说，但其文辞相当精彩。此文应是描绘李靖青年时期上华山造访西岳大王之作，文中形容西岳大王是一位威望极高的神，"名雄四岳……兴云致雨，转孽为祥"，从这几个用词也可知作者的文笔了得。接着作者用"呼吸若穷池之鱼，进退似失林之鸟"将李靖比喻成穷池之鱼、失林之鸟，将其进退两难的处境描绘得淋漓尽致。而文中用"社稷凌迟……郡县土崩"形容天怒

---

① 谢启昆：《粤西金石略》卷一，台湾新文台出版公司，1977，第 17 页。

民怨的隋代末年也十分贴切，此时的李靖想应天时、解民怨，建立一番功业，救苍生于苦海，使百姓安康，"飞龙在天"便是李靖希望自己就是那个领导万民成就功业之人。但此时的他并无他路，只能上西岳华山希望西岳大王"告进退之机，得遂平生之志"，并质问西岳大王"昔日若是功业建成便来报德。但现在三问于你而不应，算何神灵？"甚至要"斩大王头，焚其庙"之后再另寻他路，以成就自己的纵横之略。

作者写李靖上华山拜西岳大王的文辞，意境雄奇，文采斐然。其笔杆之下奇谲恣肆，无拘无束，将这个传说的情景再次呈现。

（三）入木三分之书艺

《李靖碑》是一件难得的习王书法珍品，写这作品之人应是写王书的高手，他对唐代的《怀仁集王圣教序》应该有过深刻的研究与理解。从一些部首以及单字中可以看出该作者也是位书法大家，此件作品处处都有王书痕迹，如"物""穷""生"等。点画之间不失王书遗韵，结构骨架仍有盛唐法度。在交通及信息不发达的古代，此作不失为一件珍品，在那个年代能一睹珍品也是难能可贵，若能得此拓片更是如获至宝。这件作品单字与王羲之所书单字有极大的相似之处，成为后人学习、临摹的重要法帖。此碑落于藤县，为江南之地更多的文人墨客学习"二王"遗韵提供了契机，因此这件书法作品的书法价值极高。同时，自古就有很多文人为其作跋，《粤西丛载》："唐李卫公布衣时，上西岳书，盖厌隋乱，其志奋欲有为，而咨之神明之辞也。其书亦佳。石刻在广西。"[1] 此碑书法，在勾漏洞诸碑中，可并郭沫若咏勾漏诗的书法而为双璧，在此碑碑文下方，有清嘉庆年间北流士子李敏旸的诗文和北流书法大家茹典彰的跋语，亦为书法珍品。

古时的书法珍品少之又少，存世的往往以刻版居多。而后人若想临摹或研究《李靖碑》，笔者建议选择潞城版或藤县版为宜，这两个版本立于宋代，刻碑时间也不长，能较真实地还原原迹。而后面碑刻如明成化年间的版本与摹刻于勾漏洞的版本多有遗失，存在笔法不清晰、单字错误等问题。孟庐《外孙唐翰题所藏李卫公〈上西岳书〉石刻》跋："右李卫公未显时，《上西岳书》原刻久佚。宋时曾两刻之，此则明成化间刻于岳祠者，笔法浸失其旧矣，然犹存拙朴之气。"[2] 这也道出了后来翻刻版的不足之处。

---

① 汪森编《粤西丛载》卷一，上海进步书局，1919，第 8 页。
② 《新丰镇志》编纂委员会编《新丰文萃》增订本，2012，第 189 页。

五、结语

综上所述，藤县《李靖碑》应是摹刻于潞城版，其书、其文乃宋人伪作的概率极大。本文通过挖掘、整理较为完整的碑文信息及梳理出碑刻的历史源流，希望能带来正确的信息引导。而通过对比碑中书迹发现，《李靖碑》无论是正文行书还是碑额篆书都蕴含着极佳的书法价值，也有助于世人了解宋人学唐书的状况。藤县《李靖碑》现虽已毁，但仍留存有众多的历史信息等待后人研究，特别是其真伪问题，应还有更多待挖掘的线索。

平南县畅岩石刻的田野考察

李浚华[1]　蔡维维[2]

（1. 广西民族师范学院艺术学院讲师　广西　崇左　532200；

2. 广西民族师范学院艺术学院副教授　广西　崇左　532200）

【摘　要】"畅岩怀古"位于广西平南县，有宋代至现代的石刻一共12方，主要分布在文昌岩。宋代理学家开山祖师周敦颐曾在文昌岩为龚州知州程珦的两个儿子程颢、程颐授学。本文通过对平南县畅岩石刻进行田野考察及内容整理，发现这些石刻具有一定的史料价值，并对高阳岩产生一些疑问。同时，畅岩石刻存在一定的病害情况，相关部门需要引起重视。

【关键词】平南县　畅岩石刻　天南理窟　田野考察

一、畅岩石刻的基本概况

畅岩石刻位于贵港市平南县官成镇双马村岩脚屯的畅岩山景区，距离平南县城约12千米。石刻集中分布在文昌岩，古代石刻共10方，其中宋代1方、清代5方、佛像1尊、年代不详的石刻3方；清代袁济袤题"天南理窟"石刻（图1），尺幅最大。此外，在石壁上有现代人书写石刻2方，在其他石壁上有用朱漆书写的痕迹。对畅岩石刻的考察与研究主要见于古代县志、文物普查文献以及一些散文等。

清光绪年间的《平南县志》载："畅岩县西北二十五里属路三里，平畴突起，石势嶙峋山半有岩，宽敞如屋，为宋代两程夫子侍父宦游龚州时，从周濂溪夫子读书于此，有印心亭、莲花池遗迹，穿穴而过为文昌岩，循石径行，有三宝岩、飞鼠岩、过仙岩诸胜，宋知州姚嗣宗尝游之，乾道间平南尹伊陈寿高有题名二十七字，邑人多游

【基金项目】2022年度广西高校中青年能力提升项目"桂西南边疆地区石刻考察与整理研究"（项目编号：2022KY0746）成果。

图 1 "天南理窟"石刻

咏其间名曰：'畅岩怀古'。"① 后经实地考察，发现陈寿高的题名实为 28 个字。《广西壮族自治区第三次全国文物普查不可移动文物名录》记录了畅岩摩崖石刻的镌刻时间及地点情况，② 曾燕娟的《追溯千年：石刻永流芳》提到了有关畅岩文化教育的情况以及袁济衰题"天南理窟"石刻等。

二、畅岩石刻的内容

一是《宋陈寿高游记》（图 2）。石刻长约 66 厘米，宽约 60 厘米，字径大小约 11×13 厘米，隶书，4 行，完整。内容为："邑宰泉山陈寿高暇日同宗人克忠来游，七男侍行，乾道己丑孟冬上浣。"

图 2 《宋陈寿高游记》石刻

---

① 裘彬、江有灿修，周寿祺纂《平南县志》，光绪九年手抄本，北京图书馆藏本，第 87 页。
② 广西壮族自治区文化厅、广西壮族自治区文物局编《广西壮族自治区第三次全国文物普查不可移动文物名录》，广西科学技术出版社，2013，第 248 页。

二是《创建周程三夫子庙碑记》（图3）。石刻长约150厘米，宽96厘米，字径大小约3×2.5厘米，楷书，21行，石碑中间有断裂，已用水泥修补，镶嵌在石壁上。碑文如下：

创建周程三夫子庙碑记

赐进士出身文林郎，知广西浔州府平南县事，志诏加一级，记录二次。壬午乡试同考官如皋顾駉撰文。

畅岩者，濂溪、明道、伊川三夫子读书处也。邑乘载，大中公宰龚州，命二子从濂溪先生游，开讲席于兹山。林壑娟秀，岩洞窈窕，见诸诗歌甚夥。壬午夏，余承乏此邦，披阅志乘，慨然与仰止之，思询诸父老佥，谓穹堪岩怪石鸟，历欲跻其巅，必籍卉攀条而后达。故曩宰，斯土者屐齿胥未经焉。癸未秋，簿书稍暇命立，役伐灌木制奥草石之怪，历者稍平之，逐偕宾从以登，非从为凭眺记也。岩当山半，据山之胜，洞穴晃朗，因以畅名自岩。而东石之秀者，如笔如笏峭如矛剑之森，列踵不克接，仆隶不克从，余独策杖往，更历岩者，数逶迤以达其巅，往复忘倦，盖其奥如旷如之观，惬心快目，而三夫子当日授几撰杖口，讲手画之所在，恍然如或遇之前哲，风徽俯仰瞻拜，扪萝凭石，流连不忍辄去，殆三夫子之灵，默以启兹，游乎会邑之慕道而好学者，黎子兆雄，袁子济衮来请曰：先生辟莽陟榛，巉岏追蹑，贤迹甚盛事也，邦之人高山仰止久矣，今思即其所为之祠，偕吾乡人共成之，愿先生为之倡，余欣然捐廉俸，助厥资二字董其事，为堂妥木主为亭，供游憩为书室，以俟后之来学者，涉夏徂秋而工竣，余因之有感焉，西粤僻在边，缴文教濡染，渐深而平邑科甲鼎盛学使者，每试辄谓其甲于他郡非，三夫子之流膏剩馥沾丐，后人抑更有异者，历宋而明以至于今，七百余年，岁其间岂无一二好义之士，景仰前哲，忾慕芳微，登兹岩以访遗迹，乃仅诸鼪鼯之栖，啸牧竖之息游，未有过而问焉者，向非黎袁二子倡率士庶，创造更新，则仍一蔓草荒烟

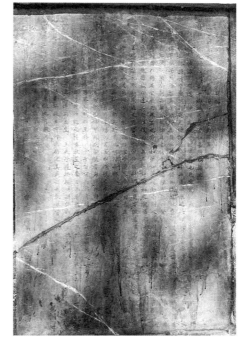

图3 《创建周程三夫子庙碑记》石刻

之境而已，岂三夫子遗迹显晦与兹山之盛衰，亦自有时与余公，余登览获奉先型奖劝后学谢朝华而启夕秀何幸躬逢其盛也，爰泚笔书之以纪诸石。

大清乾隆二十九年，岁次甲申秋九月谷旦，癸酉科拔贡生即铨儒学教谕黎龙光书监造秦川司巡检黄邦，首事候选州同黎兆雄，童生袁济衮，同邑绅士者庶公立。

三是《清袁济衮无题诗刻》（图4）。石刻长约55厘米，宽131厘米，字径大小约2.5×2.5厘米，楷书，28行，完整。内容如下：

往喆传心法，清风见此岩，意同吾与点，人仰道其南。岩室虚生白，苔关蔚染蓝。画情分夕嶂，诗境豁晴岚。去路扪萝得，前修顾影惭。绮知文□合，深爱碧云涵。荐酒余香草，烧灯傍古龛。龚州生长地，一为结闲庵。

蜿蜒山势龙千尺，空中构此嵬然壁。谁施匠巧来山城，穿穴琭珑不可攀。周程遗迹畅岩前，道貌儒风俨古昔。晓香砌闻琪花，秋翠满门森绮石。琴书之侧自正襟，清露研朱点周易。有时凝坐翠微间，碧绿青黄供指画。须知：道妙连空虚不是。先生爱岑寂，一自链幽凿险来，天粮月窟无常格。寒泉一道印心源，晴窗葛窍分驹隙。无穷风月足吟弄，得意何止晨与夕。文章不□在石室，师友渊源刚一脉。学成而去空山空，圣域贤关万载辟。就中少小记追随，自己起抠衣著游屐，循涂剪草还诛茅，松揩为扫苍苔迹，词场理窟敞轩楹，要与名山留片席。先生之风，高且清，瞻仰无从但跋踏，焚香开阁豁双眸，乌江澹荡蛇岗碧。后学袁济衮。

图4 《清袁济衮无题诗刻》石刻

四是《清黄体正题诗》（图 5）。石刻长约 50 厘米，宽 123 厘米，字径大小约 3.5×3 厘米，楷书，22 行，完整。内容如下：

学山不至山，所患在夫画。学山而至山，山亦无定格。此山名畅岩。地气结为魄。周遭一掌平，居然此巨擘。人望何穷窿，从之途稍窄。能容踽踽步。渐见林林石。或则凹而磷，或则嶙而凸。或作曲碌盘，或作玲珑壁。或如戴方冠。或如登圆碣。钝者有如锥，锐者有如戟。四顾难名状，两岩分阓关。一岩东北隅。幽深少人迹。一岩西南巅，晃朗天光白。理岩本空明，前贤有遗泽。吟风弄月年。程主而周客。万象列看看，不是虚无宅。静含太极图，曲通吾道脉。无事穿凿劳。而已耳目革。斯人与斯山，形理俱渊颐。人去山萧然，茫茫岁八百。岂无来者游。虑有歧途惑。九仞非难登，慎毋寸心隔。嘉庆丙寅□夏月，桂平黄体正题壁。

图 5 《清黄体正题诗》石刻

五是《清嘉庆闽中黄世发题畅岩谒》（图 6）。石刻长约 56 厘米，宽约 91 厘米，字径大小约 5.5×4 厘米，楷书，16 行，完整。内容如下：

畅岩谒，周程三夫子祠岩有题名云：邑宰泉山陈寿高暇日同宗人克忠来游，七男侍行，乾道己丑冬上浣；袁生衮重修获观；大旺村前山大旺，思回岩畔客思回，十年宦迹浮沉久，惭愧名贤此地来。叶旗偃骞马骖驔，暇日来游，侍七男。想见当年风土厚，长官犹得事幽探。方塘夜雨新莲沼，丈室春风小杏坛。辛苦袁绿重结构，千秋名字托烟恋。嘉庆癸亥维夏，闽中黄世发。

图 6 《清嘉庆闽中黄世发题畅岩谒》石刻

六是《罗琼题诗》(图 7)。石刻长约 75 厘米，宽 90 厘米，字径大小约 4 × 5 厘米，隶书，14 行，完整。内容如下：

图 7 《罗琼题诗》石刻

家近层岩十里间，时时心仰得跻攀。无边风月寻难遍，此处林亭意尚闲。一径能通频着步，千村都小为登山。奥如好忍当年室，静对原非爱石顽。浮云不障此山中，眼底光明王可攻，平地看时青天突，四边窥到得玲珑。茫茫将近千年达，落落新修一亩宫。理窟散言挼便得，直须扪石坐春风。嘉庆丙寅春，青里人罗琼题。

七是《天南理窟》（图1）。石刻长约200厘米，宽50厘米（石刻位置高，未能测量尺寸，此为目测数据），楷书，完整。此外，在其他石壁处发现有"高阳"二字，长约25厘米，宽约15厘米，字径大小约为18×15厘米，楷书，文字直接镌刻于未经打磨的石壁上，石壁有所损坏，笔者推测还有其他相关内容，但尚未找到资料。其中一方石刻，长约47厘米，宽约47厘米，字径大小约3×2.5厘米，楷书，年代、作者不详，已磨蚀。只能辨认内容有"奇、重、暮"三字。佛像1尊，长约30厘米，宽约22厘米，面部有被破坏的痕迹。

三、对畅岩石刻的几点思考

（一）对畅岩开发的见证

从史料看，畅岩的开发始于宋代，元明消沉，兴盛于清代。畅岩主要是文人墨客的游玩、休闲之地，直至清乾隆与嘉庆时期，周程三夫子祠建立，畅岩作为祭祀、敬仰先贤的场所，此时为畅岩兴盛时期。尚未有北宋时期的石刻资料直接反映畅岩的开发，主要是文人墨客到此探幽寻胜留下的诗词，如北宋的姚嗣宗《游畅岩》："石作房偏邃，水随人意流。两岩长溅雨，五月更惊秋。景媚多幽趣，心闲任意游。山翁能醉客，何事不重投。"[1] 南宋时期，陈寿高到畅岩游玩时在石壁上留下题字："邑宰泉山陈寿高暇日同宗人克忠来游，七男侍行，乾道己丑孟冬上浣。"这是对畅岩开发直接的石刻文字证明，也是已发现的平南最早的石刻文献资料。元、明时未出现相应的石刻资料，仅有明代南京籍翰林学士、户部尚书张廷纶所作《咏畅岩山》一诗："二程夫子此藏修，学道渊源继鲁邹。云锁岩扉闲岁月，草迷石径自春秋。泉流似觉书声在，苔印犹疑墨迹留。信是高山真可仰，令人千载慕徽猷。"[2] 清乾隆至清嘉庆时期畅岩的开发进入兴盛时期，畅岩建立有周程三夫子祠以及文人墨客在此地石壁留下石刻

---

① 张显相修《平南县志》，道光十五年刻本，国立北平图书馆藏本，第201页。
② 同①，第217页。

5方，另有3方时间不详，但从风格、形制上看，笔者推断其仍属于清代。《创建周程三夫子庙碑记》描述畅岩在宋代至建立周程三夫子祠之前，极少有人对畅岩进行开发。顾骃在碑文中写道："历宋而明以至于今，七百余年岁，其间岂无一二好义之士，景仰前哲……向非黎袁二子，倡率士庶创造更新，则仍一蔓草荒烟之境而已。"《清嘉庆闽中黄世发题畅岩谒》中提到"袁生衮重修获观"。

（二）丰富周子对二程创立洛学之功的史料

《河洛文化的南迁与影响——以江头洲村爱莲文化为例》一文认为："河洛文化又称洛学。北宋程颢、程颐兄弟为其奠基者，而'二程'则启蒙于理学开山鼻祖周敦颐。周子为二程创立洛学打下深厚的'底色'，而桂州实为洛学之滥觞。"① 该文作者举出相应的石刻，论证周敦颐对二程的影响。平南畅岩石刻的内容也可为此提供一定的史料依据。《创建周程三夫子庙碑记》中就明确说到周敦颐在畅岩讲学，程珦命程颢、程颐二子随周敦颐在畅岩读书，"畅岩者，濂溪，明道，伊川三夫子读书处也，邑乘载，大中公宰龚州命二子从濂溪先生游开讲席于兹"，濂溪即周敦颐。《清袁济衮无题诗刻》中提到二程向周敦颐学习后，学有所成："渊源刚一脉，学成而去，空山空圣域，贤关万载辟。"《清黄体正题诗》记载："程主而周客，万象列看看，不是虚无宅，静含太极图，曲通吾道脉。"这些石刻内容有助于论证周子对二程创立洛学之功，具有一定的史料价值。理窟是义理的渊薮，谓人富有才学之意，亦指义理的奥秘。袁济衮在畅岩题"天南理窟"四字，也体现出对周程三夫子理学思想的肯定。

（三）对高阳岩的疑问

高阳岩又称小畅岩。清道光版《平南县志》记载："高阳岩县西北三十里，方舆纪要云：'县西北九十里'，府志云：'县南三十里俱误'，属路三里，奇石壁仅山北一径可通山顶之，南有岩高畅明亮，以地势向阳故名，有宋平治年石刻，今字漫灭，与思鹅岩对峙，且近畅岩，又名小畅岩。"② 《小畅岩记》："……小畅岩也，去畅岩不数十武故齐名，惟畅岩为昔儒憩息地，特谦之以小，或曰畅岩之美难出其右，故小之。"③ 从此处可得到两个信息：一是畅岩与高阳岩是独立分开的，二者只是相近，但不是同

---

① 邓永俭主编《河洛文化与闽台文化集》，河南人民出版社，2018，第347页。
② 张显相修《平南县志》，道光十五年刻本，国立北平图书馆藏本，第52页。
③ 同②，第293页。

一个岩；二是高阳岩与思鹅岩对峙（图8）。[①]此外，《浔州府志》怀疑胡叟岩就是高阳岩。清道光版《平南县志》记述胡叟岩无考，"胡叟岩旧志在县南四十里高阳岩北，今查高阳岩在县西北三十里，其胡叟岩无考"[②]。《浔州府志·卷三·纪地·山川·平南》："胡叟岩旧志谓在县南四十里高阳岩北，今高阳岩在县西北三十里无胡叟岩之名，附考，胡叟岩在平南县高阳之阴，有宋治平中名贤题跋（舆地纪要），按湖叟即胡叟有宋治平石刻，疑即高阳岩。"[③]笔者实地考察后只发现畅岩和思鹅岩，而且两者对峙，且并未发现附近有其他山峰存在，在畅岩内又发现有"高阳"两个字，"阳"字下面已经被损毁。此外，笔者在畅岩和思鹅岩亦未发现宋治平石刻。

图8　清道光版《平南县志》中图载畅岩与高阳岩

　　由上述情况，笔者对高阳岩产生一些疑问，"高阳"二字后面是否有"岩"字？畅岩和高阳岩（小畅岩）同为"奇石壁仅山北一径可通山顶之，南有岩高畅明亮"这样的情况，那么畅岩和高阳岩是否为同一身份？胡叟岩就是高阳岩吗？对高阳岩的疑问，有待进一步查阅资料进行考证研究。

---

① 张显相修《平南县志》，道光十五年刻本，国立北平图书馆藏本，第14页。
② 同①，第53页。
③ 魏笃等修《浔州府志·卷三·纪地·山川·平南》，南宁市美术油印社，第19页。

四、畅岩石刻病害的情况

畅岩作为旅游之地，畅岩石山二程夫子读书遗址被列入自治区级文物保护单位名录，有相关人员进行管理，保存现状良好。笔者经实地考察发现，石刻没有相关遮挡物保护，对石刻的保护有待进一步加强。石刻主要有生物病害、表面粉化剥落、机械损伤等病害情况。

生物病害：广西春夏季节雨水充沛，石刻常年风吹日晒，长时间受到雨水的冲刷，容易产生苔藓，受到微生物病害较重，导致石刻字迹模糊，字口变浅。《清袁济衮无题诗刻》周围已经开始长出一些苔藓，受到微生物病害。

表面粉化剥落：石刻受雨水冲刷、风化等自然因素影响，表面风化严重，字迹已模糊不清，仅能辨认出几个字。

机械损伤：在外力作用如撞击、倾倒、跌落、地震及地基沉降、受力不均等因素的影响下，石刻发生断裂与残损的现象，指的是贯穿性并且有明显位移的断裂与错位现象。《创建周程三夫子庙碑记》碑刻在外力作用下出现断裂情况，后用水泥进行黏合修补。

表面污染与变色：主要分为大气及粉尘污染、水锈结壳与人为污染三类。大气及粉尘污染是指露天存放的石刻表面通常蒙蔽有大量的灰尘及风化物质。畅岩属于旅游区，祭拜周程三夫子的群众多，焚香烧火、放鞭炮等行为容易产生较多灰尘与一些化学物质，它们附着在石刻表面，使石刻受到污染，石刻材质也容易受到腐蚀。考察发现《清黄体正题诗》《清嘉庆闽中黄世发题畅岩谒》碑面布满灰尘，字迹模糊。

表层片状剥落：指的是外力的扰动、水盐破坏、温度周期变化等导致石质表层片状、板块状剥落的现象。岩内佛像和"高阳"二字石刻处下方均出现了面积较大的表层片状剥落现象，明显可以看出是因外力的扰动而被破坏，由此，笔者推测"高阳"二字之后仍有文字存在。

其他研究

浅谈如何利用民族文化助推乡村振兴

——以柳州市博物馆为例

熊　瑜

（柳州市博物馆副研究馆员　广西　柳州　545001）

【摘　要】民族文化作为中华民族的文化之魂，对国家发展和乡村振兴具有非常重要的意义。广西是多民族聚居地区，也是全国民族团结进步示范区，保护和弘扬民族文化与创建民族团结进步示范区对全面推进乡村振兴具有重要的实践价值。本文主要就民族文化对乡村振兴发展的意义，博物馆如何发挥自身优势实现文化赋能进行分析探索，进而提出民族文化助推乡村振兴的发展策略。

【关键词】民族文化　文化赋能　柳州市博物馆　乡村振兴

博物馆是人类文明的符号，记录着人类发展的进程和水平，承载着历史的厚重，又与当今社会息息相关。广西是多民族聚居地区，民族文化融合发展对全面推进乡村振兴具有重要的实践意义，博物馆应该充分利用自身的资源优势，通过营造民族文化传承和发展环境，以文创产品创新地方特色产业、文旅融合发展乡村旅游等方法，让文化助推乡村振兴。

全面推进乡村振兴，产业振兴是基础，文化振兴是灵魂。民族特色文化保护与开发是实施乡村振兴的重要抓手和主要载体，民族传统文化在乡村振兴中主要有四种价值：一是景观价值，体现在具有传统文化特色的民居建筑上；二是商品价值，具有传统文化特色的饮食与服饰可以作为商品出售；三是观赏价值，具有民族文化特色的戏曲、舞蹈等具有很高的艺术性与吸引力；四是体验价值，主要体现在民俗生活生产上。

一、依托馆藏资源，铸牢中华民族共同体意识，助推乡村振兴高质量发展

（一）柳州市博物馆展览资源

铸牢中华民族共同体意识，各民族共同繁荣发展能有力地支持和促进民族地区的经济社会发展。柳州市博物馆每年均举办多个民族元素主题展，包括"五彩羽衣——柳州市博物馆藏民族服饰展""民族工艺美术展""柳州少数民族文物陈列""柳州民族风情摄影展""广西少数民族服饰展""柳州少数民族乐器、服饰展""触摸丝绸重镇上的文明密码——新疆吐鲁番出土文物精品展""春花秋水　画卷柳州——柳州少数民族题材美术作品展""侗乡故事——柳州农民画作品展""广西少数民族地区文字石刻拓片巡展"，将民族地区优美的山水、迷人的风情、富饶的物产系统地展示给观众。

（二）柳州各地民族文化资源

柳州三江侗族自治县是多民族聚居地区，流传有丰富的文书古籍，其碑刻文化历史悠久，每个乡镇都存留有数量不等的碑刻。据近年来侗族地区碑刻普查统计数据，三江侗族自治县现存的各类碑刻约有 150 方，年代最早的是明崇祯八年（1635 年）《怀远县斗江廻龙庵题名碑记》，最晚为民国三十三年（1944 年）《丹洲乡中心校经费来源志碑》，时间跨度 300 多年。柳州市博物馆举办"千年侗寨　俊采星驰——三江侗族自治县碑刻拓片／文书古籍专题展"，该专题展以侗族地区碑刻、文书为主要内容。这些碑刻和文书真实反映了侗族地区政治、经济、社会的发展进程和各民族交往、交流、交融的历史，是三江地区各族人民披荆斩棘、踔厉奋发的历史见证。

尧告村位于广西柳州市融水苗族自治县杆洞乡的东南部，坐落在海拔 1938 米的摩天岭下，是黔桂交界处的一个普通村落，苗、瑶两个少数民族在此聚居。该村距柳州市约 260 千米，距融水县城 140 多千米，因受地理位置影响而相对封闭，仍保持相对原始的生活状态和生产方式。柳州市博物馆赴融水苗族自治县杆洞乡尧告村举办"守望家园——蒋建雄、魏怀宁尧告村纪实摄影专题作品展"，展出的影像纪实作品客观、全面地记录了一个古老苗族村寨的风貌和文化习俗及其近十余年的社会变迁。

柳州市博物馆通过开展"民族文化走进村寨"活动，促进民族团结工作推广。其在 2022 年先后走进三江、融安、融水、柳城等地区，开展"国宝鉴赏"和"走村串

寨看民俗"及民族风情文创产品制作工艺体验等主题活动，以观察民族文物为基础，对区域内各少数民族的由来、人口分布、民风民俗及民族标志性节日做详细介绍，让村民们在寓教于乐中对民族文化有更深刻的了解。

（三）开展数字化虚拟民族陈列展览

依托最新的数字化技术，柳州市博物馆开展"数字化虚拟民族陈列展览"，对民族陈列及重要民族文化、非物质文化遗产等通过三维数码高清纹理拍摄、虚拟场景复原和高清影像手段来记录、处理，将民族陈列展览、文物藏品进行数字化、信息化处理，进而保护和传承柳州的民族文化。依托最新数字化发布和管理平台，让文化遗产信息得到永久保留，并对数字成果进行宣传推广，实现文化信息的广泛传播，在数字空间里焕发民族文化新的价值和生命力，让民族文化遗产惠及更多民众，增进各族群众的文化认同，铸牢中华民族共同体意识，助推乡村文化振兴。

二、重视乡村人才建设，开展柳州市"火塘计划"文化特派员项目

火塘在壮族、瑶族、苗族、侗族等少数民族村寨和家庭中普遍存在，在汉族农村地区也广泛使用，火塘有照明、做饭等功能，更是人们进行人际交往、聚会议事等活动的场所。柳州市博物馆选派各类文化特派员、志愿者，与乡村文化人才、农民群众围聚火塘，共话乡村优秀传统文化保护传承，共商乡村人才发展与文化振兴计划，共同构建乡村文化建设垂直平台。

同乐村位于柳州市融水苗族自治县滚贝侗族乡西南部，距离县城 90 千米，坐落于群山之间，是具有淳朴山野生态和少数民族风情的美丽村庄，村中 98% 的人口为侗族。党的二十大报告提出"扎实推动乡村产业、人才、文化、生态、组织振兴"，为繁荣乡村文化，助力乡村振兴，柳州市博物馆组成乡村文化工作考察队，与同乐村村民委员会进行调研座谈，为其提供文化服务支持，为繁荣乡村文化事业发展与多元化建设拓宽思路。结合美丽乡村的建设与发展，柳州市博物馆针对同乐村发生的历史事件，挖掘当地独有的节庆风俗、民间文化和时代价值，深入整理历史文献等相关资料，共同在村内建设全新的党建活动室，让村民知道党的初心使命与方针政策的同时又能大力宣传民族文化，推动文化振兴，守护乡村振兴的"根"与"魂"。

加强文物征集，留存民族记忆，传承和发扬民族精神。柳州市博物馆助力三江侗族博物馆，对三江侗族博物馆新馆陈列进行重新规划和设计，并对民族文物展品进行

抢救性征集，丰富陈列展览内容。柳州市博物馆选派专家与三江侗族博物馆成立两馆文物联合征集小组，除在柳州地区征集民族文物外，还前往贵州、湖南等地开展征集工作。征集到的文物类别丰富、价值较高，主要有少数民族服饰、银饰、刺绣制品、背带、生产生活用具、木构建筑营造工具及侗族历史建筑构建等。这些文物纹饰精美，品相较好，年代较远，具有较高的艺术性和历史性、典型性，是侗族文化的杰出代表，是要长久保存并不断推进的民族文化传承。

"火塘计划"注重乡村文化人才培养，实现了资源共享、优势互补和共同发展，不仅壮大了乡村文化人才队伍，也培育了一批文旅品牌，推动了乡村文化繁荣与全面振兴。

三、立足民族文化特征，以博物馆文化促进乡村经济发展

为保护和传承苗族拉鼓文化，发挥民族文化的力量以助推乡村振兴，柳州市博物馆选派专家，多方面助力融水苗族自治县杆洞乡尧告村，以建设一座融水苗族拉鼓文化博物馆为平台，构建"人人参与非遗活态传承，共享乡村公共文化服务"机制，构筑中华民族共有精神家园，铸牢中华民族共同体意识，达到以文化振兴推动乡村全面发展的目的。

融水苗族拉鼓文化博物馆既是全国首家苗族拉鼓文化专题博物馆，也是一座苗族拉鼓非物质文化遗产传习所，还是一座乡村文化馆、乡村图书馆。其总建筑面积为500平方米，是一座三层木结构的苗族吊脚楼风格建筑，在一楼设置服务中心、鼓屋、文化舞台及乡村图书馆等；二楼设置"广西融水苗族拉鼓文化展"；三楼设置广西融水苗族历史文化与非遗技艺展示，设置非物质文化遗产传习所。融水苗族自治县杆洞乡尧告村的1000多户5000多名村民，人人参与博物馆建设，将融水苗族拉鼓文化博物馆建设成"永不落幕的苗族拉鼓节"，打造尧告村文化品牌。融水苗族拉鼓文化博物馆的诞生，为村里增添了一道亮丽的风景线，尧告村以此为契机，再次启动"广西融水苗族自治县第四届三百尧告苗族拉鼓节"，引客入村。节日期间前来尧告村参加节日体验拉鼓习俗的宾客有10万多人，苗族拉鼓习俗也被列入第七批自治区级非物质文化遗产代表性项目名录。伴随着拉鼓习俗的全方位复苏，尧告村的民宿、餐饮、助农产品等全面兴起，增加了就业岗位和村民收入，融水苗族拉鼓文化博物馆的建设及相关活动的开展，提升了乡村旅游的吸引力，为乡村振兴提供动力，以文化旅游带动乡村整体发展。

四、开发民族元素文创产品，激发乡村振兴的内生动力

柳州市博物馆针对柳州少数民族文化特点，收集了柳州苗族传统服饰中的图腾纹样，并对这些纹饰的图腾意象、历史成因、背后故事及文化含义潜心研究，加以创意设计，设计生产了民族特色手机壳、书签、"顺意"系列梳子、镜子、"侗"系列文具、银饰绣球、银饰铜鼓、真丝蜡染、坭兴陶铜鼓茶具等多种文创产品，使文创产品突破文物复制品、仿制品的局限，逐渐形成文化创意品牌，进一步满足了人民群众日益增长、不断升级和个性化的物质和精神文化需求。

乡村要振兴，产业发展是关键。柳州市博物馆依靠文化力量，助力乡村振兴，打造文化即生活的产业升级模式。三江侗族自治县地处湘、黔、桂三省（区）交界处，属云贵高原余脉边缘的中低山和丘陵地带，海拔一般在 600 ～ 900 米，寒暑分明，雨量充沛，日照充足，有着"高山出好茶"的有利自然生态环境，得天独厚的优势条件造就了三江茶叶丰富的营养成分及优质口感。柳州市博物馆借助茶叶这种能渗透到人们日常生活中又兼具文化辐射力的产品进行新产业融合创新，开发三江红茶、绿茶文创产品，采用优质三江茶叶，将其处理后堆积发酵，压制成茶饼后继续保存，让一片茶叶可以凝聚历史、积淀文化。此外，柳州市博物馆采用其馆藏文物梅瓶为设计元素，创新地将瓶身分为上、中、下三部分，上部瓶口为单独香插，中部瓶身为茶叶罐，下部瓶身为公道杯，内藏三个茶杯，打开是一组茶具，合起是一尊梅瓶，打造既有"颜值"又有"内涵"的产品，提升伴手礼的附加价值。柳州市博物馆根据南方湿润气候不利于茶叶储存的问题，因地制宜，精选其馆藏南朝铜鼓器型，提取铜鼓典型纹饰，设计出具有民族文物特色的铜鼓茶叶罐，茶叶罐盖面、罐身纹饰为翔鹭纹、太阳纹、变形羽人纹和云雷纹，通过金属锡材料和高精度开模工艺保证茶叶罐的密闭性，达到保存目的。这些项目的开发推动创业与创新发展，提高了三江地区居民的收入水平。

五、博物馆利用民族文化推进乡村振兴工作的思考

（一）铸牢中华民族共同体意识

2019 年以来，柳州市博物馆与三江侗族博物馆成立民族文物联合征集小组，前往各个少数民族地区开展文物征集工作。在往年的文物征集工作中，文物联合征集小组

走访了三江侗族自治县的丹洲镇、斗江镇、八江乡、独峒镇、和平乡、良口乡、梅林乡、林溪镇、老堡乡、高基瑶族乡、富禄苗族乡、同乐苗族乡，贵州省的从江县、镇远县、黎平县及湖南省芷江侗族自治县、通道侗族自治县等少数民族地区。通过走访调查、谈话记录等方式，文物联合征集小组了解到在许多民族地区，当代的年轻人对少数民族的了解较少，他们中的大部分人都对少数民族文化感兴趣，但没有好的途径供他们了解。此外，由于经济开发过度、文化传承人断层，许多民族地区珍贵且独特的文化资源不断减少。物质文明与精神文明相协调是中国式现代化的特征之一。新时代的民族地区应多做有利于铸牢中华民族共同体意识的工作，且要做深做细做实。

（二）讲好民族文化故事

讲好民族文化故事，增强民族文化认同感。在中华民族多元一体格局形成和发展的过程中，有不少文物日渐成为民族文化的重要精神符号，柳州市博物馆结合馆藏文物精品，拍摄《民族和合　文物为鉴》宣传视频，讲好文物背后的故事，推动民族团结进步工作，有效留存珍贵的民族记忆。如广西牛文化源远流长，壮族先民曾流行过牛图腾崇拜，广西一些世居少数民族仍然保留着为牛过节的传统习俗，广西的壮族地区至今还保存着"舞春牛"的习俗。柳州市博物馆馆藏的苗族牛首银胸饰为族群中的首领或者受人尊敬的长者于祭祀和重大活动中所佩戴，具有强烈的民族特色。西周云雷纹青铜角，青铜角造型极具岭南民族特色，配以中华文化中具有显著代表性的云雷纹，是中华民族多元一体的又一力证。古代南方的侗族、苗族均有用牛角做酒杯接待贵客的习俗。如今，贵州苗族、三江侗族仍然保留此传统。东汉滑石谷纹蟾蜍唅，此器物用蟾蜍装饰，圆腹，周围布满大大小小的圆点纹，四肢伸张，或作游动状，或作爬行状，好像要伺机捕食猎物。蟾蜍，古人心中的水之灵。壮族先民对蟾蜍情有独钟，赋予其种种力量与功绩，寄托着他们对幸福生活的向往与追求。

（三）借助新媒体传播民族文化

文物历经岁月的洗礼，演变成为重要的文化符号，时至今日我们仍然能从它们身上看到各民族在文化上的兼收并蓄，经济上的相互依存，情感上的血脉相连。拍摄文物与民族文化融合的视频，能更好地传承民族文化，增强文化自信。借助网络视频、语音播报、微电影等新媒体传播民族文化，能促进民族文化的传承与创新发展，系牢民族团结进步的精神纽带，在美丽乡村建设中寻找文化立魂，为乡村振兴注入新力量。

这些宣传视频不仅能把民族文化推向外面的世界，还能吸引游客前来乡村旅游，吸引那些对某项民族文化感兴趣的人进行探究、学习、传播、传承。由于市场的需要，会有越来越多的人认真地学习民族文化。

（四）在乡村文化建设中打造精品品牌进行推广

特定的环境限制了乡村的发展，一些民族地区较为偏僻，当地的一些自然条件会限制地区的开发，或者开发的特色不足。讲好当地故事是发展乡村旅游的重要途径之一，但不少乡村却缺乏这一能力，一些博物馆讲解员甚至是当地人本身也不太了解当地的地方风物、民族故事，更不用说传达给游客，这使得民族特色文化的吸引力大大降低。

此外，随着社会发展，一些民族地区发生了翻天覆地的变化，文物流失过快，很多民族原来的生产器具、生活用具乃至服饰都迅速淡出了该地区民众的日常生活，有的文物被人们无意识地抛弃，有的则流失到民间甚至海外。一部分少数民族甚至遗失了本民族的语言与文化，从这些现象不难看出有些民族文化正在以缓慢的速度悄悄消失。为此应采取相关的策略，举办非物质文化遗产传承人培训班，传承文脉、培育产业，探索民族文化传承中的文创产品开发道路，加强乡村文化人才建设。如开设柳州市博物馆非物质文化遗产项目民族文创研发、柳州螺蛳粉非物质文化遗产文创研发及比赛、柳州紫荆花文创作品、非物质文化遗产文创产品开发的相关课程，为非物质文化遗产传承人介绍民族非物质文化遗产文创产品开发思路，包括调研考察→综合整理→元素提取→设计创意→打样调整（工厂、工艺、时间）→宣传推广→走进市场，让民族文化与乡村振兴、产业发展结合起来。

广西柳州市素有"桂中商埠"的美称，其商埠贸易文化由来已久，距今已有千年历史，因此柳州市博物馆一楼公共区域长期开展逛桂中瓦肆活动，再现商贾云集、盛世繁华的桂中商埠。柳州市博物馆免费提供仿古互动展示小商铺，邀请文化艺术工作者、文化企业、非物质文化遗产传承人等入驻，展示、推荐文创产品、扶贫商品、民族文化艺术用品等，通过营造民族文化传承和发展环境，为民族文创产品的销售搭建宽广平台。坚持民族文化与民生相结合、民族文化与扶贫共促进，让这些手工艺品形成地方产业，在得到传承的同时帮助村民从本地文化资源中受益，以博物馆力量助推乡村振兴。

（五）"请进来与走出去"，增强博物馆民族文化与乡村互动

1. 请进来。请进来——文旅融合，开设民族文化研学活动，修订民族特色研学教材、研学手册，制定参观路线、辅助教具，让更多游客从博物馆走到特色乡村，促进乡村的民族文化宣传，带动乡村旅游发展。推动博物馆与第三方机构合作，开展各项研学工作。如柳州市博物馆与龙城市民云合作开发运营线上软件，针对以家庭成员、零散学生等参加研学活动的对象，由博物馆统一组织管理发布相关信息，通过龙城市民云线上软件报名参加研学活动。柳州市博物馆与第三方研学公司或旅行社等合作（组团形式），针对研学公司或旅行社等相关机构与乡村联系开展研学工作。如柳州市博物馆开展"指尖上的非遗·传统面塑技艺——探秘壮族师公舞面具的神奇之旅"研学活动，让学员们沉浸式体验非遗技艺和壮族文化。在体验手工环节之前，由研学老师为学员们讲解壮族师公舞的文化历史与表现形式，让学员对神秘的师公戏有初步了解。学员通过亲身体验，感受民族文化魅力，坚定文化自信，铸牢中华民族共同体意识。

2. 探秘研学。柳州市博物馆与旅行社开展民族服饰探秘研学一日游活动。每个民族都有自己喜爱的服饰纹样，这与生活、风俗习惯等息息相关，每一个纹样背后都传达了各民族的审美情趣和民族信仰，民族服饰蕴含着博大精深的文化内涵，是民族文化中丰富、璀璨的一部分。学员通过参观柳州市博物馆，聆听老师讲解民族服饰和纹样特征的相关知识，如蜡染丝巾上的神鸟纹，"神鸟"在少数民族信仰中象征着希望，表达了远古先民对太阳的追求、对光明的向往，让学员进一步了解少数民族服饰图案背后蕴含的美好寓意。同时在特定的民族节日，走进村寨，让学员真实感受到不同民族文化共同创造的华夏璀璨文明，让文化带动乡村旅游。

3. 走出去。除了将观众吸引进博物馆，博物馆还可以组织民族文化传承人和非遗技艺项目"走出去"。让非遗项目走进社区、学校以及其他公共文化场所，让非遗"活"在当下，"活"在生活中，真正地传承下去。如传统技艺类的侗族木构建筑营造技艺、壮族刺绣、壮族歌圩等传统项目，走进社区、企业、学校以及其他活动场所，提高公众对非遗技艺项目的认知和参与度，让群众体验到传统民俗的乐趣。传统的民俗文化，悠久的非遗历史，鲜活的生动体验，使公众接受非遗文化熏陶，感受民族文化的魅力，培养公众的保护与传承意识。

六、结语

乡村振兴离不开文化的引领，只有全面繁荣民族文化，乡村振兴才有深厚的文化自信。博物馆应该利用好自身的资源和特色优势，在保护传承民族文化、培养乡村文化人才、增加乡村就业机会、促进乡村产业转型、推动文旅融合等方面，培育和发展以民族文化为内核的新业态，实现文化价值、经济价值和社会效益的完美结合，通过创新发展来实现传承，为乡村振兴加持赋能，为博物馆服务乡村探索出一条新路。乡村有特色，文化得传承，民族更和谐，社会更进步，经济高质量发展，乡村振兴指日可待。

新时代对博物馆人才要求及建设对策

——以广西壮族自治区博物馆为例

田红艳

（广西壮族自治区博物馆馆员　广西　南宁　530022）

【摘　要】人才是推动博物馆高质量发展的基础和中坚力量，特别是在新时代背景下，博物馆人才决定着一个博物馆的实力、水平和发展方向，更是做好服务社会的根本。本文以新时代对博物馆人才要求为入手点，以广西壮族自治区博物馆为例，用新时代的新要求来思考人才工作，分别从新时代博物馆对人才类型需求、素质要求以及人才队伍培养重点等方面提出建议，对博物馆人才队伍建设进行探索，以期推动博物馆事业更好发展。

【关键词】新时代　广西博物馆　人才　要求对策

博物馆是知识密集型机构，它涵盖藏品保护、鉴定、研究、展陈、修复、教育、讲解、网络、数字化工程等一系列的专业知识，需要各种类型的人才，尤其是博物馆学和考古学专业的人才。习近平总书记在给中国国家博物馆老专家的回信中指出，要"坚定文化自信，深化学术研究，创新展览展示，推动文物活化利用，推进文明交流互鉴，守护好、传承好、展示好中华文明优秀成果"[①]。人才是守护好、传承好、展示好中华文明优秀成果的关键。在新时代，博物馆人要学好专业领域的知识，掌握新的信息技术，更重要的是如何将知识转换成成果。这就要求人才必须具备创造意识和思维，必须有创造的勇气和决心，唯有不断创新，才能适应新时代对人才的要求，才能更好地为经济社会发展作贡献。

---

① 习近平：《习近平给中国国家博物馆老专家的回信》，新华网 2022 年 7 月 19 日，http://www.news.cn/politics/202207/09/c_1128818039.htm。

一、新时代对博物馆人才的新要求

博物馆是知识密集型机构，博物馆的藏品保护与研究、文物修复、教育与讲解服务、活动策划与宣传、信息化建设、文化创意产品设计、陈列展览内容形式设计、行政管理等岗位都需要配备专业人才，尤其需要复合型人才。只有坚持高质量发展标准，不断完善博物馆的社会服务能力，才能进一步加快博物馆事业的全面发展。新时代背景下，博物馆事业进入了发展的快车道，同时也对博物馆人才提出了新要求。

（一）博物馆角色转变对文博人才提出新要求

近年来，国际博物馆协会对博物馆的定义进行了修改，如在 2022 年，国际博物馆协会把博物馆定义为"为社会服务的非营利性常设机构，它研究、收藏、保护、阐释和展示物质与非物质遗产。向公众开放，具有可及性和包容性，博物馆促进多样性和可持续性。博物馆以符合道德且专业的方式进行运营和交流，并在社区的参与下，为教育、欣赏、深思和知识共享提供多种体验"[①]。博物馆的新定义为新时代博物馆的发展指明了方向。

广西壮族自治区博物馆（简称"广西博物馆"）自 2008 年免费开放以来，不断整合馆藏资源，与国内、国外的博物馆和文化机构开展广泛的学术及人才交流合作。随着科学技术的迅猛发展和知识结构的快速调整，加上 2021 年"双减"政策的实施，广西博物馆积极深挖文物中所蕴含的中华优秀传统文化核心价值，利用微信、微博、抖音等社交媒体平台，以云课堂、直播、短视频、音频等多种形式，不断推出一系列主题鲜明、内容丰富、形式多样、吸引力强的线上教育活动，如"瓯骆学堂"青少年历史文化公益课堂、"文化遗产周周学"亲子手工课堂、"博物馆职业体验营"、"小讲解员训练营"、"跟着博物馆游广西"等深受广大青少年喜爱的活动。2021 年，广西博物馆开展"瓯骆学堂"线上活动，其活动视频观看量更是超过 10 万人次。广西博物馆以其得天独厚的教育资源优势，已成为学校教育的"第二课堂"。历经四年改扩建后，广西博物馆展厅面积由原来的 4000 平方米扩大到 1 万平方米，文物展出的数量由原来的 600 多件增加至 3000 多件，常设"广西古代文明陈列""合浦启航——广西汉代海上丝绸之路陈列""釉彩斑斓——馆藏瓷器陈列""匠心器韵——馆藏工艺珍品

---

① 姜燕：《国际博物馆协会发布博物馆的新定义》，新民网 2022 年 8 月 25 日，https://news.xinmin.cn/ 2022/08/25/32221025.html。

陈列"4个主题陈列展览，新增儿童考古探秘馆、青少年活动中心、历史小剧场与博物馆文创商店4个互动服务区等，并于2022年11月正式对外开放。自此，广西博物馆进入了一个新的发展时代。

根据国际博物馆协会对博物馆的新定义和广西博物馆的实际情况，广西博物馆不仅需要文物与博物馆学、历史学、考古学、播音与主持、对外汉语、外语等方面的专业人才，也需要市场营销、科学技术史、计算机科学与技术、美术学、中国古代文学等各方面新型专业人才。

（二）新技术广泛应用对文博人才提出新要求

互联网信息技术的发展对传统博物馆的发展产生了影响，信息化技术不仅融入博物馆对外开放的展览服务中，也融入博物馆的业务工作中。在新技术的参与下，博物馆从概念、内涵、展示内容到展示手段、社会教育等方面发生了根本性的转变，不仅让文物能够走出博物馆库房，更让文物以更为生动、活泼的方式加以传播。尤其是数字化陈列和动漫技术的应用，加快了文博知识的传播速度，提升了社会参与度和关注度，提高了人民群众对中华优秀传统文化的认知和认同。

广西博物馆在重新布局中，应用了大量的数字化技术和光影技术等现代科学技术，加快数字化转型。如应用AR实景地图导航和接入"一键游广西"平台，不仅便于观众查询数字化信息，更为观众打造了沉浸式观展及互动体验。随着文物科技保护、文物展示等方面对先进科学设备和技术的大量应用，需要有一批能熟练掌握新技术和使用新设备的高质量人才。就当前广西博物馆的实际情况看，负责信息化技术的人才较少，为了工作需要，文化创意产业研究中心、宣传教育部等业务部门采取与能提供技术服务的第三方开展项目合作的方式解决需求。因为数字技术应用要与文物保护、修复、展示等结合，所以需要相关的科技人才掌握文物知识，才能达到文物数字化保护的预期效果，但实际的工作效果却不能满足工作需要。因此，在数字化建设发展中，广西博物馆急需引进具备相关博物馆工作知识、数字化知识和技能的复合型人才。

（三）国家对博物馆人才队伍建设提出了更高要求

国家不断出台博物馆人才队伍建设的相关文件，对博物馆人才队伍建设提出了更高要求。《国家文物博物馆事业发展"十二五"规划》把文化遗产科技创新和人才队伍建设放在了突出位置，提出了建设创新型行业和发挥人才第一资源作用的一些重大任务和政策措施，以提高文化遗产行业整体水平。2014 年，国务院文物主管部门下发《全国文博人才发展中长期规划纲要（2014—2020 年）》，提出"到 2020 年，培养和造就一支数量充足、门类齐全、结构优化、素质优良、充满活力的文博人才队伍"的目标。2021 年 5 月，国家文物局等 9 部门联合发布的《关于推进博物馆改革发展的指导意见》提出中国博物馆事业到 2035 年的发展目标是"中国特色博物馆制度更加成熟定型，博物馆社会功能更加完善，基本建成世界博物馆强国，为全球博物馆发展贡献中国智慧、中国方案"。2022 年，中共中央办公厅、国务院办公厅印发《关于加强新时代高技能人才队伍建设的意见》。国家相关文件的陆续出台，为新时代广西博物馆事业人才队伍建设发展指明了方向。

二、广西博物馆人才现状

（一）基本情况

广西壮族自治区博物馆的前身是 1934 年成立的"广西省立博物馆"，1958 年更名为"广西壮族自治区博物馆"，简称"广西博物馆"。截至 2022 年 12 月，广西博物馆有 12 个内设机构，在职人员 110 人（表 1）。

表 1　广西博物馆在职人员一览表

单位：人

部门	在职人员职称					
	正高	副高	中级	初级	原级	无职称
办公室	4	2	5	3		1
党群工作部	0	2	2	1		0
财务科	0	1	4			0
信息资料中心	0	6	4	2		0
离退休人员管理科	0	0	0	1		0
安全管理部	0	1	3	1	1	9
陈列研究一部	2	1	2	0		0
陈列研究二部	1	3	3	0		0
文化创意产业研究中心	0	1	1	2		0
宣传教育部	2	2	9	2		3
保管部	0	4	16	1		0
广西古代海上丝绸之路研究中心	0	0	2	0		1
合计	9	23	51	12	1	14

广西博物馆有在职人员 110 人，其中在编人员 79 人，聘用人员 31 人，拥有正高职称 9 人、副高职称 23 人、中级职称 51 人、初级职称 12 人，专业技术人才占全馆现有人员的 87%，35 岁以下人员 32 人占 29%，36～50 岁人员 63 人占 57%，51～60 岁人员 15 人占 13.6%。学历构成以本科为主，有博士研究生 1 名占 0.09%，硕士研究生 34 名占 31%，本科 51 名占 59%，大专及以下 24 名占 21%。

（二）存在问题及原因分析

新时代背景下广西博物馆迎来了前所未有的发展机遇，但同时专业人才的匮乏、人才储备不足、现有人员专业化水平难以适应博物馆多样化发展的要求等问题也越来越突出，特别是策展人才、业务拓展骨干、创新型人才、经济型人才的短缺给博物馆的可持续发展带来了阻力。广西博物馆作为综合性的博物馆，为推动博物馆的高质量发展，近年来吸纳了不少优秀的专业人才，为进行学术研究和提高学术水平提供了有力保障，但专业人才都比较集中于历史学、考古学、民族学、文物保护等学科，跨学科研究和数字新技术人员不足，不利于博物馆长远发展。[1]

1. 从工作需要来看，现有人才数量和岗位还不能满足发展的需要。新时代背景下，博物馆工作也越来越多元化。广西博物馆重新开馆后，不仅面积扩大、功能增加、展示内容增多、展示方式多样，而且自重新开馆以来，接待参观人数和主办活动（会议）场次持续增加，截至 2023 年上半年，广西博物馆常设展览 4 个，临时展览 3 个。与扩建前相比，截至 2023 年 8 月，参观广西博物馆的人数已达到 52 万人，是 2019 年参观人数的两倍。

广西博物馆在 2018—2022 年 5 年内共开展了 2 次公开招聘，共录取 16 人，其中博士研究生 1 人、硕士研究生 5 人、本科生 10 人；行政岗位 3 人、业务岗位 13 人。从招聘岗位看，依然侧重在满足藏品管理研究及展示、博物馆教育与讲解服务等岗位。而这 5 年内退休及辞职或调出的人员总共达到 26 人（其中高级职称退休 6 人，调出博士研究生 2 人、硕士研究生 3 人），从总体上看，博物馆人才不仅在数量上减少了，高层次方面的人才也减少了。

2. 相较于高校和国企，博物馆待遇不高，难以留住人才。人才竞争是社会发展的趋势。在人才竞争方面，因受岗位编制、进人渠道、薪资待遇等客观条件的限制，广

---

① 钱锡娟：《以博物馆为例，谈人才队伍建设》，《人力资源》2021 年第 8 期。

西博物馆在 2017—2022 年 6 年间，有 8 人调出或辞职。这些人才流向高校及国企居多，其中到高校任职 4 人，到国企 2 人。因高校可提供完备的科研条件、薪资保障、学术资源等，导致部分专家级人才转向高校任教。而与国企薪酬相比，博物馆的薪酬更是竞争力不足。

3. 从人才队伍建设上看，缺乏复合型人才和领军人才。就广西博物馆现有人员来看，单一人才多，复合型人才少，其人才结构已不能满足博物馆日益增长的发展需求。如社会教育岗位的人员，既要熟悉专业知识，又要有动手能力；讲解员既要能用普通话讲解，也要能用英语或东盟小语种讲解。更重要的是，观众参观博物馆的目的是希望了解更多的历史文化知识，全方位感受文物的魅力，增强文化自信，这使博物馆的解说要由"背稿型"转化为"知识型""专家型"，掌握更多与文物相关的知识成为博物馆讲解员的基本要求。同时，广西博物馆重新开馆后增加了更多的科技设备和应用了更多的数字化技术，因此更加需要能够熟练掌握新技术和使用新设备的高质量复合型人才。

领军人才是推动和引领博物馆高质量发展的核心力量。近年来，广西博物馆因正高级职称人员退休、调出而导致人才流失，加上忙于改扩建，人才队伍发展受到一定的影响。在高水平领军人才匮乏的同时，不能形成人才队伍梯队建设，造成广西博物馆业务型骨干人才奇缺，后备人才培养和储备不足的现状。

三、新时代博物馆人才建设对策

坚持党管人才的原则，树立科学的人才观，紧紧围绕新时代背景下博物馆发展需要，从顶层设计出发，前瞻性设置岗位，明确人才素质要求，从引、留、用等方面营造人才施展才华的良好环境。

（一）新时代博物馆人才需求分析

从新时代对博物馆建设发展的要求看，博物馆发展需要专业技术人员与运营人才合理分工和相互配合，才能为观众呈现历史文化的真实魅力，满足人民群众对博物馆事业的期待。那么，应该配备哪些方面的人才，才有利于促进博物馆的发展呢？

一是领导型人才。博物馆功能的转变要求更多具有管理经营能力的专业人才进入这个行业。领导人才不仅要具有责任感和事业心，还要善于科学管理馆内各项事务，协调馆内外、国内外以及社会多方面的关系，为提升博物馆科研能力和影响力而努力。领导型人才是博物馆可持续发展的第一要素。

二是研究型人才。研究型人才是从事博物馆学、博物馆发展、博物馆藏品学等领域的学术研究人才，聚焦博物馆发展问题，运用多学科理论和方法，科学阐释博物馆现象，深化对博物馆意义和价值的理解。博物馆学术水平的高低直接影响博物馆的地位及声誉，而学术带头人则决定博物馆学术水平的高低，他们是博物馆学术研究工作的中坚力量和坚实基础。

三是行政管理人才。行政管理人才，负责博物馆的日常管理工作，兼行政、业务于一身，上传下达，了解党和国家及当地政府、主管部门出台的各项方针政策，是领导的"参谋"。这类人才不仅会办文、办会、办事，而且在科学管理、人才培养、安全保卫、组织协调等方面发挥着重要作用，是博物馆各项工作完成的基本保证。

四是技能型人才。这类人才是文物保护和修复工作中最具有"工匠精神"的核心力量，他们不仅是具备先进科学知识和技术的人才，也是博物馆发展的重要支撑。

五是经营型人才。博物馆要满足和适应社会发展，就需要了解观众的需求。经营型人才必须了解观众不同时期的热点需求，通过研究观众的需求点来提供个性化服务，从观众视角进行综合考虑，制订科学、可行的策划方案，是博物馆发展及良性循环的根本保证。

六是复合型人才。新时代博物馆需要"一专多能"会管理有担当的复合型人才。复合型人才即以文物知识为基础，同时掌握岗位工作所需技能，能够将文物知识与岗位技能相结合，满足多岗位工作需要的人才。

（二）新时代对博物馆高素质专业人才要求

成为新时代真正优秀的博物馆人才需要较高的综合素质，需要从学习能力、创新思维、团队协作能力、社会责任感和身心健康等方面进行培养和提高。

一是学习能力。文博工作属知识密集型工作，不仅要求从业人员掌握丰富的文物专业知识，还需要掌握相关领域知识，特别是随着社会大众整体文化素质的提升和新知识不断更新，文博工作者更要具备持续学习的能力和意识，通过不断学习，更新专业知识和技能，了解本领域的发展趋势和最新的研究成果，提升自己的综合素质。

二是创新思维。文博工作一般需要有深厚的学习积累，特别是在一些领域的研究，虽有大量的研究成果，但新技术、新工具的应用使研究环境又发生新的变化，这要求文博工作者不仅不能拘泥于传统思维模式，更要善于创新思考，敢于尝试新的解决问题的方法，以创新的思想和方法推动工作开展。

三是团队协作能力。文博工作不管是田野调查还是展览布置，几乎都需要团队协作才能完成，因此每一个文博工作者都要具备团队协作精神和能力。只有通过与他人合作，共同完成所承担的工作任务，才能形成优势互补、相互促进的工作氛围。

四是社会责任感。文博工作者要有强烈的社会责任感。文博工作难免会单调枯燥，但对社会具有极高的价值，这就需要文博工作者专注于本职工作，抵御外来诱惑，培育家国情怀，为社会进步作出贡献。

五是身心健康。大多数文博工作不仅需要脑力，更需要体力，如田野调查、讲解、裱画、修复以及长时间的伏案研究，这就要求岗位工作人员注重身心健康，增强体力和精力，更好地适应和应对工作和生活中的各种挑战。

（三）新时代博物馆人才建设的侧重点

在新时代背景下，要实行更加积极、更加开放、更加有效的人才政策，吸聚培养更多立场坚定、造诣深厚、影响广泛的博物馆名家与领军人才，努力打造一支专业合理、创新能力较强、数量与质量基本能满足适应新时代博物馆工作需求的高素质人才队伍，为推动博物馆事业发展提供强有力的人才保障和智力支撑。

1.完善现代化的人才建设体系。一是牢固树立人才引领发展的理念。首先，做好人才队伍建设规划，把人才引领发展战略纳入博物馆发展的整体规划。其次，深化思想认识，以守正创新聚才、留才，让人才有用武之地，做好人才队伍建设。最后，从认同感、归属感和使命感方面，提高博物馆人才队伍的整体素质。二是建立灵活多样的用人机制。通过统筹规划、综合协调和督导工作，进一步完善人员聘任制度和岗位工资制度，逐步建立重贡献、向优秀人才倾斜的竞争激励机制。在人才评价上，要强调工作能力、绩效水平和品行操守，构建能上能下、能进能出、人尽其才、充满活力的人才机制。三是建立良好的激励机制。广西博物馆要紧抓自治区深入实施人才强桂战略机遇，充分利用好广西人才小高地政策，依据《广西壮族自治区博物馆科学研究奖励办法》《广西壮族自治区博物馆人才培养实施办法》《广西壮族自治区博物馆在职人员继续教育管理办法》等文件精神，激发和调动人才的积极性和创造性，积极构建吸引人、留住人、激励人、造就人的发展机制。

2.加强复合型人才、科技人才、青年人才队伍建设。一是多渠道引进复合型人才。对于知识密集型的博物馆来说，因其专业特殊性，所以对复合型技术人才的需求更加迫切，多渠道引进复合型人才具有更重要的意义。因此，广西博物馆要充分利用好广西出台的系列人才引进政策，多渠道引进复合型人才。二是强化数字技术人才队伍建设。博物馆要加强对数字技术人才的培养、引进和融合。根据新时代博物馆发展需要，有针对性地加强藏品管理研究及展示、数字技术修复等关键岗位的人才建设，加快培养一批应用型的领军人才。三是注重青年人才培养。博物馆要本着"重要人才重点培养，优秀人才优先培养，紧缺人才加紧培养"的思路和"缺啥补啥、整体提高"的指导思想，加强青年后备人才培养。制订实施青年人才培养计划，从培养目标、承担工作重任、职称评审、职务晋升、综合素质提高等方面明确培养路径。鼓励青年人敢于突破传统，勇挑重担，有意识地在职称评审、职务晋升、课题申报、重大项目实施中对青年人才进行倾斜；通过系统培训提高青年人才学习能力、创新思维、团队协作能力、社会责任感和身心健康等综合素质；借助传帮带，让一些老专家与青年知识分子结对子，使各类专业技术后继有人。

3.强化继续教育，更新现有人才的素质。只有树立终身学习的观念，主动学习、善于学习、不断学习才能使个人发展与博物馆事业发展跟上时代的步伐，保持可持续发展的能力。以前瞻性眼光制订岗位人才培训计划，分阶段、分类别、分层次开展人才培养工作。采用"网络教学、行业实践、导师指导"三位一体的创新人才培养模式，强化人才"传帮带"，将知识、能力、素质分解到各个培养环节，切实提高人员整体素质能力。积极向国家主管部门申报文博精品共享课程，在内部开辟文博专家视频专栏，通过知识共享促进人才培养。同时搭建自治区文博人才交流培训平台，通过专题讲座、学术沙龙、学术研讨会等形式促进人才培养。创造条件设立博士后科研工作站，在广西文化特色领域开展研究，培养特色领军人才。

四、结语

人才对推动博物馆事业发展至关重要，时代变革对博物馆人才提出更高、更为迫切的要求。面对人才数量不足，复合型人才和领军人才缺乏等阻碍博物馆发展的问题，还需不断完善人才建设体系、创新管理模式、开展有针对性的人才培育机制，以提升博物馆自身造血功能，充分激发人才的积极性、主动性、创造性。在博物馆人才建设过程中，不仅要发挥博物馆自身的文化优势吸引人才，而且要学会借助社会各界的人才力量，共同促进博物馆事业高质量发展。

古籍修复中裱补法的应用

——以飞托法为例

杜　宇

（广西壮族自治区博物馆助理馆员　广西　南宁　530022）

【摘　要】修补与裱补是古籍修复人员需要掌握的基本修复技法，但错误使用裱补法修复的书籍，会因使用过多浆糊而出现纸张变硬，易招虫蛀的现象，因此古籍修复人员在修复时应谨慎使用裱补。裱补技法类型多样，通过对技法特点进行总结和运用能帮助古籍修复人员在修复工作中开拓新的思路。本文以飞托法为例，通过实际案例阐述如何在修复工作中合理应用裱补法以达到理想的修复效果。

【关键词】古籍修复　裱补　飞托法　应用

飞托法是中国传统书画装裱技法之一，适用于轻度脱色的画心。在古籍修复中也有类似的应用，多用于抄本、红蓝格纸以及有红印句读等着湿后易跑色的古籍。[1]飞托法的特点是补纸涂浆水，书页沾水极少，托裱时书页正面朝上，能直观地看清书页的状态。笔者从飞托法的特点中获得启发以解决相应的修复难题，并通过实践操作取得有效的成果。

一、对絮化的古籍书页使用飞托法修复

古籍中糟朽严重的书页，纸张纤维松散，表面呈棉花絮状，失去韧性，这就是纸质破损中常见的絮化。常规的修复案例通过选择韧性强、拉力大的薄纸，以平托法即书页背面涂浆水，托上补纸修复，达到加固书页的效果。[2]

---

① 童芷珍：《古籍修复技术》，上海古籍出版社，2014，第59页。
② 潘美娣：《古籍修复技术与装帧》，上海人民出版社，1995，第124-125页。

絮化严重时会导致书页局部极薄，数十根交错的"纤维网"勉强支撑文字完整（图1）。如果用常规的平托法修复，书页舒展在台面上涂浆水，书页与垫在台面的塑料薄膜接触，刷浆时浆水会透过"纤维网"流到塑料薄膜上，导致纸张纤维与薄膜粘连，揭页时絮化部分的文字会出现变形甚至缺损的情况，且书页涂浆水会导致水分过多，絮化部分的纸张纤维遇水"绽开"，文字同样会变形，晾干后也无法复位。

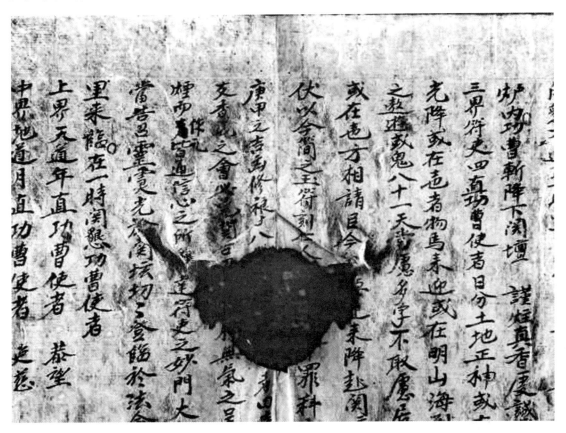

图1　书页上部絮化严重，能透过"纤维网"看到桌面

飞托法与平托法不同，是在补纸上涂浆水，再托书页。[1]书页刷盖在补纸上不与薄膜接触，解决了因纸张纤维与薄膜粘连而导致文字缺损和扭曲的问题。书页托裱前都处于干燥的状态，可解决絮化部分纸张遇水"绽开"字迹变形的问题（图2）。如遇到非常不平整的书页，可以将书页正面朝里卷入喷水湿润的吸水纸上静置2～3分钟，取出后用干燥的毛笔或排笔轻刷，使其平整。

---

① 杨正旗：《中国书画装裱大全》，山东美术出版社，1997，第56页。

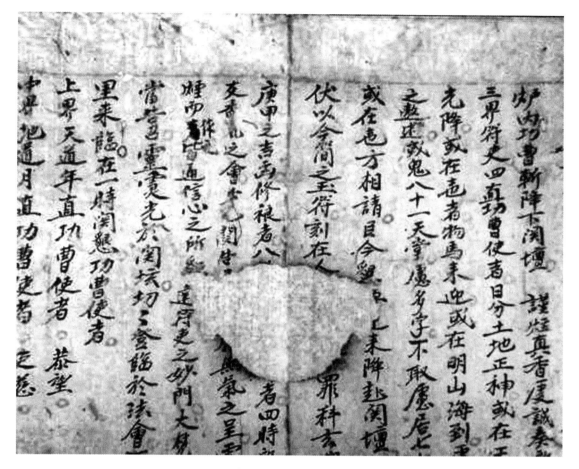

图2　书页以飞托法修复后的效果

用飞托法修复书页时，也出现了少许字迹变形的问题，一是由于托裱时笔刷与书页直接接触，如在刷平书页时笔刷沾水，纸张纤维会沾在笔刷上跟着移动，所以在托裱时笔刷要保持干燥；二是刷平书页时动作力度较大，絮化的书页非常脆弱，常规托裱的力度都会导致纸张纤维移位，所以尤其要注意控制力度。

实践证明，飞托法中书页能避免接触大量的水分，同时达到托裱的目的，这对絮化、脆化、老化等需要托裱修复，却又不宜沾水的书页修复工作提供新的修复思路。

二、对破损的古籍书页残片使用飞托法修复

古籍书页因断裂、缺损而分散成数块残片是常见的破损，在修复时要先将书页用平托法托裱，再从正面通过比对残缺的字迹或断口拼接残片，修复过程中既要保证拼接准确，文字不歪斜，还要确保残片纸张平整（图3）。

对破损古籍书页的常规修复是将残片定位后在对应位置涂浆使残片贴在书页上，但会出现拼接歪斜的情况，特别是对于大的残片，大残片拼接点较多，需要每个接点拼接准确且纸张平整。常规修复不能保证大残片在涂浆水后依然能准确平整地拼接，并且纸张沾水后韧性降低，反复移动会损坏纸张造成二次破坏。

图3　破损书页背面，虫蛀严重导致书页分裂成大小不一的残片

笔者在拼接残片时，操作技法参考了飞托法，在操作时可见书页正面的特点，以解决在拼接残片时纸张不平整、拼接歪斜的问题。残片字面朝上喷水刷平后固定在一张薄膜上，通过移动薄膜为残片定位，可避免在修复中用手或镊子拿取残片移动时对边缘造成损坏。薄膜覆盖在书页上，此时残片字面朝上可以通过透明的薄膜看到书页和残片的文字，移动残片与书页进行比对以寻找正确的修补位置。确定位置后，用重物压住薄膜和书页防止移动，通过薄膜掀起残片，在书页对应位置上浆，放下薄膜将残片与书页粘连，刷平后揭开薄膜（图4）。

笔者在修复残片时对飞托法进行了相应的调整，如将残片固定在薄膜上，把薄膜当作正面朝上的"书页"，并进行局部的托裱，达到一次性拼接准确且平整的目的，相较于常规的修复可避免在试错过程中损坏纸张，提高了修复质量。

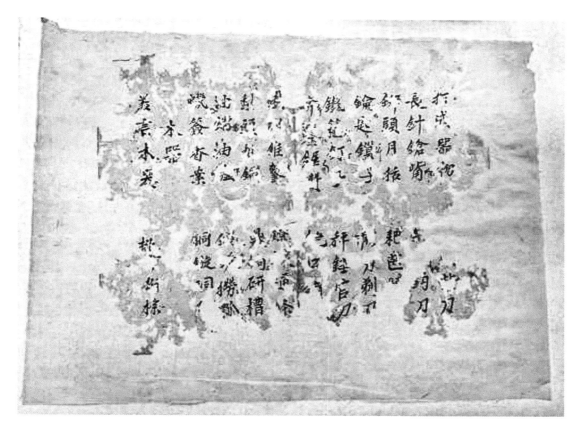

图4　参考飞托法拼接残片的修复效果

三、结语

通过实际案例与常规修复的对比可知，飞托法根据其特点在修复一些特殊的破损书页中更为适用。通过对修复技法特点进行总结、分析、运用，能为古籍修复工作提供更新、更广阔的思路。在对技法不断学习研究的同时，熟练掌握技法的操作也是对修复质量的保障。让每一本古籍都能得到安全、有效、准确的修复，是古籍修复工作者学习、研究、磨炼技艺的最终目的。